中國學術思想

研究輯刊

十六編

林慶彰 主編

第 2 冊

由水及道：
中國上古哲學核心觀念的生成

余 佳 著

花木蘭文化出版社

國家圖書館出版品預行編目資料

由水及道：中國上古哲學核心觀念的生成／余佳 著 — 初版
— 新北市：花木蘭文化出版社，2013〔民 102〕
序 6+ 目 4+224 面；19x26 公分
（中國學術思想研究輯刊 十六編：第 2 冊）
ISBN：978-986-322-127-2（精裝）
1. 中國哲學
030.8   102002255

ISBN-978-986-322-127-2

9 789863 221272

中國學術思想研究輯刊
十六編　第 二 冊　　　　　　ISBN：978-986-322-127-2

由水及道：中國上古哲學核心觀念的生成

作　　者　余 佳
主　　編　林慶彰
總 編 輯　杜潔祥
出　　版　花木蘭文化出版社
發 行 所　花木蘭文化出版社
發 行 人　高小娟
聯絡地址　235 新北市中和區中安街七二號十三樓
　　　　　電話：02-2923-1455 ／傳真：02-2923-1452
網　　址　http://www.huamulan.tw 信箱 sut81518@gmail.com
印　　刷　普羅文化出版廣告事業
封面設計　劉開工作室
初　　版　2013 年 3 月
定　　價　十六編 25 冊（精裝）新台幣 42,000 元

由水及道：
中國上古哲學核心觀念的生成

余　佳　著

作者簡介

余佳，女，生於 1983 年 5 月，祖籍湖北大冶。本科就讀於武漢大學人文科學試驗班，獲文學學士學位。2005 年保送攻讀清華大學中國哲學專業碩士，2007 年免試推薦攻博，師從胡偉希教授。2009 年公費留學，求學於美國達特茅斯學院（Dartmouth College），師從漢學家艾蘭（Sarah Allan）教授。2011 年獲清華大學哲學博士學位。學術興趣為先秦思想文化、觀念史、中西文化比較等。

提　要

　　「水」是中國上古哲學觀念的原型。在中國哲學觀念漫長的歷史形成過程中，「水」作為觀念原型一直發生著持續而深刻的影響。從「水」之原型而不斷「層累」出的「由水及道」的觀念生成，體現了人類思想的發展。在中國哲學觀念史的語境之下，在「道」這個核心觀念出現以前，也即「道」的觀念前史之中，水觀念的生成過程反映了以某一原型為基礎的觀念發展的一般規律過程和觀念形成的一般結構層次，是歷史與邏輯的統一。本書通過對上古哲學觀念的反思，以「軸心文明時代」為追溯觀念前史的座標原點，借助顧頡剛的「層累說」，重建了從神話到意象到意念的「層累」的觀念史。本書分別考察了神話、意象和意念三種思維方式下原型「水」不同樣態的呈現和觀念雛形的演變歷程。神話思維中的「水」，展現了宇宙從渾沌到秩序的演變。意象思維中的「水」展現的乃是宇宙各要素的秩序與相互的關聯轉化。意念思維中的「水」最終抽象為恒一之「道」。《太一生水》篇隱晦而又明晰地表達了上古觀念的歷史變遷，包含了「由水及道」的發展脈絡，甚至就可以視為一個凝練的上古哲學觀念史。「由水及道」既是中國哲學觀念史的一個思想特例，同時也對於探討人類哲學觀念之形成具有「範型」意義，是具有普適性的觀念史本身。

序：「層累結構」的思考：
理論、視野與方法

　　在《歷史的起源與目標》中，雅斯貝爾斯提出，在西元前 500 年左右和在西元前 800 年至 200 年這段時間，人類精神史上最不平常的事件出現了，「在中國，孔子和老子非常活躍，中國所有的哲學學派，包括墨子、莊子、列子和諸子百家，都出現了。」（雅斯貝爾斯，1989）[8] 除此之外，像印度的《奧義書》和佛陀、以色列的猶太教先知們，以及古希臘的荷馬、巴門尼德、赫拉克利特和柏拉圖，等等，都不約而同地提出和形成了世界各大宗教與文明傳統的核心觀念。這就是雅斯貝爾斯著名的「軸心期」概念。

　　然而，世界各大文明的核心思想為什麼會在西元前 500 年左右出現，尤其是：它們究竟是如何形成的？雅斯貝爾斯認為，這其中的原因委實難尋。他說：「在我們目前的認識限度內不可能對軸心期三重表現的事實作出真正恰如其分的解釋，它們好似奇迹。」（雅斯貝爾斯，1989）[27] 因此，他將問題鎖定於軸心期觀念對於人類歷史之意義的研究。應該說，雅斯貝爾斯關於軸心期思想的研究及其結論極富有挑戰性，因此，它激發起不少具有想像力的思想研究者的興趣，並出現了一些試圖探索「前軸心期」或遠古時期人類精神思想的研究論著。然而，迄今為止，關於軸心時代以及「前軸心期」之思想觀念的研究，遇到了「非此即彼」的選擇難題：要麼認定在前軸心時期還沒有出現過真正意義上的哲學思想或哲學觀念，因此，只好將這段時期的人類精神現象的研究從人類學、民俗學或者神話學角度來加以理解與討論，它們可以是反映人類之精神生活的觀念，但並非是哲學意義上的思想觀念。與之

不同的另一種理解是：前軸心時期的人類已經形成了自己的哲學觀念或者哲學思想，但這種前軸心期的哲學觀念對世界和人的看法與軸心期的哲學觀念之間存在著根本差別，因此研究者要做的工作就是如何從文獻學的角度對其思想材料加以整理並進行哲學釋義。應當說，這兩種思路表面上看起來似乎截然對立，但其實都沒有跳出雅斯貝爾斯設定的問題框架，即認爲「軸心時代」的哲學觀念之成爲「軸心」，是無法從根本上破除的；人們要做的，頂多是對在它之先的哲學觀念之有無或者怎麼回事進行探究，而軸心期之觀念成爲人類精神傳統之核心或者說人類歷史構成的本體論地位則是無可質詢的。雅斯貝爾斯提出西元前 500 年前後形成人類歷史的「軸心期」，這表面上是一個關於「軸心思想」究竟爲何的問題，但其背後的思想動力其實是要爲人類歷史的構成「立法」，人類歷史的構成才是雅斯貝爾斯關心的眞正問題所在，或者說，這才是所謂的「雅斯貝爾斯之問」。

　　於此，我們看到本書內容與問題之展開具有的超出狹義的討論上古思想觀念起源的哲學史或「哲學前史」的意義。此書雖定名爲「由水及道：中國上古哲學核心觀念的生成」，研究的視域卻不以軸心期思想觀念之如何形成爲限，而關係到對雅斯貝爾斯的「軸心觀念」的提出是否成立，或者在何種意義上成立的追問。本書關注與論證的是這麼一個中心問題：作爲深刻影響甚至從根本上制約了中國往後哲學與精神發展的核心觀念，並非在軸心時代才開始形成，它有一個漫長的觀念「史」的行程。假如說這種肯定軸心期觀念之「由來有自」的觀點能夠很好地確立並且證成，則整個軸心期觀念的研究甚至包括對人類歷史如何構成的思想邏輯恐怕就要改寫。因爲按照雅斯貝爾斯的看法，軸心期觀念的說法與其說是要追溯人類哲學觀念的起源，不如說是要強調軸心文明對於人類整個歷史與文明存在的意義。他認爲：迄今爲止，人類整個文明都是建立在軸心期觀念基礎上的；對於人類來說，軸心期觀念既標誌著歷史的起源，同時也是歷史的最終目標。顯然，雅斯貝爾斯的世界歷史觀或者說人類歷史觀有著鮮明的基督教神學「創世論」的色彩。而假如通過中國軸心期觀念之形成的「尋根式」的考察，將軸心期觀念如何「生成」的問題加以闡明的話，那麼，這一研究思路對於雅斯貝爾斯的人類歷史起源於而又復歸於「軸心期」（雅斯貝期認爲人類即將向「第二個軸心期時代」邁進，而第二個軸心期將是人類歷史的目標，同時也是人類歷史之「終點」）的論點將會是顛覆性的。

其實，關於人類歷史之結構與意義的看法，較之雅斯貝爾斯之「軸心期」理論，我更傾向於本書中提出的「層累說」理解。按照本書的觀點，中國上古哲學的核心觀念「道」（「道」的思想決定並且從根本上制約著以後中國哲學觀念以及對於整個人類歷史的理解，可以說它就是雅斯貝爾斯所說的「中國軸心期文明」的最核心思想）並非是在西元前 500 年前後的「軸心期」才提出或者突然出現的。應當說，它由中國古代文明（從西元前 2000 年直到西元前 500 年前後）的思想觀念漸次發展而來。談到思想觀念的發展，人們往往想到的要麼是直線式的前進，要麼是「辯證式」或「否定之否定」的發展，也許是有感於這兩種發展觀之過於機械或者過於「思辨」，雅斯貝爾斯才乾脆提出人類文明之核心觀念或基本觀念是無所謂發展的，假如說有發展，那麼也是循環式的「回覆」。在這點上，我是部分地同意雅斯貝爾斯的看法的，即作為對影響人類精神文明甚至為「人類歷史」提供基本思考架構的觀念與範疇，並非是隨時隨地地變化甚至是可以被往後的思想觀念所取代的，假如真個如此的話，那麼，它們也將難以被視之為人類思想的基本觀念，而頂多是迎合或者說可以用於「解決」社會環境之變化的思想工具而已。與這些思想工具用於解決具體歷史境遇中的實際問題不同，人類的核心思想觀念不僅為人類提供了對於世界與歷史之基本架構的理解，甚至按照雅斯貝爾斯的說法，它還是決定了人的自我反思意識的核心哲學觀念。即言之，它在人類歷史上出現以後，就從根本上制約與決定了人類文明以及整個人類歷史的發展，不僅人類文明與歷史的進程離不開它，而且它也不會隨意地改變自身，或者被其他思想觀念所任意取代。此也即為什麼雅斯貝爾斯將它們視之為「軸心觀念」的道理。

然而，這些作為人類文明之核心思想的觀念，究竟是如何形成，而且，其一旦形成，是否就永遠地「固化」起來，乃至於往後整個人類的精神史甚至人類歷史就不斷地圍繞著它而「旋轉」呢？在這點上，我認為雅斯貝爾斯的「軸心觀念」的說法顯得過於勉強。在我看來，作為人類精神文明之「積澱」的軸心期的思想觀念，應當說不是從西元前 500 年左右的「軸心期」才開始的，它在人類的遠古文明時代就形成了其思想內核（書中稱之為「原型」），並且「原型」出現之後，核心觀念有一個逐漸生長和發育的過程。而這個不斷生長的過程與其說是直線式或循環式的，不如說「層累式」地進行。這就像海水中的「珍珠」之不斷生長和形成的機理一樣，珍珠的形成固然有

其「內核」，但這顆珍珠畢竟會不斷地「長大」；但另一方面，珍珠無論如何生長和長大，它作為「內核」還是一層層地生成和長大。當然，所謂珍珠之形成還是一個形象比喻的說法，對於思想觀念的生成來說，核心觀念之形成是以抽象的方式進行的，其間還伴隨有思維方式的嬗變。其實，不僅思想觀念的生成如此，整個人類文明以及人類歷史之進程看來也是如此。由此觀之，雖然本書將其論述的題旨限定在對上古哲學核心觀念的研究，但其解決問題的思路與理論框架，卻已超出了一般思想史或者哲學觀念史研究的範圍，其「層累說」作為一種思想範式是可以「普遍化」的，對於理解人類其他思想觀念的形成，乃至於理解人類歷史發展的總體結構（也即雅斯貝爾斯提出的「歷史的起源與目標」問題），應當說極富於思想啟迪。

以上看法扯得太遠，讓我們回歸本書的主題。的確，本書主旨是要對中國上古哲學核心觀念「道」之形成過程作一種「觀念考古學」的發掘。與前所說，對上古哲學觀念進行探究者不乏其人，但鮮有人在這種研究中能「登堂入室」，對問題作深入的討論與論證。其所以如此，與其說是資料之缺乏或者說「文獻不足徵」，不如說是思想架構之建立的問題。本書之所以饒有新意，除了它將中國上古哲學觀念的發展視之為一個「層累」結構之外，還在於對這一「層累結構」的深入論證，即建立起從遠古到上古這一哲學觀念思維發展的理論結構模型，從而對黑格爾的「哲學即是哲學史」，以及哲學發展的「歷史與邏輯」如何相統一的觀點作出了新的闡明。應當說，黑格爾關於哲學發展是「歷史與邏輯相統一」的這一命題是深刻的，只不過黑格爾的說法過於思辨化，以至於後人或者將其視之為「空洞無物」和「陳詞濫調」而加以拋棄甚至取笑，或者將它尊之為整理哲學史資料的現成工具與法寶，簡單地和機械地搬用，從而使之顯得僵硬和教條。而本書中哲學觀念之生成乃「層累」的提出與中國哲學核心觀念「道」經歷了「從神話到意象到意念」這一思想行程以及其理論模型的建立，與其說是對黑格爾觀點的一種觀念史的個案解讀，不如說是對黑格爾這一命題的重新思考並且意義深化。

因此，也可以說，本書的「層累結構說」為中國哲學觀念史之研究——乃至於一般思想觀點史之研究提供了一種有別於黑格爾的新思路與理論架構。因為在本書作者看來，在哲學史的發展中，思想觀念之「歷史與邏輯相統一」的呈現並非是那麼「一目了然」的；嚴格來說，這裡存在著一個思想的內在結構或者說「深層結構」的問題，故所謂歷史與邏輯的統一必表現為

觀念生成的「累層」才有意義。既如此，假如不是首先從結構模型上來把握，而僅僅著眼於從黑格爾命題之本身出發來理解哲學觀念的歷史發展，都是僅得其皮毛甚至於「言不及義」的。本書中「層累思想模型」的建立足見作者思考問題之深度，而這種學術的原創性之思與其說來自於作者偶然的思想靈感，不如說受賜於作者豐厚的學術資源儲備與很強的理論思維能力。誠如本書作者所呈現的，「層累的觀念模型」的建立綜合運用了當代各種人文學科的理論與方法，其中包括：結構主義的方法、榮格的「原型」理論、現象學方法，以及現代修辭學理論，等等。在綜合這多種學科理論與方法的基礎上，作者形成了一套別出心裁的「觀念生成」的解釋系統，並將其運用於中國上古思想文獻的整理與研究，從而得出了作為中國上古核心觀念的「道」之生成是一個連續性發展的「層累結構」的觀點。由此我們看到：任何有創造性的觀念史或者哲學史研究，既非簡單的歷史文獻資料的收集與整理所能完成，也非機械地套用某種現成的「理論」，強行地將歷史文獻資料納入其中所能「就範」。這其實是一個歷史材料與思想觀點的相互碰撞、實證研究與理論思維雙向互動的思想創造過程。我們看到：在建立了上古哲學觀念層累模型之後，作者不僅為我們展現了從西元前 2000 年至西元前 500 年前後的中國核心觀念之形成與層累的宏觀精彩畫面，並且深入其思想細節將有關問題一一地加以處理，這其中，研究方法以及學術範式方面的突破是可喜的。例如將「關聯性思維」運用於中國古代陰陽與五行思想的解說與研究，反過來拓寬了「關聯性思維」的視域，也豐富了傳統思維中受到廣泛關注的關於「意象思維」的研究領域及其思想內涵。而將神話思維、意象思維與意念思維視作隱喻、提喻與換喻的在觀念史以及層累結構中的觀念表達方式與思維手段，更是發前人所未發，讀起來尤其使人覺得「爽口」，如此等等。

　　總之，對於上古觀念「史」的研究來說，這是一部新意疊出之作，而其包含或者說蘊含著的一系列思想觀念與研究範式，其實已超出了一般的上古觀念史研究的範圍，足可以給其他一些學術問題或者其他一些學科領域的問題提供研究的思路與拓展思維空間（如前面提到的雅斯貝爾斯關於「歷史的軸心期理論」問題）。相信本書的出版不僅會帶動中國上古哲學觀念史的研究，而且其提出的一些思想觀念以及研究方法，或許還會給中國上古哲學史之外的其他一些學科研究領域或者問題研究帶來思想上的衝擊。最後，作為本書的「讀後感」，我還想補充一點的是：任何一部具有思想原創性的學術著

作其實都是一個「開放性」的文本，盡可以給後來者對問題的繼續思索與不同思想之碰撞預留足夠的空間。因此，我願意作者將此書視之為關於中國上古哲學觀念史的一種「奠基性研究」而非研究之終點。當然，對於雅斯貝爾斯來說，「軸心觀念」對於人類歷史來說既是「起點」，同時亦是「目標」，同樣，對於本書作者來說，「觀念的層累說」也可以理解為其學術思考或者說學術研究方向的起點和終點。我期待作者今後有更多更好的這方面的學術成果問世。

胡偉希識於藍旗營

2012 年 9 月

目
次

第一章 導論：上古哲學觀念的反思

　　「水」是中國上古哲學觀念的原型。在中國哲學觀念漫長的歷史形成過程中，「水」作爲觀念原型一直發生著持續而深刻的影響。從「水」之原型而不斷「層累」出的「由水及道」的觀念生成，體現了人類思想的發展。在中國哲學觀念史的語境之下，在「道」這個核心觀念出現以前，也即「道」的觀念前史之中，水觀念的生成過程反映了以某一原型爲基礎的觀念發展的一般規律過程和觀念形成的一般結構層次，是歷史與邏輯的統一。「由水及道」既是中國哲學觀念史的一個思想特例，同時也對於探討人類哲學觀念之形成具有「範型」意義，是具有普適性的觀念史本身。本書就是對這樣一個弔詭的「層累的上古哲學觀念史」的討論。

　　中國的哲學思想發軔於上古先秦。想要瞭解中國文明何以屹立得如此持久穩固，就必須理解奠基於文明底下的思想根基。而這個哲學思想根基，其中最重要的當屬思維方式，以及在這種思維方式之下特有的哲學觀念。觀念史本身就是對觀念的反思，第一章「上古哲學觀念的反思」是對觀念史的反思，即是對觀念反思的反思，其實質是一種哲學的方法論。

一、觀念史的反思：以道爲例

（一）有無哲學觀念史

　　有關「上古哲學的概念」的問題向來都是學界討論和重點和熱點，成果也相當多。以往有關「上古哲學的概念」的討論按照目的和形式，大致可以

分爲兩種：一是某個哲學概念的梳理和整理，一般是梳理出某重要概念的多種涵義；二是幾個哲學概念的對比和討論，這部分包括某哲人或流派理論中的若干概念之間什麼關係，以及大量的中西概念比較——比如邏各斯和道的比較之類。學者們對很多單個或者成套的觀念已經進行了研究，並且也按照時間先後排了順序。然而，有哲學觀念並不等於有哲學觀念史。雖然我們並沒有否認有觀念史，甚至傳統上一直默認了這個天經地義、順理成章的「觀念史」的存在，但是否我們眞正仔細考察過觀念史的基本、根本問題？是否眞的試圖建構過其中的結構？如果我們的確沒有對觀念史的根基和形成追問考究，那即便研究了許許多多的觀念，始終所得也不過一些散落的珠玉。

比方說，我們都知道並認同一些中國哲學的觀念（常常被叫做「範疇」或者「概念」等等），如「道」「仁」「心」「性」「命」等。而且古往今來許多的學人都已經對這些重要的中國哲學的觀念進行了反覆的詮釋和梳理，有的學人甚至也曾圍繞他所認可的重要核心概念，按照時間軸的發展順序，集合成專門的研究著作，如日本學者編著的《氣的思想——中國自然觀與人的觀念的發展》（小野澤精一，2007）。誠然，這麼多中國古代哲學觀念的研究爲哲學觀念史的研究提供了素材，但我們仍需要對觀念集合的樣態、序列等進行進一步的整合和反思。可以說，沒有經過這種反思，我們所得的觀念就可能只是觀念，而不是「哲學觀念」——因爲「觀念」本就應當具有哲學意義的，眞正意義上的觀念史，應當是哲學觀念史。

鄧曉芒先生說，「方法論不是一種技術，不是奇技淫巧，它是一種道術。……方法論不僅僅是智慧，而且是『愛智慧』」（鄧曉芒，2008）[12]。我們都知道在古希臘「哲學」（philosophy）這個詞的本意是「愛智慧」，所以從某種意義上來說，哲學方法論就是這些的根本精神所在，哲學的方法論就是哲學。故而「我們要有一種自覺的方法論意識……對自己反思，要對自己傳統的，認爲是天經地義、不容懷疑的這一套思維模式有一個新的反思」（鄧曉芒，2008）封面。能夠自覺地對自我、對既有進行反思是哲學的傳統精神所在，而反思的方法就是哲學「無用之大用」。所以，我們必須對觀念史本身以及現有的觀念研究進行反思，這是符合哲學根本精神的，是哲學研究的第一步。

以「道」爲例，「道」從很早就逐漸摒棄各家差別，成爲中國哲學的核心、乃至最高觀念。「道」這個觀念是中國的、形而上的（哲學的），這一點毋庸置疑。然而，「道」的觀念何以能夠形成？又以何成爲最高觀念？其地位何時

得以確立？在「道」之前有無其他觀念可與之匹敵？若有，爲何？與「道」有何異同？若沒有，又爲何「道」成爲核心、最高之觀念？……

　　學界一直不乏對所謂「核心觀念」的研究，包括對單個觀念的理解、涵義闡釋，相對觀念的比較，幾個相關觀念聯繫的發微等，但似乎少有超越具體觀念的對整個觀念集合的理解和分析。而觀念集合本身何處來，如何來，集合的樣態、序列如何，是否也應值得我們深究？反思觀念集合根源的相關問題可視爲哲學觀念史的中心問題，也是哲學觀念史的關鍵所在。

（二）從知識考古到觀念考古

　　回溯觀念的原初狀態，探究核心觀念確立之前的先兆和孕育，筆者將之稱爲「觀念考古」。

　　「考古」一詞比喻性地引入哲學，要追溯到福柯的《知識考古學》（福柯，2007）。福柯的「知識考古」與他相關的「思想史」的眞正涵義〔註1〕和功能的理解，簡單來講就是通過「結構的透視法」〔註2〕，對觀念的兩種「起源」（arche）、兩種過程、還有最重要的——兩種「檔案」〔註3〕（archive）的關注和研究（福柯，2007）150～151，開啓了「分析思想史而非規範的觀念史的進路」（布寧，2001）68。

　　「觀念考古」包涵了福柯之「觀念考古」對於「思想史」的眞正涵義和功能的理解並有泛化，是以考古學的方法梳理人類文明中觀念的形成過程，追尋落在時間之外，今天又歸於沉寂的印迹。福柯認爲，思想史應該有「兩個作用」。一方面，它講述鄰近的和邊緣的歷史。它不講述科學的歷史，而是講述那些不完整的、不嚴格的知識的歷史，這些知識歷經坎坷卻從未能夠達到科學性的形式。……另一方面，思想史的任務是要貫通那些現存的學科，研究和重新闡述它們。那麼與其說它構成一個邊緣的領域，不如說它構成一種分析的方式，一種透視法。它……爲後來的形式化作經驗的未加思考的背景；它試圖發現話語記載的直接經驗；它關注在固有的或者取得的表述的基礎上將產生序列和作品的這種起源。反之，它指出這些建立起來的重要的形

〔註1〕　福柯的思想史是「分析思想史」，而非規範的觀念史。
〔註2〕　思想史「構成一種分析的方式，一種透視法」。參考（福柯，2007）150～151。
〔註3〕　檔案，福柯考古學研究的對象，指在某個特定時期中決定知識的可能條件的深層結構或形式。參考（布寧，2001）68。

態是怎樣漸漸地解體，即：主題是如何展開並繼續它們孤立的生命，又如何被廢棄或又在一種新的方式上重建的。因此，思想史是一門起始和終止的學科，是模糊的連續性和歸返的描述，是在歷史的線性形式中發展的重建。」（福柯，2007）150～151

　　故而，對哲學觀念史進行反思，就是要重新深入潛藏與觀念的背後與內在，追根溯源，還復原點，這實際上也體現了現代現象學方法的精神。〔註4〕「現象學還原」作爲胡塞爾現象學特有的方法論步驟，是在探測體驗的意向結構或本質結構。〔註5〕現象學還原的基本方法是懸置（希臘文 epochè，意味著「抑制」，衍變爲「判斷的中止」），懸置而向前追溯發問，找尋本質、基本、不可還原的源頭，其實也是讓文本的本質意義顯象。也正是在這個意義上，當我們通過整理和重讀文獻來解答「中國哲學觀念的原型爲何」時，實際就是對文字和文獻做更內在於語詞和文獻涵義的哲學探究。當我們追問「『水』

〔註4〕現象學方法的精神是貫穿當代歐陸哲學的大脈絡。甘陽總結說，「現象學方法的基本精神——把邏輯的思維『懸擱』起來——構成了以後歐陸人文學哲學的靈魂。當代歐陸哲學可以說就是不斷深化這個『懸擱』的進程——把『邏輯的東西』懸擱起來，把傳統認識論所談論的認識、意識、反思、自我、主題統統『懸擱』起來，把笛卡爾、康德依賴的所謂『主體性哲學』路線整個『懸擱』起來，而最終則是把西方哲學和西方文化的傳統整個『懸擱』起來，目的就是要更深地追究它的『根基』究竟何在，具體地說就是要全力把握住那種『先於』邏輯、『先於』認識、『先於』意識、『先於』反思、『先於』我思、『先於』自我、『先於』主體的東西。」他還列舉海德格爾的「先行結構」，薩特的「先於反思的我思」，梅洛·龐蒂的「反思是要重新發現先於反思的東西」，伽達默爾的「先入之見是全部認識的基礎」，以及保爾·利科的「意義的家園不是一時而是某種不同於意識的東西」等來說明此點。（甘陽，2006）81～82。

〔註5〕通過撇開自我體驗流中的感官內容而得以專注於體驗中本質性的、基本的和不可還原的東西。胡塞爾提出口號「回到事情本身」，就是直接去觀看，把那些由於看而呈現出來的各種各種的東西存而不論，回到看的本身，就可以尋求到西方人傳統的理性根源。簡單來講就是「放進括弧中」或讓它失去作用的自然態度（布寧，2001）744，「懸置」就是把後面的階段放進括弧中存而不論，不管它是客觀還是主觀，是幻想還是實存，只先考察前面的這一階段，這樣分階段討論。本質就在現象之中，通過懸置而留下的現象領域，顯象的就是本質。科學研究和哲學研究的目的都是「眞理」，過去我們的解釋學是「符合眞理論」（傳統經典的眞理觀認爲，一個思想、一個觀念或概念呢和對象相符合就是眞理。），而近代以來主張回歸更早的眞理觀，那就是「顯現」，不是使其符合，而讓其顯現。現象學的方法本質就是如此。

何以成爲中國哲學觀念的原型」〔註6〕時，就實際上不僅僅是對起源的追問，更是對先天條件的潛於內在的深層結構的探究。「觀念考古」，就是考「觀念」的古，是爲了揭示觀念之前以及觀念背後的東西，是「觀念前史」。於是在此意義上，對「哲學觀念史模型」，也可以有兩個方面的理解：

其一，「觀念史」不是觀念「史」。這裡對觀念史的關注局限於中國哲學研究領域之內，專注於問題本身的反思而勝於哲學史的梳理，故而要展現的也並非一段嚴格意義上的觀念「史」。這裡要關注的重點並非眞實的「歷史」──眞實的歷史在一個窄小的切入上也是無法被還原的；筆者更加在意的是邏輯上的可能模式，也就是在歷時和共時兩條線索上皆存有的「觀念史」的哲學深層「結構」。

其二，「觀念史」是「觀念前史」。對「有無哲學觀念史」的追問以及對既有「觀念史」本身的反思其實就是在做觀念史的前提性探索，就是在給觀念史做導言。以某個原型爲基礎的觀念史，比如「『水』的觀念史」，對於中國哲學觀念史來講，也是一個導言。以「『水』的觀念史」來反觀的上古時期哲學觀念所經歷的萌發、發展、變異、穩定的過程，對於整個哲學觀念史而言，本文的「觀念史」，而更類似於一篇「觀念前傳」，或者說「前史」。

（三）返回「前軸心文明時代」

既然想要深入「觀念前史」做探究，就要先確定一個或若干考察的時間參考點。既然是討論哲學觀念的誕生，就應考慮哲學的發展過程。世界文化不是以西方爲中心的，哲學也非西方的特產。突破了西方中心論的「軸心文明時代」（軸心期）的觀念可以借鑒。德國哲學家雅斯貝爾斯在《歷史的起源與目標》一書中提出「軸心期」的觀念。在雅斯貝爾斯看來，軸心期開始於西元前 800 年到西元前 200 年，標誌在於這個時期湧現出眾多的、近乎無法超越的先哲，形成了基本的經典──中國有《論語》《孟子》《老子》《莊子》等；希臘有柏拉圖、亞里士多德、蘇格拉底的論集；印度，有《奧義書》、佛教、耆那教，以及九十六種外道……這個時期中國、希臘及印度，在互相隔絕的情況之下，不約而同，產生一個歷史的奇迹，他們立足於自己的文化的本位，考慮了全人類關於宇宙、社會、人生的本源、生存、發展及其意義等

〔註6〕　參考後文第六章第一節「『水』何以成爲中國哲學觀念的原型」。

根本問題的探求。從哲學最早的起源來看，哲學是在軸心期時代成為人類精神自覺的象徵的。從間歇期的史前和古代文明〔註7〕，後到達軸心期，人類精神突破宗教神話純粹感性的、信仰的、原始的思維模式，第一次用理性、用大腦來考慮宇宙人生問題，達到了「哲學的突破」。這一時期，形成了至今仍然左右我們思想的基本範疇，創造了至今仍然決定我們生活的世界宗教。這一時期，人性全盤改變，為我們提供持久的精神動力……哲學在軸心期成熟，成為時代人類精神自覺的象徵。

也正是春秋戰國時期——中國的軸心文明時代，「道」逐漸發展演變，最終成為中國哲學的根本觀念。於是我們可以確定「軸心文明時代」為參考點，沿參考點往前回溯，參考點之前的觀念雛形所處的歷史泛而稱之為「上古」〔註8〕。

倘若，哲學觀念——譬如「道」觀念的確立，的確可視做在「軸心文明時代」哲學成熟的標誌，那麼應該包涵孕育過程的觀念的前期歷史（哲學觀念前史）自然要推演到「前軸心文明時代」。「觀念考古」的目標其實也可以說就是返回「前軸心文明時代」。這裡，「『前』軸心文明時代」以及「哲學觀念『前』史」的「前」是類似的，都可以做兩方面的理解。（如圖1.1）

〔註7〕 雅斯貝爾斯概括世界歷史的過程，分為四個階段：史前、古代文明、軸心期、以及科技時代。史前與古代文明是間歇期，軸心期是突破期，科技時代是第二個間歇期。參考（雅斯貝爾斯，1989）35

〔註8〕 我國古書記載的上古確切年代，只能上推到司馬遷《史記十二諸侯年表》的開端——西周晚期共和元年（西元前841年）。白壽彝總主編的《中國通史》避開古史分期問題，代之以時間意義的「上古時代」、「中古時代」。白壽彝在題記中說：「從歷史發展順序上看，這約略相當於一般歷史著述中所說的奴隸制時代。但在這個時代，奴隸制並不是唯一的社會形態。我們用『上古時代』的提法，可能更妥當些。換言之，可以簡單歸納為：遠古時代：五帝上古時代：夏商，西周，春秋，戰國中古時代：秦漢至清。」（白壽彝，1999）上古和中古史的劃分以秦皇朝為界，即先秦史就是上古史。歐洲歷史的學說，世界上古史是世界範圍內的原始社會與奴隸制社會發生、發展和衰亡的歷史。而歐洲的奴隸制衰亡是以西元476年為標誌的。故此，第二種說法是西元476年之前是上古史，之後是中古史。由於我國對上古、中古的劃分尚有很大的分歧，主要是奴隸制和封建制的劃分問題，即中國古史分期問題，到現在還沒有最後確定。本文暫時以《中國通史》的「上古」劃分為準。

圖 1.1　觀念史考古的參考坐標系

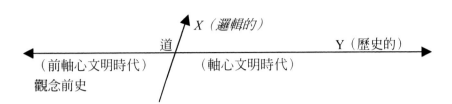

一方面是歷史的前。在雅斯貝爾斯那裡，軸心期之前還有史前、古代文明時期，而古代文明時期當然與史前不同，這不是一個沉寂的世界，人們用筆錄文函、建築物、甚至具有意味深長的形式的藝術品說話。這是一個有豐富記錄的時候，也許它還沒有完全「奠立我們新人性基礎的精神革命」（雅斯貝爾斯，1989）55，但文明的蓬勃顯而易見，文明的深刻也是蠢蠢不已。在這個「從有到有」的過程中，歷史的前在，是不可否認的事實。

另一方面是邏輯的先。雅斯貝爾斯重述歷史的目標在於「統一」，一切有價值的意義在於人類歷史的統一。（雅斯貝爾斯，1989）284 以整體的概念來領悟歷史的統一，整體以根據經驗建立的結構來表明人類本身的歷史性。（雅斯貝爾斯，1989）302 軸心期的意義其實也就是在於統一可能了。「軸心期同化了存留的一切。從軸心期起，世界歷史獲得了唯一的結構和至少持續到我們時代的統一。」（雅斯貝爾斯，1989）15 統一雖然也是歷史性的，但也更是對一個邏輯的整合，一個理論的大體系而言。邏輯的先在，是發現「檔案」的過程中必然的「推導」。

本文的「觀念考古」當然不僅是對話語層面的考察。觀念本身是歷史的，也是邏輯的，而歷史和邏輯又是一致的，所以觀念本身也具有歷史和邏輯的一致性。〔註9〕一方面，觀念既然要形成、變化、達致統一，也逃不脫「史」的印記；另一方面，文明的統一哲學是必要的因由，而哲學觀念本身又是哲學成立的因由，「哲學觀念前史」也可說是為「觀念共同體」或者說「觀念統一性」的可能性、方向性所做的理路解釋。

〔註9〕　關於「歷史和邏輯的一致」參見下文論述。

二、重建上古哲學觀念史

（一）哲學觀念史的結構

　　觀念史是有結構的。「層累」的中國哲學觀念史從某種意義上看可以視為一個觀念結構。

　　運用結構主義的方法論原則是本世紀的研究潮流之一。索緒爾的結構主義區分了言語和語言，強調的是語言的共時性這個有機系統（索緒爾，1980）（索緒爾，2002）（Saussure, 1999），他的目的是「現在」的意思，「現在」的體系就是這個詞的結構。例如，論文就是試圖將「水」從言語中提煉出來，使之成為語言的「水」，也就是「水」觀念，而後才是「水」觀念的層次。列維‧斯特勞斯用結構主義的方法研究社會學，通過親屬關係、原始人的思維型式和神話系統所做的人類研究，試圖找到對不同民族、不同時代的人類的心智普遍有效的那個無意識發生作用的深層思維結構及構成原則。

　　皮亞傑綜合了索緒爾、列維‧斯特勞斯等人的結構主義，發展出所謂「方法論的結構主義」。他提出結構具有三大基本特性，也可以說是三大功能：一是整體性。整體性同時來自組成結構的要素之間的相互依存關係和全部要素的結構性組合必然不同於這些要素簡單相加的總和這一事實。一個結構由多種要素構成，其整體優於部分。二是轉換機制。結構不是一個靜止的形式，而是一個由若干轉換機制形成的系統。三是自我調整功能。這是結構的本質特性，它涉及結構的內在動力，具有守恒性和某種封閉性。這點保證了結構所固有的各種轉換不會越出結構的邊界，只會產生總是術語這個結構並保存該結構的規律的成分。（皮亞傑，2006）4～12、庫恩則從科學史的視角探討常規科學和科學革命的本質，創立了範式理論。他將革命作為世界觀的轉變動因，深刻揭示了科學革命的結構。（庫恩，2003）（Kuhn, 1999）科學革命的外在過程和內在機理，與觀念變革的外在過程和作為整體結構的內在機理，有相類之意。用結構主義方法認識和理解中國哲學觀念史，窺視觀念的「永恒的結構」，抑或詮釋這個具有內在結構的觀念史，這是重建上古哲學觀念史的奠基之禮。

（二）「層累」的上古哲學觀念史

　　疑古派歷史學家顧頡剛先生研究商周史，曾提出過一個著名的假設：

「古史是層累地造成的，發生的次序和排列的系統恰是一個反背。」（顧頡剛，2000a）68 其主要結論有三：一，在古史記載中，時代愈後，傳說的古史期愈長；二，時代愈後，傳說中的中心人物愈放大；三，不能知道某一事件的真確狀況，但可以知道某一事件在傳說中的最早的狀況。（顧頡剛，2000a）4 哲學觀念的層累與歷史的層累有許多相似之處。其一，時代越後，哲學觀念的牽扯越多，層次越複雜；其二，時代越後，哲學觀念的涵蓋性越強；其三，我們不能知道某一哲學觀念真實的最早來源，但我們應該可以去探究某個哲學觀念在演進歷史中的原初狀況。（見表 1.1）這就是「層累的歷史」的觀念。〔註10〕

表 1.1　「層累」的中國歷史與「層累」的中國哲學觀念史

	古史的「層累」	哲學觀念的「層累」
其一	時代愈後，傳說的古史期愈長	時代越後，哲學觀念的牽扯越多，層次越複雜
其二	時代愈後，傳說中的中心人物愈放大	時代越後，哲學觀念的涵蓋性越強
其三	我們不能知道某一事件的真確狀況，但可以知道某一事件在傳說中的最早的狀況	我們不能知道某一哲學觀念真實的最早來源，但我們應該可以去探究某個哲學觀念在演進歷史中的原初狀況

前人討論中國哲學的觀念，或單個討論，或列出有限個來比較，這樣問題自然越來越多。中國哲學的觀念就和中國歷史一般，其實是「垂線」的，初不過一條而後幾條，更後又分若干條，累疊錯落，要細心分出層次結構。〔註11〕其實「層累的歷史」本身就包含兩方面的涵義：「層累」及「歷史」。「層累」與結構有相似之處，可以在縱向上進行剖分；而「歷史」本身具有時間性，這又決定了其可作為橫向延展的主軸。簡單而言，「時間上的結構考量」就是「層累的歷史」。所以，「層累的歷史」實際是可以作為縱橫交織的一個座標的。〔註12〕

〔註10〕參考（顧頡剛，2000a），此書中包含三篇重要文章：《與錢玄同先生論古史書》，《答劉胡兩先生書》，《《古史辨》第一冊自序》，創立并闡釋了「層累地造成的中國古史」觀。

〔註11〕「以前人看古史是平面的，無論在哪個時候發生的故事，他們總一例的看待，所以會得愈積愈多；現在我們看古史是垂線的，起初一條線，後來分成幾條，更後又分成若干條，高低錯落，累累如貫珠垂流，只要細心看去就分得出清楚的層次。」見（顧頡剛，2000a）61

〔註12〕與觀念史考古的參考坐標系類似，參見圖 1.1。

哲學觀念的層累與歷史的層累有許多相似之處：其一，時代越後，哲學觀念的牽扯越多，層次越複雜；其二，時代越後，哲學觀念的涵蓋性越強；其三，尚沒有答案，我們不能知道某一哲學觀念真實的最早來源，但我們是不是應該去探究一下某個哲學觀念在演進的歷史中可能的最初狀況？作者認為，也是可能成立的。以前人討論中國哲學的觀念，無論是什麼觀念，總是單個討論，或者有限個對比比較來討論，問題也越來越多。研究以點、單線條、頂多幾條平行來展開，這樣忽略了中國哲學的層次結構。〔註13〕哲學觀念不是簡單的語詞，也不是含混的感官體驗，它在特定的形式中保存著它的意義和指向，而且更重要的是，哲學觀念是有層次的，這個層次還是變化發展的。由已不單純的技術來支持的理論，其繁複性更需要層次的梳理和闡明。結構在整體內自我調整而實現轉化，卻也不會超出這個整體自足的結構，調整只在結構的整體之內。哲學觀念整體本身就是一個結構，它的分層，層次的調整、形成序列以及之間的相互影響和轉化都是哲學觀念的整體本身的內部運動，論文將符合和尋求這個存在於內部的規律。這個哲學的層次現實、簡化、而具有解釋性。

本文把「層累」從歷史哲學中抽出，使之成為具有深刻文化背景和哲學意蘊的結構方式，同時也展現著觀看問題的角度。從上古哲學觀念發展過程，就是觀念「層累的歷史」。

（三）哲學觀念史是歷史和邏輯的一致

黑格爾的哲學史觀的主要命題是：哲學史就是哲學。這其中就包含了歷史和邏輯的相一致。歷史和邏輯在表層本來是對立的，但是在深層，「特別是一旦進入到哲學和哲學史這樣的層次，它們則是相通的，甚至於就是同一的」（鄧曉芒，2008）[21]。哲學史包含的內容不過是哲學觀念及其整合，故而，哲學史和哲學的觀念史亦是同一的，哲學觀念史是哲學的，也是歷史和邏輯

〔註13〕與歷史相比，哲學觀念史更有其複雜之處：前者呈現為歷時性的橫向過程，後者則包含歷史和邏輯兩個維度，為共時性的縱向結構。複雜的歷史本身就是哲學觀念史的坐標軸之一。所以歷史的複雜，交織著觀念本身的妥協、變革，必然成就更加複雜的哲學觀念史。這當然還不包括，比如哲學的思維所運用的語言不是依賴敘述語言，而是抽象語言——抽象本身就是省略、簡易的表達，所以從哲學的源頭開始，相關的所有的要素都不可能像歷史一樣直接的敘述流傳被後人看到，而是暗含於層累的歷史，需要更深層的挖掘和理解。

的一致。

我們也可以從時間的意義上來理解歷史和邏輯的一致。「時間」這個概念在海德格爾那裡有兩種不同的含義，一種是「內在的時間」，一種是「流俗的時間」。流俗的時間是有刻度的，可以計量的。以人為最終的標準的時間成為內在時間。「有了人，整個宇宙才有了意義。我們通常理解的人類歷史，似乎是自然史的一個階段、一個部分。自然發展，出現了人，人類又出現了人類的歷史，直觀上人類歷史是自然界發展的一個小階段，這是一個客觀時間、流俗時間的標度。但從內在時間，意義價值的層面來看，完全是一個顛倒，自然界的歷史應當隸屬於人類歷史，自然史不過是人類史的一個意義載體罷了。歷史唯物主義應當是包含了價值、目的、評價的，而這個目的、價值才是其內核。」（鄧曉芒，2008）20～45

「恩格斯講：『黑格爾不同於其他所有哲學家的地方，就是他的思維方式有巨大的歷史感作基礎，形式總是那麼抽象，但是內容是跟歷史的發展緊緊地平行著的，而後者按他的本義只是前者的驗證。』歷史感就是生命感。歷史就是生命，在生命中有一種感受，對歷史的體會，體會那些邏輯範疇底下的東西。也可以說世界歷史就是人的生命所造成的，對歷史的體驗、歷史感。現在很多理性的和非理性主義的思想家也有這樣的思想，強調對歷史的體驗，比如說現在的解釋學，狄爾泰、伽達默爾都訴之於生命體驗，存在主義的海德格爾、薩特也是這樣。」（鄧曉芒，2008）40 所以，從生命體驗的角度來看，從內在的時間視角來理解，觀念史都是歷史和邏輯的一致。

簡單來說，從歷時和共時的視角上看，哲學觀念史是歷史和邏輯的一致。在歷時的視角上，哲學觀念史是一個觀念變革的歷史發展過程；而在共時的視角上，哲學觀念史本身特有觀念邏輯結構。實際上，這個歷史過程與這個特有的邏輯結構相互對應甚至同一。歷史橫向上的「層累」在此文中將以觀念變革的歷史展現，而觀念層次上的「層累」也會通過觀念結構的分析而闡明。歷史和邏輯的維度在觀念史之中，展現為觀念的表層和深層結構。（表 1.2）

表 1.2 「層累」的哲學觀念史

橫向	歷時	歷史	過程	觀念變革
縱向	共時	邏輯	結構	觀念結構

三、原型與哲學觀念原型

（一）原型及其特點

　　斯特勞斯的「功能性結構」，弗洛伊德的「無意識」，榮格的「集體無意識」，弗雷澤的「基本原型」……都涉及到人類思維的深層結構問題，他們都試圖回答這個沉積在思維結構深處的本質是什麼。「原型」概念的提出給這個問題提供了思路。「Archetype（原型）這個詞由希臘文 arche（首先、第一）和 type（型式、印記）結合而成，指事物據以形成或變成副本時所出自的原始模型或型式。」（布寧，2001）69「原型」就是原初的範型。原型這個概念和神話、宗教以及心理學一直都有相當的關係，神話、宗教和心理學的研究者都試圖用自己的方式闡釋他們對人的本質的看法。

　　瑞士心理學家卡爾·榮格的「原型」「集體無意識」「情結」等觀念，函射文學、宗教、藝術等諸多領域，並影響深遠。榮格對「原型」一詞進行了詳盡的詞源學考據〔註14〕，同時也對「原型」概念在各種學科理論中的引用進行了梳理總結。〔註15〕榮格說原型本身不是具體的形象，而只是一種傾向，但是原型卻可以通過一種形象出現。在夢裏，有時會出現一些奇異的情節和形象，這些東西用做夢者自身生活的經歷解釋不了，那麼，這就是表現原型的形象。原型之突出特點就是具有包含某種情感特徵的形象。這個形象是直接的、生動的，甚至有具體所指，但同時卻又是一種模糊、含混的狀態。榮

〔註14〕榮格說，「原型一詞最早是在猶太人斐洛談到人身上的『上帝形象』時使用的。它也曾在伊里奈烏的著作中出現，如：『世界的創造者並沒有按照自身來直接造物，而是按自身以外的原型仿造的。』在《煉金術大全》中把上帝成為原型之光，這個詞多次在狄奧尼修法官的著作中出現。例如在《天國等級》第二卷第四章中寫到『非物質原型』已經在《天國等級》第一卷第六章中寫到『原型石』。……原型這個詞就是柏拉圖哲學中的形式，為了我們的目的，這個詞既適宜又有益，因為它向我們指出了這些集體無意識的內容，並關係到古代的或者可以說從原始時代就存在的形式，即關係到那些亙古時代起就存在的宇宙形象。列維·布留爾所用的『集體的表現』一詞是指那些世界的原始觀念中的形象符號，但也同樣適用於無意識的內容，因為它實際上指的是同一事物。」（榮格，1987）53

〔註15〕「原型」在「神話研究中它們被稱為『母題』；在原始人類心理學中，它們與列維·布留爾的『集體表現』概念相契合；在比較宗教的領域裏，修伯特與毛斯又將它們稱為『想像範疇』；阿道夫·巴斯蒂安在很早以前則稱它們為『原素』或『原始思維』。」（榮格，1987）94

格對原型概念提供了一系列不同的解釋，使「原型」成爲一個可塑性極強的
辭彙，利用的靈活性非常大。

　　原型具有形象，但重要的是原型並非形象本身，形象只是其內在本質的
載體，而這種內在本質應當與某種特定的最基本、最原初的感覺相關，原型
的「沉積的是一種感覺」，「一個民族或者一個人反覆經驗的感覺，就是這個
民族或這個人的心理原型。」（楊麗娟，2004）3 原型應當關乎可以等同於「原
生態」感覺的原始思維，關於先民的自然本性。展現先民的自然本性，展現
原始思維的發展，這才是原型這個概念的功能，也是原型的重要意義所在。
榮格的「原型」是從人類的集體無意識中浮現出來的。人類世代代經歷的
事件和情感，最終會在心靈上留下的可以通過遺傳傳遞的痕迹。榮格的「原
型」的實質性內核乃是集體無意識中那些亙古不變的原始形象。原型是人心
理經驗的先在的決定因素。它促使個體按照他的本族祖先所遺傳的方式去行
動。人們的集體行爲，在很大程度上也是由這無意識的原型所決定的。〔註16〕
由於集體無意識可用來說明社會的行爲，所以榮格的這一概念對於社會心理
學有著深遠的意義。

（二）原型是歷時與共時的統一

　　榮格說，原型「具有歷史性的一面，我們不懂歷史就不能理解那些事
件」。（榮格，1991）176～177 所謂的歷史事件就是原型在具體歷史環境中的
一次又一次的復現，只有將歷史貫通起來做整體的把握和研究才能發現「原
型」。原型具有廣泛而強大的力量，它在人類歷史進程的時時刻刻都存在著。
「把一個原型給予一個民族，這個民族的全體成員就會一致行動，任何力量
都不能抗拒它。」（榮格，1991）178 榮格甚至將這種原型的解釋模式附加於
德國的具體歷史環境，認爲納粹的瘋狂也與此有關。他說：「把一長串原型
記得爛熟於心是毫無用處的。原型是經驗的集結，它們像命運一樣降臨在我

〔註16〕1922 年，榮格明確給出了「原型」的定義：「原始意象或原型是一種形象（無
　　　　論這種形象是魔鬼，是一個人還是一個過程），它在歷史進程中不斷發生並且
　　　　顯現於創造性幻想得到自由表現的任何地方。因此，它本質上是一種神話形
　　　　象，當我們進一步考察這些意象時，我們發現，它們爲我們祖先的無數類型
　　　　的經驗提供形式。可以這樣說，它們是同一類型的無數經驗的心理殘迹。」（榮
　　　　格，1987）120 1936 年，他指出：「原型概念對集體無意識觀點是不可缺少的，
　　　　它指出了精神中各種確定形式的存在，這些形式無論在何時何地都普遍存在
　　　　著。」（榮格，1987）94

們頭上，其影響可以在我們最個人的生活中被感覺到。」（榮格，1987）[81]
可見，任何具體事物都不是原型，所有的事物只是蘊含著原型，原型歷經歲
月，總是與具體的現實條件相互結合從而呈現出具體的形態，它永遠只是具
體的「這一個」，而不是變化無窮的「原型」本身。

　　「現代人在體驗這原型的時候，慢慢地知道了那最古老的思維形式是一
種自主的活動，人們便是這一自主活動的對象。」（榮格，1987）[89]「它在夢
中的象徵裏表現自己，或者說它被夢中的象徵陪伴著，這些夢中的象徵與『集
體的表現』有著聯繫，而『集體的表現』自遠古的時候開始就以神話主題的
形式描繪著精神的歷程。」（榮格，1987）[93]

　　我們的確可以從共時性和歷時性的角度來理解原型。一方面，原型具有
無限的共時性。另一方面，原型也具有恒久的歷時性。（楊麗娟，2004）[21~22]
原型既然是結合了共時性和歷時性的，那麼它就具有了類似「基因」的能耐，
我們完全可以把原型理解為文化的基因，生命因為基因的存在而繼承發展，
人類的文化也因為原型而繼承發展。正是在這個意義上，榮格將原型定義為
一種沉積而成的「集體無意識」〔註17〕。於是有學者做出了類似的解釋：「『原
型』本質上是人類早年經歷中所蘊含著的後世一切文化的基因。它是一種尚
未明確整理的非抽象非概念的感覺世界，因而更多地體現為無意識狀態；並
且由於生產力和個體能力所限使人類先民的生存（包括人類進入現代社會之
前的漫長歷程）以種群意識為意識主題，這種無意識也就帶有更強的集體性。」
（楊麗娟，2004）[24]

（三）哲學觀念的原型

　　哲學觀念之原型除了原型本身所具有的本根性、形象性特徵之外，還應
具有三大特徵：普遍性、基礎性和根源性。（1）普遍性。所謂普遍當然是與

〔註17〕榮格將人類心靈劃分為四個層次：1、個人意識（personal consciousness）；2、
　　　個人潛意識（personal unconsciousness）；3、客體心靈（objective psyche）；4、
　　　集體意識（collective consciousness）。四個層次逐層深入。按照榮格的解釋，
　　　集體無意識是心靈的一部分，它有別於個體潛意識，就是由於它的存在不像
　　　後者那樣來自個人的經驗，因此不是個人習得的東西。個人意識主要是這樣
　　　一些內容，它們曾經一度是意識的，但因被遺忘或壓抑，從意識中消逝了。
　　　至於集體無意識的內容則從來沒有在意識裏出現過，因而不是由個體習得
　　　的，是完全通過遺傳而存在的。個體潛意識的內容大部分是情結，集體無意
　　　識的內容則主要是原型。

「單一」相對。表示原型的呈現在廣泛的人類文化視野中有相當數量的實例，原型變現在萬事萬物之中，呈現爲「多」。在文明結構中的出現是一種具有規律性的事件，遍佈一切現象物之中。它反映了不同文明結構中某些核心觀念的共同屬性，是一種發展的基本趨勢。是「共相」，甚至是「理型」。「水」文化的影響在世界文明的大背景中，在不同的民族文化傳統中，都具有重要的意義。（2）基礎性。所謂「基礎」本是指建築物地面以下的承重構件，它支撐著其上部建築物的全部荷載，並將這些荷載及自重傳給地基，後比喻事物發展的根基。基礎性的物事是底色，頗似於「繪事後素」，白底是一個基礎。原型作爲觀念的「內核」，決定了思考的方式，並爲其提供內在底層的依據。觀念的原型對於觀念來說就是最基礎的成分，它貫穿了水的觀念史的發展全過程，決定了觀念的思考方向，是支持和扶助觀念的力量，就像是大樹的根莖，不僅支撐起大樹，還爲枝葉繁茂提供養料。（3）根源性。觀念的原型是觀念產生的根本原因，也是觀念孕育的「母體」，它指向思想更內在的底層，具有生長性和可拓展性，是始源性的東西，類似於種子。原型就是觀念的種子。這種根源性體現在：觀念的原型體現了觀念背後的根本的思維方式；原型集中展現了觀念反映的根本問題，並可以作爲解決根本問題的方式；觀念的原型本身就是最根本的觀念。原型所具有的情感牽繫深深植根於人類的內心，就譬如觀念水的原型中就包含了對水之渴望、依賴、崇拜、畏懼等心理的交織，這也是水觀念能夠不斷發展變化到如今仍擁有無限生命力的緣由。

四、哲學觀念原型的孕育

圖 1.2　觀念前史的參考坐標系

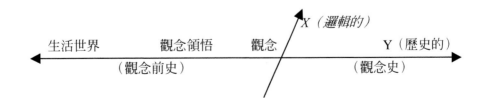

觀念之原型並非憑空而出，而是在觀念前史中孕育。而原型於觀念前史中的孕育，經歷了從生活世界到觀念領悟最後才到觀念的過程——當然這是

歷史的過程更是邏輯的過程。對這個過程的反思，我們需從觀念開始回溯。

（一）觀念與命名

　　所以，首先是「觀念」的命名。而所謂「觀念」可由「觀」之義觀之。「觀」會意兼形聲字，基本義爲觀看，〔註18〕並由此發展引申爲三個層次。第一種，也是最基本的，是動作的發出，解釋爲「見、眺」，就是簡單的「見物」，比如「袖手旁觀」「洞若觀火」等。第二種可作爲第一種的衍生，表示被觀者，這是動作發出之後的結果，解釋爲景色、樣子，比如「景觀」、「奇觀」、「壯觀」等等。這一層涵義後來也有一個特定的「流派」，指建築物，樓臺、寺廟等，比如「觀闕」。第三種對前二者的總體升級的印象，表示對事物的認識和看法，比如「人生觀」「客觀」「直觀」「達觀」「悲觀」等。這三個層次也可視之爲「觀念」的層次。現在，「觀念」通常是指第三層意思，指看法、思想，是思維活動的結果。（大辭海，2003）107

　　希臘哲學傳統中，對「看」或者說「觀」一直都是特別重視的，他們把「看」作爲一切知識、眞理的根基。「idea」這個詞的詞源——Eidos 這個希臘詞的本意就是「觀看」，而我們知道「idea」就是「理念」。也就是說，「理念」（idea）的獲得方式和本質其實就是「觀看」（Eidos）。理念（idea）就是「本質的直觀」。這種觀看不是肉眼的觀看，而是整個身心或者說心眼的觀看，用意識的眼睛去直觀。通過直觀，看到自己，進入先驗的、普遍的意識結構和最基礎的意識層次。堅持自身，就是「自明」的，自己是自己的標準，這就是後來倪梁康所謂的直觀的「明見性」。希臘傳統中對「看」的解釋似乎更加接近於中國古代傳統中「觀」的意味。因爲「觀」的這個意味而有的「觀念」一詞也應當可以作爲由心所賦予物的「觀念」。本文中廣義的「觀念」或者具體而言的「觀念雛形」是一個總稱，包涵神話、意象、以及意念三者。

　　「觀念」這個結果的確立實際上是從「命名」開始的，或者說觀念產生

〔註18〕甲骨文和金文借 🦉（雚）來表示，原來的樣態像一隻瞪著眼睛的貓頭鷹。金文也或有加義符「見」，即 🦉，變成從見從雚的會意字，表示有目的地仔細觀看之意。（谷衍奎，2003）236《說文》：「觀，諦視也。」比如《莊子》中有「觀者如市」（《莊子·人間世》）、「觀於大海」（《莊子·秋水》）等語。《穀梁傳》曰：「常事曰視，非常曰觀。凡以我諦視物曰觀，使人得以諦視我亦曰觀。猶之以我見人、使人視我皆曰觀。一義之轉移。本無二音也。而學者強爲分別。」

的標準就是「命名」。春秋有名實之辯，討論關於名稱與現實或概念與實在的關係。不管是孔子主張「正名」，反對名實相悖，強調名實相符、言行一致也好；還是墨子主張「非以其名也，以其取也」，著眼於對事物本身的把握也好；又或者莊子認為「名者，實之賓也」，肯定實對名的決定也好；更不論名家「合同異」「離堅白」分析名實之異同也好……總之，「名」是諸子百家都非常關注的，具有特別重要的起始性意義。《老子》開篇〔註19〕：「道可道，非常道。名可名，非常名。無名，天地之始。有名，萬物之母。」〔註20〕「道」如果可以講述，那一定不是普通的講述方式。「名」如果可以被命名，那也一定不是普通的命名方式。沒有命名，是天地的開始。命名了，則萬物開始萌發生長（有母，則出生）。天地的開始混沌不明，並無命名。而一旦命名，萬物就像獲得了自己的種子——規定性，從而萌生、開始發展。《老子》原文說「名」乃「天下之母」，有母親的當下，其實就是出生。

有關「規定性」其實也是有爭論的。有不少學者對此持否定態度，認為中國哲學有反語言學的傾向。但我們還可以注意到，雖然中國哲學沒有特別明確的規定性，沒有語言的邏各斯，但是它的語言的辯證法具有相當強大的能力。「道」的辯證邏輯可以逾越規定性和非規定性的鴻溝，輕而易舉地就可以從無規定性過渡到某種意義上的規定性。「道可道，非常道」，這既是一種規定，又是對規定的否定（無規定）。不可說，卻要說，說「不可說」。中國的辯證邏輯在西方傳統中是悖論甚至是謬論，但是在中國傳統這裡卻是自然而然，是真正的智慧所在。「命名」也是中國傳統中固有的最有特色的辯證法。「名」而隨之具有相對的固定性涵義，「有名」而隨之穩定下來，「觀念」的命運亦從此「名」之命開始，命名而得有觀念。「命名」，是對哲學觀念進行回溯考察的起點。

（二）前於觀念：觀念領悟

而在命名之前，是觀念的前史。前史階段，是在對觀念的領悟中孕育觀念萌芽的。也就是說，並非生而就有觀念，在觀念之前，有對觀念的領悟。

Verstehen 這個德語詞，英文簡單譯作 understanding，被不止一位哲學家

〔註19〕若《道經》果然在《德經》前，則此為開篇。

〔註20〕此段的斷句方式有幾種，相對應的解釋就更多，此處斷句的選擇與此處要解釋「命名」有關。不排除其他段落論述時採納其他的斷句方式和其他解釋。

用到過，比如狄爾泰〔註21〕，比如海德格爾……海德格爾說，「我們不知道「存在」說的是什麼，然而當我們問道「『存在』是什麼？」時，我們已經棲身在對「是」（「在」）的某種領會之中了……我們從來不知道該從哪一視野出發來把握和確定存在的意義。但這種平均的含混的存在之領會是個事實。」（海德格爾，1999）[7]「平均且含混的存在之領會復又浸透著流傳下來的關於存在的理論與意見。這些流傳下來的理論作為這占統治地位的領會的源頭，卻又始終暗藏不露。」（海德格爾，1999）[7]「對存在的領會本身就是此在的存在的規定。」（海德格爾，1999）[14]……借用 Verstehen 一詞，並翻譯成「領悟」（領會），借而代指前於觀念的一個先在的、本然而有的階段——觀念領悟。

觀念領悟就是一種「前理解」或者說「前見」。「『前理解』或『前見』可能是不自覺的、無明確意識的思想傾向在詮釋活動中的自然流露以及對於詮釋過程和結果的制約，而哲學體系的建構是自覺的、明確的理論的構造。」（劉笑敢，2009）[55] 領悟不同於簡單的理解，這是一種整合與身體和心靈體驗之中的直觀。它是直接的，可能伴隨生動的形象，有具體所指，卻又是一種模糊、含混的狀態，這些皆是原型之特徵。從觀念之命名回溯到觀念領悟，這解釋了哲學觀念為何有原型的問題。

甘陽總結歐陸哲學的邏輯，認為「存在、此在乃是先於邏輯的東西，先於傳統認識論層次上的東西，因此除了認識論水平上的「知」（把握「邏輯的東西」）以外，還必須有（也必然有）一種本體論水平上的「悟」（Verstehen，領會、理解）。（甘陽，2006）[81~82] 康德的純粹理性批判要問的是：認識論水平上的「知」何以可能？而現代闡釋學的中心問題就是要問：本體論水平上的「悟」何以可能？在觀念的前史中，對觀念的領悟是一個最神奇和具意義的階段。「這種存在領會不管怎樣搖曳不定時隱時現，甚至於僅流於單純字面上的認識，但這種向來已可供利用的存在之領會的不確定性本身確實一種積極的現象，雖然這種現象還有待廓清。」（海德格爾，1999）[7] 海德格爾的存在領會具有一種模糊、含混的性質，但這種性質並非消極，與此相類似，海德格爾提出「存在領會」，也是為了將忘卻的存在回憶起來，使晦暗不明的存在領悟被重新照亮。領悟的最大價值就在於，它是我們得以理解獲得觀念的前提或者原因。

〔註21〕狄爾泰將其用於解釋「移情的藝術」。

（三）前於領悟：生活世界

「原型」是一個深根固蒂，接下來的問題是這個深根如何種下，也就是如何有原型的問題。於是我們進入「觀念領悟」之前的「生活世界」。

借用了一個所謂的「生活世界」的概念。眾所周知，胡塞爾在《純粹現象學與現象學哲學的觀念》中，將前科學生活的自然觀點的世界作爲引入先驗懸擱的出發點。（倪梁康，2007）[273] 這個「前科學」就是他後來所說的「生活世界」（Lebenswelt），科學要有前提，而他認爲科學的前提就在科學之外的「生活世界」中。經過「歷史的還原」，回到「生活世界」，直接面對「生活經驗」。在「生活世界」中獲得並不隨意的主觀性經驗。

胡塞爾晚年所認識到的「客觀的科學的視覺之知識乃是以生活世界的自明性爲根基的」，沒有它，我們的全部哲學工作都是無根的，其實說的也是相同的意思。胡塞爾那句著名的「直面於事情本身」（Zu den Sachen Selbst!），就是要力求把握邏輯背後的眞正本原。現象學的「懸置」實際上就是要人們把習以爲常的根深蒂固的邏輯思維——胡塞爾那裡的「自然的思維態度」（胡塞爾，1986）[第一章]——暫時先擱置起來或者中止邏輯判斷，不爲其所累，從而穿透到邏輯的東西背後，達到對事情的「本質直觀」（Wesenschau）。後期維特根斯坦的名言「不要想，而要看！」（Don't think, but look!）與胡塞爾的「直觀」也是類似的。〔註22〕

類似於胡塞爾的「生活世界」，這個「生活世界」不僅是「先驗」的，同時也是「經驗的」，更可能是「超驗的」。另外，它還有一個重要特徵：它非「前科學」而是「前哲學」的。「前」有兩重含義：一是歷史的；二是邏輯的。歷史的「前」，也就是史前，或文章中所指的上古時代，這是一段歷史的眞實經驗，在這個現實的生活世界中，人和世界尚未分離，人的對世界感受就是人自身的感受，這段歷史是文明也是哲學的孕育期。邏輯的「前」，意指此「生活世界」具有邏輯先在性，胡塞爾引入「生活世界」是在爲科學奠基，而本文借用「生活世界」是在「爲形而上學（哲學）奠基」，將這個新意的 Lebenswelt 作爲哲學的原動力。

從「生活世界」到「觀念領悟」到「觀念」的過程，解答了哲學觀念爲何有原型、如何有原型這兩個問題是否存在的問題，實際上就是一個原型形

〔註22〕不想而看其實也是爲了防止跌入邏輯思維的桎梏之中。

成並逐步成爲人類心裏印記的過程。某一個原型，譬如「水」的觀念史，可以反觀中國上古哲學觀念的演變，於是這個原型能夠爲中國上古哲學觀念史奠基。也就是說，觀念前史中的原型就是觀念史的奠基性問題。

第二章　哲學觀念的「層累」：
從神話到意象到意念

　　綜合前人相關理論，融合歷史性與理論性，兼具意義與意味，將哲學觀念的形成大致劃分為「神話」「意象」「意念」〔註1〕三個階段，也即神話、意象和意念三種思維方式或者說思維層次，並與觀念前史中哲學觀念原型的孕育從生活世界到觀念領悟再到觀念的展現過程相一致。（見圖 2.1）

圖 2.1　觀念前史中的原型及觀念形成

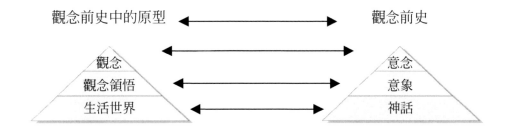

　　用特有的言說與修辭方式可以定義不同的哲學思維方式，並與觀念前史的三個層次相對應。每一種哲學思維方式，都對應特定的基本哲學觀念雛形（範式〔註2〕），以觀念雛形的不同表現來解答關於原型的不同問題。原型在

〔註1〕　「意念」不同於「概念」，詳見 4.1.2。

〔註2〕　「範式」又稱「規範」「範型」，庫恩 1962 年在《科學革命的結構》一書中提出，用來解釋科學革命，與「科學共同體」的概念相聯繫。大體上是指科學

神話思維中的表現是混合的感官形象，要回答的是原型如何種下的問題；在意象思維階段表現爲豐富的領悟，回答的是爲何有原型的問題；而意念思維中的觀念雛形表現爲形而上的抽象觀念，回答的是有關原型的統一的問題。（見表 2.1）

表 2.1　不同的思維方式與觀念雛形

觀念前史中的原型	生活世界	觀念領悟	觀念
暗喻的形式	隱喻	提喻	換喻
思維方式和觀念雛形	神話	意象	意念
表現	含混的感官	豐富的領悟	形而上的抽象
問題	原型如何種下	爲何有原型	原型的統一

一、觀念的生成：從「神話」到「意象」到「意念」

　　觀念前史也可以說是觀念的雛形，經歷了神話思維、意象思維、意念思維三個階段，也可以說觀念包含了神話、意象和意念三種思維方式或者說思維層次。（見圖 2.2）這個「層累」的觀念模型，從「神話」到「意象」到「意念」就是一以貫之的一個大的「暗喻」——本體就是原型「水」，而喻體有神話、意象、意念的各種形式。最最基本的「暗喻」有其作用機制：簡單來說就是以神話、意象、意念這三種不同形式的觀念雛形爲中心，通過隱喻、提喻、換喻這三種不同形式的暗喻，在生活世界、觀念領悟以及觀念這三樣不同層次的原型孕育生長的場域中得以相互銜接和呈現。隱喻、提喻、換喻的暗喻的三種形式內在於神話、意象、意念的三種思維之中。三樣不同層次的原型場域分別對應其中的三種不同形式的觀念雛形，而觀念雛形的生成方式又直接對應三種思維方式、三種暗喻形式。

共同體成員所共有的「研究傳統」、「理論框架」、「理論上和方法上的信念」、科學的「模型」和具體運用的「範例」，還包括自然觀或世界觀等。範式是科學活動的實體和基礎，科學的發展正是範式的運動。舊範式爲新的範式所取代，則導致科學革命，標誌著科學發展的又一重大轉折。參考（大辭海，2003）501

圖 2.2　觀念前史的參考坐標系

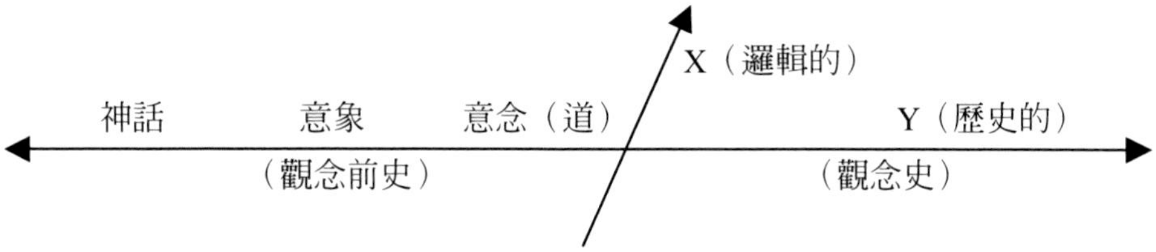

這部分著重研究在觀念原型孕育生長的這個場域之中，最根本的暗喻是如何發生作用的。一方面，在生活世界——觀念領悟——觀念的這樣幾個層次的場域中，原型與暗喻具有的基礎性作用；另一方面，生活世界、觀念領悟以及觀念，它們作為不同層次的原型場域，通過隱喻、提喻、換喻這三種不同形式的暗喻，銜接並呈現出神話、意象和意念這三種不同形式的觀念雛形。

（一）暗喻：基本的思維方式

原型是哲學觀念的根基，它就像一顆種子，有機會就能生根發芽，甚至長成大樹。在第一章中，我們陳述了原型在前觀念史中的發展歷程，那是一個從含混的生活世界，到朦朧的觀念領悟，最後才達成觀念的過程。〔註3〕從生活世界到觀念領域最後到觀念，這整個都是觀念原型的場域。儘管在「狹義」的觀念史階段〔註4〕，觀念原型仍舊是作為根基而存在的，但觀念成熟之後的變型並不在本文的考察之列，加之從觀念雛形的發展歷程我們可以進一步推論出觀念的發展歷程，故而我們集中考察觀念前史的這個範圍作為觀念原型的場域。（如圖 2.3）在從神話到意象到意念的三個思維階段，觀念原型對各個階段的觀念雛形都發揮了作用——更準確地說，觀念原型就是這些觀念雛形的根基。但原型的生長也需要它專門的陽光雨露和土壤——那就是作為根基的根本的「本喻」，或者也叫做「暗喻」。「暗喻」是原型的「母體」。原型這顆種子就是在暗喻的營養之中孕育和生長起來的。〔註5〕

〔註3〕　參見第一章「上古哲學根本觀念的反思」中「四、哲學觀念原型的孕育」。
〔註4〕　對應「廣義的觀念史」。「廣義的觀念史」應當包括包含「觀念前史」。而「狹義的觀念史」特指成熟的觀念形成之後，以「道」為界。與之相對的「觀念前史」是觀念雛形的階段。
〔註5〕　漢語中很早就有「母體」一詞。漢代王充在《論衡‧奇怪》中寫道：「后稷順

圖 2.3　觀念原型的場域

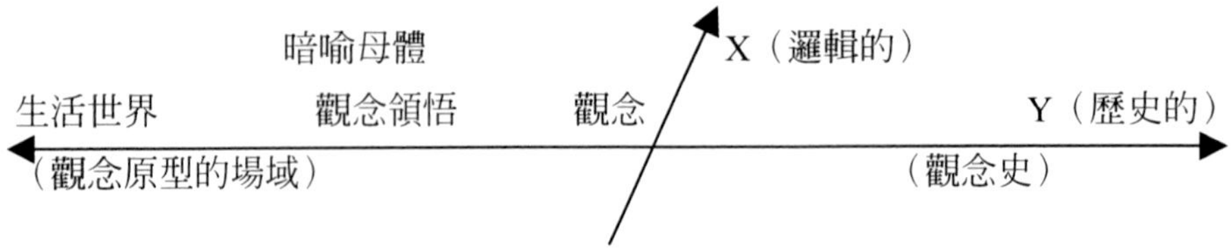

暗喻母體　　　　　　　　X（邏輯的）

生活世界　　　觀念領悟　　觀念　　　　　　　　Y（歷史的）

（觀念原型的場域）　　　　　　　　　　　（觀念史）

1. 暗喻：從修辭方式到思維方式

　　一方面，暗喻具有強大的實際語言功能。「語言」伴隨神話才發展起來，這一人類思維的「器官」就其本質而言首先就是「暗喻的」。作爲實體語言的修辭方式，暗喻是建立在相似性上的同一。暗喻不僅作爲思維的母體，存在於思維空間中，更廣泛地存在於我們的語言實體。我們常常在文學理論中看到的「暗喻」，而暗喻本身的意義也是從語言修辭之中發展而來的。亞里士多德在《詩學》中寫道：「尤其重要的是善於使用隱喻字，唯獨此中奧妙無法向別人領教……要想出一個好的隱喻字，須能看出事物的相似之點。」（亞里士多德，1962）[18] 從思維學的角度上來看，「一切比喻，不論其表現形式怎樣，都是在不同的事物之間發現『相似性』的那種類比邏輯的直接產物。」（葉舒憲，2005b）[36]「比喻」是對暗喻的一種通俗或者泛泛的說法。上文提到隱喻是最基礎的一種暗喻形式，同時廣義的隱喻等同於暗喻，對此下文會展開更詳盡的論述。這兩段話中提到的「比喻」「隱喻」都指向了暗喻的特徵和功能。我們可以發現，儘管暗喻可能包含了對應關係、符合關係、聯結關係、相似關係等等，但它本身最大的特徵就是存在「相似性」，而暗喻本身最大的功能就是通過相似類比結合事物建立聯繫，暗喻是基於相似性而獲得的同一。

生，不坼不副。不感動母體，故曰『不坼不副』。」英文「母體」的表達是「matrix」，有幾層涵義：其一指可以產生、發展或包含其他物的地點或環境，其二指身體上某些能夠附著和產生新身體部分的細胞組織，譬如能孕育嬰兒的子宮，能長著牙齒的牙床等，其三是嵌有化石或水晶的脈石石床或者合金中的主要金屬；其四是模型模具之類，比如印刷字模、唱片模板、紙樣，其五還有電腦科學或數學中的矩陣等等。綜合《牛津高階英漢雙解詞典》、《朗文當代英語詞典》、《美國傳統詞典》（雙解）以及 Wikipedia English。「母體」現在通常指的就是孕育胎兒的人或動物的身體，其延伸意義是孕育新生事物之體。

另一方面，暗喻是思維空間中的母體，它甚至先於邏輯，是最基本的思維方式。暗喻作爲思維方式的母體，它具有先在性。卡西爾在 20 世紀 20 年代初把這些研究引向語言尤其是神話領域，是對西方傳統的邏輯爲基礎的思維方式的革命。卡西爾在《語言與神話》一書中提出，神話不同於邏輯的思維方式，而是有其獨特的「神話思維」的方式，也就是所謂的「隱喻思維」（metaphorical thinking），這種隱喻思維同樣具有形成概念的功能，只不過它形成概念的方式不像邏輯思維那樣依靠抽象或者抽象概念，而是通過「具體概念」的形成。（卡西爾，1988）^{第三章，第六章}神話的隱喻思維是人類最原初最基本的思維方式（而隱喻是最基礎的一種暗喻形式，同時廣義的隱喻等同於暗喻，對此下文會展開論述），語言的邏輯思維功能和抽象概念實際上只是在神話的隱喻思維和具體概念的基礎上才得以形成和發展。這就意味著，人類的全部知識和全部文化從根本上說並不是建立在邏輯概念和邏輯思維的基礎之上，而是建立在隱喻思維這種「先於邏輯（prelogical）概念和表達方式」之上。暗喻是一種先於邏輯的理論邏輯的存在。暗喻是思維的母體，各種思維方法——包括邏輯思維、關聯性思維（correlative thinking）等都與暗喻有著千絲萬縷的聯繫。

實際上，作爲最強大修辭方式的暗喻和作爲最基本思維方式的暗喻，兩者名義上有區別，實質上卻一樣。眾所周知，言說不僅僅是對情感的表達，同時涉及我們對整個世界的理解和認識，甚至就是我們思維的直接或間接表達。無論是古代「道可道，非常道」的觀念與命名相關，還是近現代的語言哲學解釋了語言和思想的關係，詩學、修辭，再不僅僅只是文學理論中才涉及的議題。修辭、語義、詮釋，這三者之間越來越模糊了彼此的界限。當代修辭學已經開始關注從修辭學向語義學的過渡，而當代的詮釋學也已經開始關注於修辭和語義的功能。語言學的革命也讓我們得以再次注意到以往作爲修辭的暗喻在我們的思維中具有的基本、本根意義。

2. 暗喻與哲學觀念原型的孕育

語言和思維都構造著觀念，原型是觀念的根基，暗喻是原型的母體，暗喻也是觀念的母體。作爲觀念母體的暗喻無處不在。生命生活充滿暗喻，而且從本體上說，生命生活本身就是一個大的暗喻。

以生活世界爲本體，於是我們得到了觀念領悟這個喻體。或以觀念爲喻體，我們可以反推出觀念領悟這個本體。生活世界、觀念領悟、觀念此三者，

我們本也只看到它們之間的同一，我們並沒有意識到這個觀念前史中層次的區別，就是因為這個大大的暗喻將它們膠合在了一起。儘管我們需要注意，暗喻的本體和喻體固然有些時候可以交換——就好像莊周夢蝶而不知身為莊周抑或蝶，但往往我們能夠直接關注到的、容易接受的是喻體，因為本體暗藏在喻體之下、之後。以思維的觀念為例，也就是說我們當然容易認可顯明而存在的觀念，但卻不一定能夠深入發掘這顯存的觀念之下、之後的「本體」，我們並不一定意識到觀念的基點是它背後現在的「觀念領悟」。即便我們能夠意識到「觀念領悟」這個階段也可以被視為「本體」，我們也不一定繼續回溯，追問當「觀念領悟」作為「喻體」而顯明的時候，又有什麼能夠作為「本體」而藏在它的背後。而原型就是在這一層一層的暗喻結構中生長起來的。反思作為原型母體的暗喻，我們可以進一步解釋原型的成長方式和演變層次——簡言之，那就是強大的暗喻環環相扣的作用。正是「層累」的暗喻，使觀念經歷從神話到意象到意念的「層累」的演變歷程。下文的部分要關注的就是暗喻的幾種基本形式，以及這些形式的暗喻是如何在不同的思維階段發生作用的。

（二）暗喻、觀念雛形與原型孕育

1. 三種暗喻與觀念雛形

神話思維、意象思維、意念思維，三種思維方式，各有各的言說（修辭）方式。言說或修辭方式是哲學思維方式的特徵，是簡單區分三種哲學思維方式的途徑，故而可以用言說或修辭方式給哲學思維方式下定義。不論是敘事、圖畫的神話思維語言，運用意象的意象思維語言，或者是運用意念的意念思維語言，每一種哲學思維方式，都對應特定的基本哲學觀念（範式）。

加拿大文學理論家弗萊曾把語言從具象到抽象的發展劃分為三個階段：隱喻階段、換喻階段和描寫性敘述階段。（葉舒憲，2005b）[38～39] 弗萊的「語言從具象到抽象發展的三個階段」具有一定的參考意義，中國上古觀念發展的歷程也似乎與弗萊所說的前兩個階段有莫大的牽連，三種思維方式甚至與之有相當的對應關係。筆者認為，弗萊所說的「隱喻階段」大致可以對應本文中的「神話思維」和「意象思維」階段，而「換喻階段」大致可以對應本文中的「意象思維」和「意念思維」階段。（見表 2.2）

表2.2　弗萊的「語言從具象到抽象發展的三個階段」與本文「思維三階段」的對應

隱 喻 階 段	換 喻 階 段	描寫性敘述階段
象徵性的故事	概念性的論述	描寫性敘述
神話——意象	意象——意念	

　　葉舒憲對弗萊的這個理論進行了描述，他說：「語言的隱喻階段即神話階段，這裡極少有推理和抽象，言語敘述大都採取某種故事的形式。在神話故事中，人格與事件之間的聯繫構成推動性的線索，表現爲神靈的行爲，這些神靈本身便是典型的隱喻。日、月、風、雨、雷、電、火、海等主要的自然現象被神化隱喻爲一些人格神的活動。」（葉舒憲，2005b）[38~39]「象徵性的故事」是語言隱喻階段的重要特徵，同時也是神話思維階段最典型的特徵。

　　而「在語言的換喻階段，典型的敘述形式不再是象徵性的故事，而是概念性的論述。構成語言連貫性的也不再是人格與事件的平行聯繫，而是概念、範疇之間的邏輯聯繫。」（葉舒憲，2005b）[38~39]按照弗萊的說法便是，「在換喻語言興起之後，故事往往成了抽象觀念論證的具體說明，換言之，成了寓意作品，這同在柏拉圖那裡神話的作用是十分相近的。」（弗萊，1987）[389~390]「概念性的論述」是換喻階段的重要特徵，同時也是意念思維階段最典型的特徵。

　　就中國上古文獻的敘述和論說習慣而言，「象徵性的故事」與「概念性的論述」之間並不一定有鮮明的界限，可能有的只是某種程度的偏向而已。譬如，同爲道家經典《老子》和《莊子》行文其中既有「象徵性的故事」又有「概念性的論述」，兩者無可分殊，都可以被視爲弗萊理論中第一階段和第二階段過渡之中的產物。而筆者更是認爲，《莊子》的行文形式更偏向於「象徵性的故事」，而《老子》的形式可能更偏向於以「道」爲核心的「概念性的論述」。簡單來說，也可以認爲《莊子》的文學性更強，而《老子》的理論性更強。〔註6〕另外，從語言觀念「層累」的角度上來說，《老子》也應當屬於換

〔註6〕弗萊舉了《莊子》的例子，認爲《莊子》的寓言是神話的隱喻語言發展到換喻語言即論說階段的典型證明。葉舒憲按照弗萊的標準，舉了《老子》的例子，認爲《老子》「雖然也是以抽象論說道理爲主旨的著作，卻未完全超越神話的隱喻語言階段，可以說是處在自第一階段的隱喻語言朝向第二階段的換喻語言過度期間，因此從語言風格和思維模式兩方面看，均比《莊子》顯得

喻階段的產物，即其主要的特徵和目的應是「概念性的論述」，而隱喻階段的「象徵性的故事」不僅細節早已被弱化，而且是潛藏在「概念性的論述」之下的。也可以認爲，當換喻直接體現出來的時候，其中暗含了隱喻。隱喻是換喻的底層、內核、生長點。

其實在弗萊所定義的隱喻階段和換喻階段之外或者說之間，還有一種語言形式也是一直存在其中的，這種形式即便沒有直接體現在語言表達之上，但在思維方式之中始終存在，而且具有巨大的影響力，那就是陰陽、五行等諸如此類的關聯性思維。關聯性思維如果要納入文學修辭，一時之間好像還找不到合適的命名方式，豐塔尼埃的修辭理論可以作爲參考。

圖 2.4　暗喻的三種形式與思維的三個階段

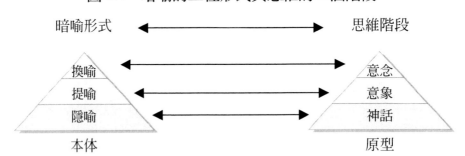

豐塔尼埃經過研究和總結，區分對應關係或符合關係、聯結關係、相似關係，提出了關於觀念之間關係的完整理論。他認爲有三種比喻的形式，觀念之間的關係就分別通過這三種關係而「存在」。而這三種比喻就是——換喻、提喻和隱喻。（利科，2004）[76]「在亞里士多德那裡，隱喻被看做屬而不是被看做種。亞里士多德的隱喻相當於豐塔尼埃的比喻。」（利科，2004）[75]也就是說，比喻就種屬而言，是屬而非種。比喻本身內涵具有分類的意義。

更爲古樸。比喻出現在《老子》之中不是作爲修辭技巧，而是思維展開的方式和論證說理的原始模式。」（葉舒憲，2005b）39～40 葉舒憲認爲，「《老子》中的比喻論證畢竟是表達抽象思想的一種方式。散見於權術中的明喻和隱喻一方面現實了從神話到文學的過渡，另一方面也顯示了從神話思維向理論思維的過度。前者體現爲那些具體形象與形象之間建立的比喻，後者體現爲具體形式與抽象觀念之間建立的比喻——從發生學立場上看，這類比喻充分顯示出比喻向寓言的過渡。用弗萊的術語，則是隱喻語言向換喻語言的過度。按照威爾賴特的劃分，又可說是『比喻的想像』向『典型的想像』的過渡。」（葉舒憲，2005b）45～46 中西兩位學者的論述都有一點道理，但關於偏向的判斷與筆者角度不同。

而前文第三章我們已經明確，關聯性思維的基本含義和方式就是分類，所以關聯性思維——也就是「意象思維」本身是內涵於比喻之內的。既然豐塔尼埃給了三個有關比喻的名稱，而且其中「換喻」和「隱喻」兩個名稱在弗萊等人的文學理論中已經有所對應，那麼筆者權且借用另一個尚未提及的比喻的名稱「提喻」，將之與不可或缺的「意象思維」階段相對應。（如圖2.4）

提喻（synecdoche），根據一般的解釋，與通感和聯覺有關，比如一種刺激激發起另一種感覺的狀態，如聽到某種聲音便好像看到某種顏色，或者用通常描述另一種感覺的話來描述一種感官印象。〔註7〕涉及部分關係、類屬關係、材料與成品關係等，並強調它們之間構成的層次。這種暗喻的替代作用同樣和感官、形象相關，表達出的就是某種具體的形象。這和意象思維中的陰陽、五行等在某一屬類之下，各個方面包羅萬象地納入其中的情形有相當的類似。比如因為五行之木，在面對青色的刺激之時就聯想到酸味等等。

這樣，我們得以將三個思維階段、三種思維形式都納入作為根本和母體的暗喻之中。暗喻以其隱喻、提喻、換喻的三種基本形式對應思維「層累」發展的神話、意象、意念三個階段，並以自己的營養和能力支持起各個思維階段的產品——觀念雛形。

2. 觀念雛形與原型孕育

思維方式與觀念雛形有一種對應關係。並非僅僅是思維方式決定了觀念雛形的類型，而且也正是只有通過觀念雛形的類型才歸納出思維方式——如果是兩者是因果關係，也應當說是互為因果。在這種對應或者說互為因果的聯繫之中，都具有神話、意象、意念的這個層次分別，也就是說神話——意象——意念的路徑不論在思維方式的發展中抑或是觀念雛形的層次中都是內在的。這種內在一方面是基於一以貫之的暗喻，另一方面也是基於原型場域從生活世界到觀念領悟最後呈現觀念的內涵深入過程。

不同的思維方式使得觀念雛形呈現不同的狀態。從神話思維的渾沌不分，到意象思維的類比分類，再到意念思維的和合，正是經歷了（不分——分——合）的三個不同狀態的演變過程。（見表2.3）

〔註7〕 A condition in which one type of stimulation evokes the sensation of another, as when the hearing of a sound produces the visualization of a color. The description of one kind of sense impression by using words that normally describe another.

表 2.3 不同思維方式下觀念雛形的不同狀態

觀念前史中的原型	生活世界	觀念領悟	觀念
暗喻的形式	隱喻	提喻	換喻
思維方式和觀念雛形	神話	意象	意念
狀態	渾沌不分	類分	和合

　　暗喻形式與思維方式具有對應關係，故而，暗喻形式與觀念雛形也具有對應關係。基本哲學觀念雛形從神話到意象到意念這三個階段邏輯清晰的過程，同時也是意義內化的過程，內化的另一個涵義是被遮蔽。暗喻的功能其實一方面是內化，將本體放在內在更深入的層次中；另一方面也是遮蔽，將本體隱藏在喻體的表達之下。暗喻的三種基本形式也可以被視為一個「套喻」，簡單來說就是一環套一環的比喻。我們都知道換喻本身就有本體和喻體，如果把換喻作為喻體，那麼提喻就是換喻的本體；而若將提喻作為喻體，那麼隱喻就是提喻的本體；而隱喻本身又有喻體和本體……這個多層次的「套喻」之下最最根本的那個「本體」就是「原型」。這和前文已經論述過的迷宮思維有相當的類似，儘管中國式的迷宮的最內層也許並非西方式的牛頭怪獸。〔註 8〕

　　既然換喻、提喻、暗喻那是不同的暗喻形式或者說作用方式，將之作為媒介，亦有與觀念雛形對應的從生活世界到觀念領悟再到觀念的這個原型場域。

圖 2.5 不同暗喻形式下原型場域與觀念雛形的對應

　　「生活世界」的這個場域是「種因」（播種原因）之地，無法通過理性的

〔註 8〕 西方最初的迷宮神話源自關於克里特島迷宮的傳說，迷宮中心是牛頭怪獸。
　　　　參見（阿達利，1999）（弗雷澤，2006）

－30－

推理或者抽象獲得思想。只是通過神話故事的敘述，人物、事件、以及各種自然現象之間的聯繫推動，線索是隱喻化的，人物、事件以及各種自然現象之間有相互的隱喻，同時它們的背後也有隱喻的本體——也就是原型。

「觀念領悟」的這個場域儘管是基於生活世界之上的豐富，卻仍舊是未成形的。這種未成形也決定了其理性的未成熟。但是通過意象的及其類屬的不斷豐富和展開，拔高神話中的隱喻，提喻的替換方式帶動了「中國式」的「抽象」的成熟。應該說，觀念領悟中的意象，其抽象程度是相當之高的，這也是某些分殊的意象能夠獨立發展成為意念的重要原因。

「觀念」的這個場域，典型的敘述形式很明顯不再是象徵性的故事，而是概念性的論述，也就是所謂的「換喻」。其目的指向是「觀念」，也可以說是意念。中國式的「理性」推理、豐富的比喻和抽象都大行其道，儘管也可能有故事，但其核心和指向更為成熟、更為抽象的意念。意念有意境和情懷。意念從形象發展過來，但還保留了形象的成分，或者和形象有密切的關係。意念和形象一樣是可知、可感的，但同時，意念又超出了可知、可感。

二、神話與神話思維

（一）神話的內涵與本質

1. 神話的緣起

神話是現實的存在。一個民族的遠古神話，絕非只是一種夢幻性的存在。「相反，這是一個既是歷史又依然是現實的實體。」（何新，1986）237 神話就猶如集體記憶的一個夢境，其中的人物和時間並不僅僅反映歷史人物和事實的真實本身，同時更重要的意義在於它是人類現實情感和人生信仰的一種象徵載體，所謂的「現實的實體」是凝練了現實情感和信仰的一個文化性、哲學性的價值實體。故而說，「作為一種早期文化的象徵性表記，遠古神話是每個民族歷史文化的源泉之一。在其中蘊含著民族的哲學、藝術、風俗、習慣以及整個價值體系的起源。」（何新，1986）237

卡西爾在他著名的《神話思維》中，試圖從神話和原始意識中找到哲學和理性的源頭。他認為：「一旦我們考慮到文化生存的基本形式起源於神話意識，神話在這個整體中以及對這個整體的重要意義就顯而易見了。這些形式

都不是始於獨立的存在，也沒有明確規定自己的原則，相反，在發軔之時，它們每一個都掩映於某種神話形式。」（卡西爾，1992）前言5

黑格爾對於神話的理解也是有其深刻的，他說：「古人在創造神話的時代，生活在詩的氣氛裏。他們不用抽象演繹的方式，而用想像創造形象的方式；把他們最內在最深刻的內心生活轉變成認識的對象。」（黑格爾，2009）18 夢幻與真實的相異和不分正與黑格爾所說的這「詩」的氣氛相類。

西方的神話學也正是伴隨不同的神話研究流派對神話的不同理解發展起來的。起初神話學界流行「禮儀說」，認爲禮儀是神話的母體，〔註9〕巫術先於宗教，代表人物是詹姆斯・弗雷澤，大作《金枝》洋洋灑灑就是爲了梳理清晰「森林之王」的古老習俗。（弗雷澤，2006）接著是天才列維・斯特勞斯出場，提出「結構主義」的新方法，不拘泥在神話中哪些特定的構成要素，而是做全面的整體研究。以往的比較神話將重心放在內容的相似性上，但是列維・斯特勞斯卻讓原本看似不同的地方因爲綜觀整體而面貌全新。他的努力使神話學的研究與分析變得更具深度和廣度了。另外，當然還有心理學的方法。佛洛依德提出「無意識」的重要性，整個世紀的哲學、文學、藝術都爲之震動，對神話學無疑也有相當的影響。（弗洛伊德，2005）佛洛依德的學生和反叛者容格，透過夢境的分析，更是提出了他著名的「原型」，於是神話成爲一個族群的心理印記。

2. 神話的內涵與本質

總的來說，神話就是一種敘事結構，而這個敘事結構本身是具有形象性的，故而也可以說神話是一種形象性的敘述結構。神話有一定的故事，有某種敘事風格，是可描述的。「神話類比總是建立在形象的基礎之上，因而它能產生出某種視覺效果。」（葉舒憲，2005b）36 神話文本是神話形象的結合，結合的方式主要是想像和聯想。通過想像構造形象，通過聯想類比和歸類。「遠古先民以想像和聯想爲思維方法，將事物進行類比和歸類，這是一種歸類思維。在把握相關事物的聯繫的過程中，邏輯思維和抽象思維運作其中。這一思維過程幫助各種神話形象結合起來，形成神話文本。」（楊麗娟，2004）1

「神話是對遠古先民自然本性的記載。」（楊麗娟，2004）2 所謂「先民的自然本性」其實指的就是「原生態」的感覺，或者更直接一點，就是「原始思維」的代名詞。然而這裡的「原始」並非簡單、蒙昧、低級的意思，而

〔註9〕 「神話」這個詞雖是外來的，但單從字源上考慮，的確與祭祀、禮儀相關。

是有關先民思維在與現代人思維比較的基礎上所使用的一個約定俗成的語彙而已。〔註10〕原始思維的「原始」可以理解為英文的 nature，既有自然的意義，又有本質的意義，這種「原始」與思維的文化性毫不矛盾，「原始思維」的文化性正是神話思維展現觀念的有力論據。

「原生態」的感覺＝原始思維＝先民自然本性

「原生態」感覺的記憶＝原始思維的形成＝先民自然本性的展現

這就將人的感覺、本性、思維都聯繫到了一起。人的感覺記憶的過程就是原始思維的形成過程，同時也是先民自然本性的展現過程。斯特勞斯認為，隱含於神話結構中的人類理想的本質，同現代科學思維中的人類理性，具有共同的特點，而神話結構中的人類理性卻具有現代科學思想無法比擬的那種優點：它直接體現了心靈結構。而所謂的心靈結構，不僅體現了人的自然本質，同時也體現了人的文化本質，或者也可以理解為人的思維本身。可以說，神話的本質就是「原始思維」。〔註11〕「原始思維或者說神話思維就這樣為神話的產生提供了土壤，神話就是基於這種思維方式的支配而對世界和人類自身進行的一種充滿想像的描述和闡釋。」（楊利慧，2009）25 神話是神話思維的產物，神話思維附著於神話之上，留下或淺或深的印記，人類學家將初民對世界的認知方式定義為神話思維也是一樣的涵義。

神話思維的本質是思維和感覺。「任何歷史記憶都是感覺的記憶，而不是事件的記憶。任何感覺被記載下來時，就已經不是感覺本身，而是感覺的置換變體。作家的創作是對感覺的重複和強化……」（楊麗娟，2004）1 雖然神話記載和描述的是「事件」，但其本質仍然是「感覺」。原始神話文本作為最「原生態」的感覺置換變體，強化了這種感覺記憶，並與記憶同步形成、被加工和演化。原始神話文本是原始思維的載體，原始思維同一於最「原生態」的感覺記憶。「遠古先民由感覺出發，以感性變現，以形象為載體，進而形成神話文本。這一過程是遠古先民的記憶過程，也是原始神話形象的形成過程。」這一過程同一於原始思維的形象層面。原始思維是形象思維和抽象思維的複合體，同時包含了兩者的成分。〔註12〕

〔註10〕列維‧布留爾的《原始思維》一書是這個語彙的借代出處。參見（列維‧布留爾，1981）

〔註11〕楊麗娟的原話是「神話的本質就是原始文化」（楊麗娟，2004）13 而文化的根基還在於思維，故而可以說「神話的本質就是原始思維。」

〔註12〕實際上，神話、意象和意念思維都是形象與抽象的復合複，只是結合的方式各有不同。

（二）神話的理解規則與特點

1. 神話思維的理解規則

著名的結構主義人類學家克勞德‧列維‧斯特勞斯對神話研究也做出了突出貢獻。他的有關神話思維的觀念是最全面而有說服力的，也是筆者最欣賞和贊同的觀點。他在《野性的思維》一書中再三強調，所謂的原始民族的思維和我們的思維之間沒有鴻溝。「這些思維形式是始終存在的、活躍在我們中間的。我們常常使用這些思維方式。它們與依賴科學的死亡形式是並存的；它們也是現代的。」（埃里蓬，1997）140 在思維上，「野蠻人」和我們，沒有本質上的區別。未開化人的具體思維與開化人的抽象思維是人類歷史上始終存在的，兩種互相平行發展、各司不同文化職能，互相補充互相滲透的思維方式。列維‧施特勞斯拒絕將原始人的思維用含有粗糙、不成熟之意的「原始思維」一詞來表達，而使用了「野性思維」一詞。他認為：當我們說「原始」社會的時候，我們一般要用引號，目的是讓人們知道，「原始」這個詞用得並不恰當，它只是約定俗成強加給我們的。（埃里蓬，1997）159

有關神話思維的理解規則，最大的爭議就在於：神話是否有邏輯？如果說沒有，那是怎樣的思維？如果說有，又是何種樣的邏輯？

列維‧布留爾關於原始思維的理論認為，原始人的死亡不同於邏輯思維，可以說是一種「元邏輯思維」。「邏輯思維的特徵如此明顯地不同於原邏輯思維的特徵……如果說，邏輯思維不能容忍矛盾，只要它一發現矛盾，它就為消滅它而鬥爭，那麼，原邏輯和什麼的思維則相反，它對理性要求是不關心的。它不尋找矛盾，但也不避免矛盾。即使與一個嚴格符合邏輯定律的概念系統為鄰，對它也毫不發生作用或者只有很小的作用。」（列維‧布留爾，1981）449

法國學者列維‧布留爾把原邏輯思維定義為一種具體而又綜合的思維，一種物我混同的思維狀態，「它不是反邏輯的，也不是非邏輯的。我說它是原邏輯的，只是想說它不像我們的思維那樣必須避免矛盾。它首先是和主要是服從於『互滲率』。具有這種趨向的思維並不怎麼害怕矛盾，但它往往是以完全不關心的態度來對待矛盾的。」（列維‧布留爾，1981）71

這裡有幾個概念必須要釐清。原邏輯不是反邏輯也不是非邏輯的，這個說法怎麼理解？問題的回答取決於「邏輯」的定義。邏輯一般來說有廣義和

狹義之分，廣義的邏輯包含辯證邏輯和形式邏輯，而我們一般上比較熟悉的形式邏輯應該準確點被稱為狹義的邏輯，或者因果律。所以，布留爾理論中說到的邏輯應當被理解為傳統西方講求因果律的形式邏輯，而非包含了辯證邏輯等其他形式的廣義的邏輯。也許我們可以說，神秘主義和非邏輯是可以劃等號的，但我們不能隨意就將原邏輯與神秘主義劃了等號，因為如果將狹義的形式邏輯視為唯一可靠的東西，那麼可能另外的思維形式比如原邏輯或者辯證邏輯的形式就可能成為「完全荒謬的東西」了。另外，有關邏輯和理性的關係也是同樣的道理。廣義的邏輯沒法等同於狹義的理性。之所以說原始思維是形象思維和邏輯思維的複合體，這個邏輯是廣義的邏輯；又說理性和感性才是相對的，這個理性當然是狹義的理性。所以，原始思維當然不是狹義的理想，它是感性的，因為形象和感性是不可分的，但是同時原始思維又有邏輯——廣義的邏輯。

2. 神話思維的結合方式及特點

神話文本是神話形象的結合，結合的方式主要是想像和聯想。通過想像構造形象，通過聯想類比和歸類。葉舒憲在《符號：語言與藝術》一書中，從發生學的角度探討神話思維的起源和發展，提出：「神話思維是一種象徵思維，它所遵循的基本邏輯規則是類比。」（俞建章，1988）第四章第 1 節「從歷史和個體發生的兩種角度來看，類比能力都是人類最早發展起來的一種能力，它在神話思維活動中發揮著邏輯中樞的作用。幻想和想像正是由於有了這一邏輯中樞的控制和調節，才不至於淪為隨心所欲的妄想。神話思維在解釋世界時，通過類比建立起本體（被解釋的現象）與象徵體（用做解釋的現象）之間的因果關係，構成神話的內在結構。類比解釋是一種意指性活動，它為無意義的事物賦予意義，根據有限的經驗重新組織世界，為無限的現象找出原因，提供證明。」（葉舒憲，2005b）[24]「在神話思維時代，那卻是無師自通、人人皆能的，因為類比聯想比如要自發地把感知對象同已有的經驗同化在一起，而事物外觀、性狀方面的相似處恰恰是象徵思維所關注、所遵循的基本線索。」（俞建章，1988）[155~156]「神話類比總是建立在形象的基礎之上，因而它能產生出某種視覺效果。……比喻是創造形象的一種重要的方式。……神話思維被抽象思維取代之際，那種源遠流長的類比邏輯並不是隨著神話的衰亡而消逝，而是以新的形式活躍在告別了神話時代的理性人類的思維世界之中。這種新的類比形式便是比喻。」（葉舒憲，2005b）[36]

　　神話具有互滲性。「原始人的思維似乎不爲任何實際的不可能所阻礙……
這主要是因爲互滲率容許了神秘的前關聯。」（列維‧布留爾，1981）444 列維‧
斯特勞斯肯定人類思維的機能相同，不同的只是思維的結構類型。他提出，
在同一社會中，「常常（也可能是始終）在同一意識中存在著不同的思維結
構」。（列維‧布留爾，1981）3 另外，野性的具體神話思維與文明的抽象思維
之間也是互相補充互相滲透的。〔註 13〕布留爾也提出，原始思維有兩大基本
屬性，一是神秘性，二是原邏輯性。神秘性是說，在原始人眼裏，所有事物
都具有神秘屬性，而沒有自然和超自然的分別。這種神秘性不關注客觀特性，
也從不需經驗證明，它是感覺所不能分辨和察覺的，但仍然是實在的東西（如
力量、行爲、影響等）的信仰。原邏輯性是說，它不像我們的思維那樣必須
避免矛盾，而往往以完全不關心的態度來對待矛盾，它是遵從互滲律（Principle
of Participation，也譯作渾沌律）的。互滲律的思維相信：（1）一切物體、一
切現象都可以既是這樣同時又是那樣，在此處而同時又可在另一處。（2）許
多事物和現象雖然存在於此時此地，但也可以從處在彼時彼地的某種事物中
接受感應。（楊利慧，2009）21

　　這種互滲意味著，神話思維本身就是一種暗喻。「維科認爲：人類認識中
所謂的眞實，其實是他通過自己的觀念和語言所構造的一種眞實。故古人之
神話，乃以隱喻的方式去描述其所見之世界。這些神話不應看成是古人荒唐
無稽或原始落後的徵象，而應視爲古人運用隱喻思維（或稱詩性思維）所建
立之符號系統。」（龔鵬程，2009）5

　　神話思維也是感性直觀的，也是模糊的、情感的、片段性的。斯特勞斯
認爲相比「文明思維」，原始人類思維具有具體性和整體性的傾向。「存在著
兩種不同的科學思維方式，兩種方式都起作用，其中一個大致對應著知覺和
想像的平面，另一個則是離開知覺和想像的平面。似乎通過兩條不同的途徑
都可以得到作爲一切科學的對象的那些必要聯繫：這兩條途徑中的一條緊鄰
著感性直觀，另一條則遠離著感性直觀。」（列維‧斯特勞斯，1987）20 另外，
神話的故事敘述和圖案表達也展現著神話思維本身所具有片段性、模糊性、
情感性等特徵。列維‧斯特勞斯將之喻爲「野性的思維」（la pensée sauvage）。
雖然神話思維有其表達的中心和意義，但豐富片段也模糊了意義和情感之間
的界限。在這種思維方式或階段中，可以看到，敘述或者圖案只有一個「意」，

〔註 13〕施特勞斯將思維方式分爲「野性的」（「野生的」）和「文明的」兩大類。

「意」沒有層次，它包含表達、意義和情感等，都含混在一起。當然，另一方面，這個含混的「意」也是神話思維可以無限流動、生機蓬勃的原因。

（三）中國神話的特徵與類型

1. 中國神話的特徵

中國古代有神話，但是「神話」一詞卻是近代西學東漸的產物。19 世紀末西方神話學家首先提出中國神話的問題並做出先驅性的探討，後留日中國學者借取日文中 Shinwa（神話）這個詞，開啓了本土學人的中國神話學研究之門。〔註 14〕茅盾將神話與傳說和寓言分別加以區分，最後不簡不詳地將之定義為「一種流行於上古民間的故事，所敘述者，是超乎人類能力以上的神們的行事，雖然荒唐無稽，但是古代人民互相傳述，卻信以為真。」〔註 15〕（茅盾，1981）3（茅盾，1999）151 神話和寓言的區別比較明確，〔註 16〕而神話與傳說的界限卻並不那麼明顯，並且傳說常常還被併入神話裏，與之混稱神話。在茅盾的概念定義之中，廣義的神話也包含傳說。〔註 17〕

神話有三個特徵值得關注。首先，作為人類早期、思維早期的神話，應該是反映的是那些有關人類早起生活和思想的內容，〔註 18〕這點足以將其和一般的傳奇區別開來。其次，神話的形式看來散亂卻一定要有或明或暗、或隱或顯的表達的中心——中心物事、中心內容、中心思想，這樣的神話才是有意義的，這是神話研究的前提。再次，神話與原始的宗教和信仰有關，神

〔註 14〕20 世紀初，留日學生蔣觀雲在《新民叢報》上發表的《神話歷史養成之人物》（1903）一文，率先在漢語世界之中引入「神話」概念，當為中國神話學最早的文獻。（葉舒憲，2005e）

〔註 15〕茅盾是中國近代神話研究領域最早的探索者和開拓者之一，他的「神話」概念有廣義和狹義之分，此處是狹義定義的「神話」。

〔註 16〕神話沒有作者主名，並且被認為真有其事；而寓言一般有作者名，並且明言內容假託。神話和道德訓教無關；而寓言有勸誡教訓的目的。神話關心世界及萬物來源；而寓言沒有時期的背景限制。詳見（茅盾，1999）152

〔註 17〕辭源的解釋類似：「古代以宇宙所有各現象歸功於神之行為遂生種種傳說，謂之神話。如盤古開天、女媧煉石及西王母之類。世界各國無不有此。近世有神話學家專研究之。」（商務，1999）18，30

〔註 18〕神話學家袁珂以他的時代語言借助文學革命導師高爾基的說法，把神話的產生與現實生活聯繫到一起，認為神話從勞動中產生。據說高爾基有這樣的定義：「一般說來，神話乃是自然現象，對自然的鬥爭，以及社會生活在廣大藝術概括中的反映。」參看（袁珂，2006）1～4

話的描繪和訴說中包涵著作者對此神話的虔誠和信仰，若不是信以爲眞的內心想法，神話就淪落爲歷史的玩笑了。

中國早期歷史人物和他們的事迹往往具有神話色彩。神話和歷史人物的傳說常常不分，這是中國神話的最典型特色。袁珂說：「中國神話的一個最突出的特徵，就是神話這條線和歷史這條線相互平行，而又往往糾纏在一起，攪混不清。神話可以轉化作歷史，即天上的諸神歷史化爲人間的聖主賢臣……另外歷史也可以因人民世代的口耳相傳而轉化爲神話，即人間的聖主賢臣神化爲天上的諸神」（袁珂，1996），這種過程是雙向的。另外，不僅在歷史性的文獻中，而且諸子百家的哲學性文獻中也包含了不少上古神話的內容。

2. 中國神話的類型

中國的神話一般可分爲三種類型：創世神話、自然神話〔註 19〕和英雄神話。創世神話反映的是原始人的宇宙觀，用來解釋天地是如何形成的，人類萬物是如何產生的。第二類自然神話，是對日月星辰、山川草木、風雨雷電、蟲魚鳥獸等自然界各種現象的解釋。創世神話和自然神話其實是一種類型，都主要是解釋的。數量最多的是第三類——英雄神話，這類神話產生比前兩者稍晚，表達了人類反抗自然的願望，同時，也可說是人類某種勞動經驗的概括總結。這類神話把本部落裏具有發明創造才能或做出重要貢獻的人物，加以誇大想像，塑造出具有超人力量的英雄形象。如中國古代的神農、黃帝、堯、舜、禹、后稷等，這都屬於歷史人物的神話或者說神話的歷史化。

實際上，從宏觀來說，敘事性的神話體裁往往展現了兩種思路，一者是關於毀滅和重建新世界的，二者是關於英雄或者先王事迹的。一者之中，最極致的是創世神話。而二者之中，最精彩的往往是英雄的隕落和奇迹再生。於是有學者歸類前者爲創世神話，後者爲感生神話。這兩種神話又恰恰分別反映了先民對宇宙和自身的感受、理解和期望。

當代中國的「神話學家」，或者說文化人類學（cultural anthropology）〔註 20〕學者大量關注上古文學、歷史、哲學的經典文獻，或以中西比較的

〔註 19〕也有將創世神話與自然神話歸爲一類的。

〔註 20〕「文化人類學」全稱「文化哲學人類學」，「形成於 20 世紀五十年代。主張汲取考古人類學、知識人類學、結構人類學、民俗學、民族學以及原始文化研究的積極成果，摒棄僅從生物、心理、宗教等某一領域來理解人的狹隘性，用人類活生生的和創造性的歷史性來代替對人的片面理解，強調把人置於更

視野、從語言文字學的原初出發詮釋經典的神話母題，〔註21〕或借鑒民族學、引入大量少數民族傳說參證對照，〔註22〕不少研究成果很具有啓發意義。這些研究中一方面引入了新的文化人類學方法論，另一方面也存有早期中國神話學研究特別是神話學家聞一多先生研究套路的痕迹。〔註23〕文化人類學研究的對於觀念史研究的啓示就在於，打破單個理論的桎梏，融合各種視角，運用一切可以利用的理論方法，關注人的本質，期望達到人與世界的適應，按中國的語言就是「天人合一」。上古哲學觀念的演變過程何嘗不是實踐「天人合一」的思維過程？一方面將研究對象（論文中是「觀念」）的多個層次——而不是幾個意思——揭示出來；另外更重要的是，並不破壞、割裂整個研究整體（論文中是「觀念史」或「觀念結構」）。如此，哲學觀念史在歷史和邏輯的最高一致才有實現的可能。

三、意象與關聯思維

　　意象思維中有神話思維的積澱，但其修辭和展現方式均與神話有異。這一部分將從兩個角度闡述意象和意象思維。其一是從意象思維本身入手，論述三個基本方面的內容：包含意象思維的內涵，比較意象與類似概念如形象、表象等之間的異同，以及對意象思維基本特點的總結。其二是引入西方漢學家用於討論中國宇宙模型的關聯性思維，來更深入理解豐富意象的思維組織和分殊的方式，包含西方關聯性思維的引入及中國模式的關聯宇宙模式表達兩方面內容。意象思維的最終表達乃是關注宇宙的構成及變化的規則，故而也可以說哲學意義的意象思維乃是關於關聯宇宙的。其三，通過關聯和暗喻

　　　　廣闊的文化、社會、歷史、傳統的背景中思考，從而達到人對世界的適應性。
　　　　最終要建立的是同時生存於自然世界、生活環境、社會歷史、文化傳統中的
　　　　完整的人。」見（大辭海，2003）490。
〔註21〕代表人物有葉舒憲。代表作有《高唐神女與維納斯》《老子與神話》《詩經的
　　　　文化闡釋》《英雄與太陽》《中國神話學百年回眸》《中國神話哲學》《莊子的
　　　　文化解析》（葉舒憲，2005a-g）等。
〔註22〕代表人物蕭兵。代表作有《楚辭與神話》（蕭兵，1987）、《楚辭的文化破譯》
　　　　（蕭兵，1991）、《太陽英雄神話比較研究》（蕭兵，1989）等。另有與葉舒憲
　　　　結集的研究，如《山海經的文化尋蹤》（葉舒憲，2004）等。
〔註23〕聞一多先生的神話學研究具有典範性的方法論意義，也給予當代神話研究學
　　　　者相當多的啓示。譬如葉舒憲的《高唐神女與維納斯》就是沿襲聞一多的《高
　　　　唐神女傳說之分析》（聞一多，2006a），結合榮格弟子埃利希‧諾伊曼的《大
　　　　母神——原型分析》（埃利希，1998）闡發所作。

這一對具有方法論意義的思維形式之間的對比對照和結合，來理解類分又互滲的關聯性思維，包含關聯性思維與暗喻性思維的偏向、以陰陽二氣來解兩種思維、以及兩種思維的結合三方面內容。可以說，關聯性思維的展開不僅讓我們看到了中國宇宙的骨架，更看到了有血肉經脈的活的宇宙生命。

（一）意象與意象思維

1. 意象的涵義

意，會意兼形聲字。篆文「𢚩」，從心從音，用心音會心思之意。（谷衍奎，2003）768 古人認為「心」一方面是思維的器官，如「用心」「專心」這些詞中的意義等；另一方面又是情感的器官，如「癡心」「愛心」等詞中的意義。所以，這個「意」的心音和心思都天然混雜著情感和思維。按照現代的理解，「意」既是情感的傾向，又是思維的導指。

再來看「象」。《易‧繫辭下》：「是故易者象也，象也者像也。」孔穎達疏：「謂卦為萬物象者，法像萬物，猶若乾卦之象法像於天也。」《周易》各卦附有「象傳」，其中說明每卦各爻的叫做「小象」。另外當然還有「大象」。老子說「大象無形」（《老子》第四十一章），又說「執大象，天下往」（《老子》第三十五章）。王弼注：「有形則有分，有分者不溫則炎，不炎則寒，故象而形者非大象」；「大象，天象之母也」。「是謂無狀之狀，無物之象，是謂惚恍。」（《老子》第十四章）「道之為物，惟恍惟惚。惚兮恍兮，其中有象；恍兮惚兮，其中有物。」（《老子》第二十一章）「象」在中國哲學中歷史悠久，同時也是一個非常玄乎的東西。

當代學者王樹人多年研究「象思維」，他認為：概念思維是概括性的、對象性的，主體被排開在外。而「象思維」所把握的整體性是一種不使整體受到簡化與僵化的把握。「象思維」的「象」是一種可以使整體顯示其鮮活生命力的激發力……（王樹人，2005）6 這種說法固然把「象」提到了一個極高的高度，甚至都能夠包涵下面「意念思維」的內容。但意象本身所具有的抽象的豐富指向性的確可以用「動態」「生命力」這些辭彙來描述。「意象」猶如一個映像的「象」，其「原象」大概是非常之多的。〔註24〕比如「乾」這個意

〔註24〕映像，數學中描述兩個集合元素之間的特殊對應關係。設兩個集合 A 和 B，和它們元素之間的對應關係 R，如果對於 A 中的每一個元素，通過 R 在 B 中都存在唯一一個元素與之對應，則該對應關係 R 就稱為從 A 到 B 的一個映像

象思維的產物（相當於映像中的「象」），其取象就有天、圓、君、父、玉、金、寒、冰、大赤、良馬、瘠馬、駁馬、木果等多種〔註 25〕（相當於映像中的「原象」）。

2. 意象與形象、表象

意象撇不開形象、表象。意象，就是某種具體的形象（具象），有時候可能是一句話，一個詞而已。「意象思維」在一定層面上包括「形象思維」，意象與心理學中的表象、抽象也有相關。在文學中，「意象」可以被理解為客觀形象與主觀心靈融合成的帶有某種意蘊與情調的東西〔註 26〕，它是構成意境的各個物事，由於事物帶有主觀的情感，組合起來成就意境。〔註 27〕而恰恰，「意象」之所以可以帶有某種意蘊與情調，就是因為這些形象或表象對心靈的「引誘」，心靈因之悸動；或者說是心靈與之的相契，使形象或表象活躍起來。

意象不同於形象、表象。意象思維當是一種凝練的思維方式，意象涵蓋多種表象和形象。而且最終，還是要以一定的凝練的表象、形象的描繪方式記錄下來。王樹人說，「象」不同於表象之象、形象之象，它是動態整體之象。（王樹人，2005）[4] 放在這裡理解也就是說，意象具有一定的抽象性，這樣才有可能成為「整體之象」，抽象的同時涵蓋又更豐富，所以才有流動的指向性，與形象、表象自然是不同的。

意象是可知、可感的，故而也是具有情感的。應該注意到，哲學中的「意象」有情感，但情感因素和結集不是全部。這個哲學的、作為思維方式的「意象」似乎能成為從情感走向理性意義的一個中間狀態，或者可以概括為「象

（Mapping）。其中 A 稱為原象，B 稱為象。

〔註 25〕「乾為天、為圓、為君、為父、為玉、為金、為寒、為冰、為大赤、為良馬、為瘠馬、為駁馬、為木果。」見《易傳・說卦》。

〔註 26〕美學中，「意象」指「主觀情意和外在物象相融合的心象和藝術形象。《文心雕龍》：『獨照之匠，窺意象而運斤』。指構思時須將審美觀照中的意趣、情志和浮現於腦際的物外形象加以融合，再通過藝術手段塑造形象。明王廷相指出：『示以意象，使人思而咀之。』指文藝作品通過心與物相融合的藝術形象，讓人思索品味。」見（大辭海，2003）620

〔註 27〕比如馬致遠的《秋思》〔「枯藤老樹昏鴉，小橋流水人家，古道西風瘦馬。夕陽西下，斷腸人在天涯。」見《馬致遠・秋思》。〕中的「枯藤」「老樹」「昏鴉」「小橋」「流水」「人家」……這些有情感傾向的意象，營造出淒清、傷感、蒼涼的意境，也就是所謂寓情於景、情景交融。

徵性」。所以，筆者也權且引用「意象」，將其作爲漫溢情感信仰的神話與包涵成熟矛盾的意念之間的一個思維方式。

意象是多義的、不固定的，意象之間常常是可以相互流動的。我們常總結整個中國哲學是「象思維」，並非特指的時候也可以說就是意象，但本文中並不把象形文字納入意象思維的範疇之內，相反，當眞正意義上的文字產生之初，意象思維已經完全成熟。意象至少有兩個層次，表層是「象」，裏層是「意」，所謂「意象」，就是「象外意內」。

3. 意象思維的特點

意象作爲哲學觀念的雛形，是神話與意念的中間階段，具有直觀、形象的涵攝力和包容力。神話與意象相比，顯然不具有這種某種程度上說是抽象的涵攝力和包容力。而意念與意象相比，也顯然不夠直觀、形象。也因此，意象可以作爲神話與意念之間的過渡階段。

另一方面，因爲意象突出的形象性，直至某個具體表象，故作爲觀念雛形的意象必然是豐富多樣的，意象是混沌的分殊，意象是具有秩序的。故而意象除了內有涵攝一切的暗喻，同時也更具有類分的樣貌。從某種意義上說，意象就是以多層的類分展現的。豐富而多變的意象因爲居於關聯結構的對應位置而具有秩序，具有「道」。

哲學觀念中的意象不像文學中的意象那般，並非豐富就意味著散亂，哲學的意象有「邏輯」的秩序。哲學的意象與意象之間也並非簡單獨立的，而是相互牽連對照的。另一方面來說，本文關注的也並非孤立的、單獨的意象，而是具有豐富內涵的、同時成「體系」、有「秩序」的意象的集合。意象的豐富一方面在於它的內涵是可變的、具有層次的，同時也在於典型意象通過一定的規則而集合到一起，從而呈現出類屬的分殊，同時意象之間流動而相互關涉。

（二）意象思維的表達：關聯的宇宙

前文是以意象思維本身爲切入，對意象的內涵，意象與形象、表象，意象思維的特點等進行的總結。我們也知道，與神話思維的最終表達乃是關注宇宙和人哪裏來不同，意象思維的最終表達乃是關注宇宙如何構成，故而也可以說哲學意義的意象思維乃是關於宇宙構成論的。在中國人的傳統中，可以說，這個宇宙是關聯構成的。於是這涉及了「關聯性」這個概念。

在上古文化傳統中，關聯性思維與意象思維有緊密關聯，甚至可以被視爲意象思維是異名同型。二者同型乃是因爲展現的是同一個文化符號的世界，二者異名乃是因爲命名的標準不同，關聯性思維是以方式命名，而意象思維是以結果命名。關聯性思維最著名的例子是關聯宇宙，以陰陽、五行等分類的方式來確定宇宙的座標，並將這個大時空之中的萬物歸爲不同的類屬，萬物相互比對相互牽連而形成體系。

下面將結合西方漢學家的相關研究，從關聯性思維的角度來進一步理解意象思維組織和分殊的方式方法。

1. 關聯性思維的引入

關聯性思維（correlative thinking）的說法起於西方人對中國文化的研究。這個概念出處不詳，或許可以追溯到葛蘭言作於 1934 年的《中國人的思維》一書（Granet，1934）。此書中，關聯性思維被當做中國人思維的一個特徵。〔註 28〕安樂哲評論說，「迄今爲止，對關聯性思維所作的最成熟的哲學探討是葛瑞漢的《理性與自發性》。」（安樂哲，2006）172 本文的關聯性思維就以著名漢學家葛瑞漢的理論模式爲基礎。〔註 29〕

從詞源上說，correlative 源於 category，就是「種類」的意思。關聯性思維的原義就是分類，涉及的是兩樣或者以上的物事，在一定的規則下將之分類或者各就其位。葛瑞漢認爲關聯就潛存於語言運用之中。也就是說，關聯

〔註28〕著名的結構主義創始人列維・斯特勞斯（Claude Levi-Strauss）受其影響，在《野性的思維》（la pensee sauvage）一書中用這個概念（關聯性思維）來描述「野性的思維」。李約瑟也受其影響，在《中國的科學與文明》（Needham，1954）一書中討論了一般意義上的關聯性思維，也討論了與中國宇宙論思想家相聯繫的具體的「象徵性關聯」。另外張東蓀、亨德森（Henderson）、史華慈（Schwartz）、葛瑞漢（Graham）等都有相當篇幅的討論。安樂哲（Roger T.Ames）對西方關聯性思維的理論研究進行過綜述。見（安樂哲，2006）172

〔註29〕參考（Graham, 1989）313～358 及（葛瑞漢，2003）儘管與他的另外兩本著作《陰陽和關聯性思維的本質》（Graham, 1986）以及《理性與自發性》（Graham, 1985）相比，內容比較簡略，但基本上可窺見主旨。他相關文章還包括《關聯性思維的詩化和神化類型》等，收錄《理性中的非理性》第 11 章，見（Graham, 1992）207～223。值得注意的是，儘管葛瑞漢非常明確陰陽二元之間並非「對立」的關係，但他將「二元對偶」翻譯成「binary opposition」，難免有所誤會。張海晏的譯本中多處將 binary opposition 翻譯成「二元對立」。筆者雖然沿用了葛瑞漢的說法，但是對這個「opposition」特別說明：翻譯成「對偶」應該比「對立」更合適些，對偶包含對立、對照、對應等關係或者意思，更符合中國的情況。

性思維其實可以直接建立在相對固定的文法結構之上。在一個相對固定的文法結構中，各個部分可以替換的要素之間就是關聯，比如「主語＋動詞＋賓語」的形式就是關聯性思維的一個公式，裏面的具體主語、動詞和賓語都可以被替換。比如杜少陵絕句「兩個黃鸝鳴翠柳，一行白鷺上青天」中，「白鷺」和「黃鸝」，或者「鷺」和「鸝」對偶，這就構成了關聯性思維。關聯性思維的形式就猶如塡詞，詞牌確定了，聲調、音律、格律已定，只是把適當的語詞放進去而已。艾蘭教授認爲，雖然看起來關聯性思維中羅列的是一些名詞性的語詞，卻可以把關聯性思維視爲動詞性的，〔註30〕因爲在關聯性思維中，語詞通過可變的規則和條件產生關聯，比如白鷺和黃鸝相對，但換個情況，更多的時候，鷺與魚相對，這個可變的規則是相當關鍵的，這就是所謂的從「名詞性」到「動詞性」。事物之間的關聯是伴隨這些「格律」的，而一旦格律確定了，也就是說第一句「兩個黃鸝鳴翠柳」確定了，加之「白鷺」這個與「黃鸝」相對應的要素也確定了，那麼「一行」「上青天」等要素也將隨之確定。甚至辭彙本身的單複數也可構成關聯。我們一般將關聯性思維中的要素視爲並列的關係只不過是受到所舉例子——譬如陰陽二者、五行五者等的影響。對偶或者更多要素的並列只不過是關聯性思維的形式之一，而並非唯一。（葛瑞漢，2003）365（安樂哲，2006）177

2. 中國模式的關聯宇宙

漢學界對關聯性思維的討論主要圍繞宇宙論進行，也有政治、道德的少許延展。〔註31〕人類學學者也以中國的這個關聯模式爲範例。比如愛彌爾·涂爾幹與馬塞爾·莫斯合作的《原始分類》一書中，就專闢一章介紹分析中國之影響範圍極大「見於遠東的各個地區」的「察天文、觀星象、利用地磁和星術來卜占預測的體系」。此分類系統的中心被視爲「道（Tao）」也即「自然」，「在人類已知的爲數最多的人口中，它掌管著生活的所有細節」（涂爾幹，2005）71～72。這個體系被認爲由大量相互混同的體系組成，而「區域、季節、事物和物種的分類支配了中國人的全部生活……不僅每樣事物在時間和空間上是異質的，而且就在一個體系之內，時空這兩方面的設置也還有相應、相

〔註30〕此意見尚未發表，只是討論中而來。

〔註31〕亨德森在其專著《中國宇宙論的發展和衰落》中詳盡地論述了西方漢學家們關注的關聯性思維的四種類型，包括了天人對應、國家類比，還有五行和八卦，但主要還是宇宙論的前提範圍之內的問題討論。（Henderson, 1984）2～19

克或相合的不同情況。正是這些無窮無盡的要素組合起來，才確定了事物在本性上的屬和種……」（涂爾幹，2005）76～77 這些複雜要素被無一例外地納入，「在以一種深思熟慮和博學廣奧的方式，攝理著那些顯然十分原始的主題」（涂爾幹，2005）77。涂爾幹和莫斯的分類的、種屬的思路顯然證據充分：於中國人而言，「五行」不僅在生活、文化的諸多方面，甚至在作為文化表達和記錄的語言工具上都滲透至深——譬如以金、木、水、火、土五者為偏旁部首的文字多如牛毛，甚至同構同位替代出一系列的辭彙。（陳立中，1996）110～312 這個 N 元分類「原始的主題」在西方人的思維中根深蒂固，同時也是具有世界性的思維模式之一。中國哲學中陰陽特別是五行的例子來印證關聯性思維，的確不僅恰當且更有理論力量。

　　關於關聯性宇宙模式是否為中國特有，中國的關聯性思維模式到底是否具有普遍性，不同派別的學者有不同的傾向。普鳴（Putt）對這一問題的研究進行了綜述，他反對葛蘭言將關聯性思維視為中國獨有的思想方式。雖然葛瑞漢也區分中、西思維方式，認為西方以分析思維為主，中國以關聯性思維為主，但他認為這兩種思維是思想的普遍模式，關聯性思維是日常生活中常見的預見模式，是分析性思維的基礎，後者是次生模式。中西方的差異只是選擇性的差異，中國接受並發展了關聯性思維，而西方最終使分析性思維與關聯性思維脫離開，並高度重視分析性思維。〔註 32〕可見，中國的關聯性思維更具有基礎性的思維方式，它不僅是中國模式的宇宙秩序的表達，而且還為更抽象的分析思維打下基礎。

（三）類分又互滲的關聯性思維

　　關於「何為關聯性思維」這個問題，我們可能很難給出某個全面而準確的定義，但可以通過對其自身的形式反思來獲得解答。由於關聯性思維的基礎涵義乃是類分和對照，故而我們可以選擇某個與之進行關聯和對照的對象。下文將通過暗喻性思維（metaphoric thinking）與關聯性思維這一對具有方法論意義的思維形式之間的對比對照和結合，來理解類分又互滲的關聯性思維的特徵，在對照之中給關聯性思維一個範圍定義，將涉及關聯性思維與暗喻性思維的偏向、以陰陽二氣來解兩種思維、以及兩種思維的結合三方面

〔註32〕參見（Putt, 2001, p8～10）普鳴對葛瑞漢觀點的總結筆者基本贊同，葛瑞漢對關聯性思維的說明包含了中西方例子的對照，在下文中會有相關引入和評述。

內容。

1. 關聯性思維與暗喻性思維的偏向

關聯性思維與暗喻性思維各有偏向，關聯性思維往往比暗喻性思維要具體同時鬆散，而暗喻性思維往往要比關聯性思維更具有凝聚力。我們可以大致概括關聯性思維和暗喻性思維的不同特徵（見表2.4）：

表2.4　關聯性思維中的兩種思維方式

	關　聯　性　思　維	暗　喻　性　思　維
目的	解釋現象	展現本體
手段	分類	統一
樣式	從多到多	從多到一
結果	系統知識	觀念思想

依據上面的表格，我們可以看到暗喻性思維和關聯性思維二者作用的方式不用，目的不同，結果自然也不同。關聯性思維方法往往是要將各種現象進行分類並且給予類別上的解釋。分類是關聯性思維方法最明顯的形式和最突出的手段，特別是「中國人總是傾向於以分類來看待這個世界，從古代開始中國人就通過各種分類組織起了這個世界」〔註33〕，關聯性思維的早期實際上就可以簡單視爲分類思維（Haun, 2000），或者「類的思想」。「類」被翻譯成「correlative categories」，突出這些類屬之間具有的關聯性。而暗喻性思維則中意於用比喻、借代等貌似文學的方式替換掉分殊的成分，大致一定的形象化或者抽象化的具有統一性的本體。

關聯性思維和暗喻性思維二者，就思維的目標而言，前者是對現象的說明，而後者是對本體的展現。二者都是抽象，只是前者是從感官和思維的具體形象出發而形成抽象的類屬或者也可以說是聚合體（paradigms）；而後者卻是從不具有分析性，直接來源於直觀和統一，甚至從抽象到無象，類似於結構段（syntagms）上隱藏的規則。〔註34〕比如下文《淮南子》中典型的魚鳥相

〔註33〕「The Chinese have always been inclined to view the world in terms of categories...
　　　　Since ancient times, the Chinese have organized the world into various categories.」
　　　　（Edward, 2000）.

〔註34〕葛瑞漢引用雅各布遜（Roman Jakobson）的方法和術語，建立聚合體（paradigms）和結構段（syntagms）交織的對應形式。思維受句子的支配，句子由字片語成，字詞源於語言中的辭彙，且在進入成爲「言語」（speech，

對的例子中，魚－鳥在聚合體上，而鳥－毛羽－飛行－上蕁－炎上－火等在結構段上。前文也解釋過，在鳥－毛羽－飛行－上蕁－炎上－火上暗藏著的是暗喻性思維的規則，鳥和火就可互爲暗喻，故而知關聯性思維的結構段上暗藏暗喻性思維。

　　就思維的成果而言，前者偏向於知識，而後者又是對這個知識的說明，可視爲思想。關聯性思維的手段主要是分類，而暗喻性思維則傾向於統一。從這個角度上來看，關聯性思維往往比暗喻性思維要具體同時鬆散，而暗喻性思維往往要比關聯性思維更具有凝聚力。關聯性體系內部的要素是越多越好，傾向於將諸事萬物都納入體系之中，並放置在某一個位置上（也有可能可以放置在幾個不同的位置上，但是一定是在不同的公式或者規則之下）。而暗喻性思維的成果則是一些抽象規則，幾乎根本就不用要素。

2. 以陰陽二氣來解兩種思維

　　如果引入陰陽二氣這對中國傳統文化中最基本的二元對偶概念，將之與兩種思維相類比，倒是可以有不少發現，大概也能夠促進我們對關聯性和暗喻性這兩種思維方式的理解：

　　其一，對應於陰氣下沈實在，陽氣上浮空虛〔註35〕：關聯性思維向形而下展開，暗喻性思維往形而上歸攏。因爲關聯性思維的目的是對現象的說明，這裡的現象主要就是實在的具象。這種思維方式關注於具象，也可能有一些抽象，但其一旦展開就務必面對具象，故而可將其視爲向形而下展開。而暗喻性思維其目的是對本體的展現，其思維內容是對抽象的抽象，而且可以不利用所謂的具象，或者得意忘象了，故而可將其視爲往形而上歸攏。也因如

即索緒爾的 parole）的句子之前，字詞已經在「語言」（language，即索緒爾的 langue）中聯結。我們說話一方面從一對或較大的一組（聚合體）中選擇字詞，另一方面又在短語或句子（結構段）中使之聯合。"To analyze it we shall borrow from structural linguistic the approach and terminology of Roman Jakobson. We stat from the truism that thinking is conducted in sentences composed of words drawn from the vocabulary of one』s language, and that the words are already grouping in the "language"（Saussure）s langue）before entering the sentences of "speech"（Saussure）s parole）. In speaking we on the one hand select words from pairs or larger sets（"paradigms"）, on the other combine them in phrases and sentences（"syntagms"）." 參見（Graham, 1989, p320）.（葛瑞漢，2003）365

〔註35〕《國語·周語下》曰：「天無伏陰，地無散陽」，又曰：「氣無滯陰，亦無散陽」。參見（黃永唐，1995）109，132 都可見陰氣之性沈滯；陽氣之性昇越。

此，關聯性思維的內容要素傾向於實在，只要掌握便能理解；而暗喻性思維容易流於空泛，不能領悟便無法理解。

其二，對應於陰氣雜駁，陽氣純潔：關聯性思維要素多、別類雜，而暗喻性思維則在終極處不分殊。

其三，對應於陰氣消極，陽氣積極：關聯性思維因為無所不包的內在要求而難免須牽強容納，而暗喻性思維則相對具有比較大的自由度，可引申發揮。（參見表 2.5）

表 2.5　關聯性思維中的兩種思維方式對應陰陽二氣

陰　氣	陽　氣	關　聯　性　思　維	暗　喻　性　思　維
下沈實在	上浮空虛	形而下，具體實在	形而上，流於空泛
雜駁	純潔	要素多，別類雜	不分殊
消極	積極	牽強容納	自由發揮

如上這樣的關聯當然不止三條，如果需要還可以尋找一些標準和理由做出許多來。由上面這個「陰——陽」與關聯性思維和暗喻性思維兩種思維方式的對照序列，我們也可以看到關聯性思維本身內在的優勢和劣勢：一方面，就意義的真實關聯性和表達而言，意義是比較鬆散的，難免有牽強的成分；另一方面，就體系內要素的位置、身份的安排而言，體系是相對嚴謹的，包容性也很強。關聯性思維的優勢和劣勢是一體的，是其內在固有的一個悖論。〔註 36〕

3. 關聯性思維與暗喻性思維的結合

儘管暗喻性和關聯性思維方式兩種思維方式各有偏向，卻常常摻雜在一起，相互補充、支撐，在中國的概念體系和日常生活語言的運用中都極其普遍。關聯性思維在無意識之中借用暗喻性思維，依靠暗喻性思維建立不同別類的要素之間的聯繫。暗喻性思維相當於關聯性思維的分類或者結合公式，而暗喻也依靠關聯豐富自身，從而形成無所不包的整體。

安樂哲說，關聯性首先是暗喻的，其次才是轉喻的。〔註 37〕也是明確闡明了關聯背後的暗喻規則。關聯宇宙論中就包括了關聯和暗喻兩種思維方

〔註 36〕關聯性思維的束縛及內在張力，參見 3.4.3。
〔註 37〕他的暗喻是共時的、空間的、基於相似性的，而他的轉喻是歷時的、時間的、基於線性的。（安樂哲：2006）176

式的結合。杜維明以「連續性」「整體性」「動態性」（自發性）作爲關聯性宇宙的基本特徵，認爲宇宙的「所有形式的存有，從石頭到天，都是一個往往被稱爲『大化』的連續體不可缺少的組成部分。」（杜維明，2002）[226]當然也有學者對此提出質疑，認爲除了連續性這一條之外，其他兩條都不一定。〔註 38〕葛蘭言也認爲中國思想的內在原則不是前邏輯的（prelogical）或者神秘主義的（mystical），而是一個富有意義的、協調一貫的系統（a meaningful, coherent system）。（Granet，1934）[28～29]，chapters 4 and 6（Putt，2001）[8～9]〔註 39〕其實那個關聯性的宇宙應該不止包含關聯原則同時也包含暗喻原則的，而所謂的「整體性」其實是因爲暗喻性思維的作用而被賦予的。因爲暗喻的規則，故而才能取象比類。整體的、連續的宇宙整體，恰是暗喻性思維與關聯性思維的結合產物。譬如古人的「天人合一」實爲「天似人」「人即天」的暗喻，屬於暗喻性思維的產物，但當我們將其作爲原則運用於關聯性思維的時候，就產生了天人相配的一系列對應。暗喻性其實正是對關聯性的補充和支持，暗喻乃是關聯之中的互滲和轉化原則。

四、意念與意念思維

這一部分將從兩個角度闡述意念和意念思維。其一是從意念思維本身入手，論述意象思維的涵義，比較中國成熟觀念的意念與西方的概念。其二是從意念思維與迷宮思維的比較入手，進一步理解意念思維的形象和內在規則：包括迷宮思維、迷宮思維中種植思想的觀念、以及與迷宮類似的「層累」的意念等三個方面的內容。

（一）意念的一般涵義

念，會意兼形聲字。金文 🐾 🐾，從心從今（朝下的口，有的還畫出了舌），會心中想口中念叨之意。（谷衍奎，2003）[377]而「意」是以心音會心思，

〔註 38〕「關聯性思維的三個特徵並不都具有普遍意義，真正具有普遍意義的只有連續性一個特徵，整體性其次，自發性完全是東周以後新出現的認識。」見（陶磊，2008）[19，185～217]另外，陶磊認可普鳴關於中國古代不存在關聯性的預設，但他也認可了關聯性作爲思維的存在。見（陶磊，2008）[242]

〔註 39〕普鳴認爲，韋伯（Max Weber）和牟復禮（Frederic Mote）等也持相同的所謂中國一元論的觀點。

一般指意思、意義、意味，有時也指心願，意向。「意」和「念」的意思差不多。所以「意念」從字面來看就是，用心來思來想，乃至將這種思慮表達而出的觀念、念頭、想法等。例如：漢代枚乘《上書諫吳王》言：「臣乘願披腹心而效愚忠，惟大王少加意念惻怛之心於臣乘言。」南朝江淹《悼室人》詩之八：「意念每失乖，徒見四時虧。」明代王守仁《大學問》：「蓋心之本體本無不正，自其意念發動，而後有不正。」蒲松齡《聊齋誌異・嬌娜》中亦有：「家君恐交遊紛意念，故謝客耳。」

「意念」自然不是簡單的「意思」，它是有一定的專注的，這和氣功修養中運用這個詞的初衷還是相類似的。現在「意念」這個詞的確多用於氣功修養的相關理論中，所謂「意到氣到」「以意領氣」等，夾雜著心理反射、心靈體悟等狀態。在中國文化傳統中，「心」既是情感的器官又是思維的器官：一方面是身體的，與手足相連血脈相通；另一方面，又是心理的，還是思維的、精神的。「意」「念」兩個字都以「心」為偏旁，可見「意」「念」之中天然混雜情緒情感和思維理性。

意念的原初表達就是中國哲學中常講的「言、象、意」的「意」。古人雖然沒有直接用「意念」這個詞，但相關意義上的討論卻是由來已久，其中莊子關於「意」與「言」之關係的說法，以及後來魏晉玄學家對「言、象、意」的理解，都是對「意念」相關思想的豐富。《莊子・秋水》中說「可以意致者，物之精也」。其中「致」是動詞，有「察」和傳達的意思。意思是，可以用心意（意念）來傳達的，是精細的事物。《莊子・天道》中「意有所隨，意之所隨者，不可言傳也。」王弼所言之「得意在忘象，得象在忘言」，此中之「意」即是「意念」，意念須專一而擺脫言與象的束縛。故而意念也有狹義和廣義兩種：一種是單純的意念，有意識地擺脫言、象，劃清與言、象界限之後的集中抽象；而另一種是意念的整體，無意是否擺脫了言、象，自然集中的內涵豐富的思維凝練表達。很顯然，中國的哲人們更多地選擇了後者。中國哲學正是「道」「不可道之道」，「言」「不可言之言」，展現的還是文字的言說、記錄，然而，意到象、象到言的進路都隱藏在言的表層之下。

（二）意念與概念

「意念」不同於「概念」，金岳霖在其名作《知識論》中對此曾有明確的

界定，他認為：「意念」相當於英文中的 idea，而「概念」相當於英文中的
concept；從心理狀態說意念比較模糊而概念比較清楚——這沒有堅決的表
示，從思議的內在結構說意念可以有矛盾而概念是沒有矛盾的——這是有堅
決表示的。（金岳霖，2004）335 這幾個堅決的表示，意味著準確和固定。「意
念」之所以不同於「概念」，就在於概念的表達其目標在於準確和固定。另外，
「意念」有邏輯的意義，更有非邏輯的意義，而且從知識和知識論的角度說，
此中「非邏輯的意義」可能還更重要。「非邏輯的意義」不是利用純邏輯的推
論方式所能推論出來的，而必須運用實驗、觀察、考證，及日常生活中的經
驗才能得到，（金岳霖，2004）335, 346 邏輯的，這是固定的表層，還有非邏輯
的，這是更重要的流動的裏層。這與最具有邏輯性的、用邏輯來定義的「概
念」存在顯著的區別。故而西方的哲學主要依靠「概念」。而中國哲學中很多
觀念我們都無法用準確的概念來定義，這不僅僅在於這些成熟觀念在我們心
理上的模糊性，更在於這些觀念天然地、并且一貫地保持了其內部「矛盾」（金
岳霖，2004）341 的流動性。所以可能用「意念」來表達更加合適。

　　另外，中國的「意念」比較之西方的「概念」所特有的「非邏輯意義」
「更易於張大語詞的多義性、表達的隱喻性、意義的增生性，以及理解和闡
釋的多重可能性」（甘陽，2006）91。〔註 40〕「中國傳統文化恰恰正是把所
謂『先於邏輯的』那一面淋漓盡致地發揮了出來，從而成了一種極為深厚的
人文文化傳統。」（甘陽，2006）91 無「邏輯」〔註 41〕，不是中國觀念的弱
點，參照近代歐陸哲學的陣痛，反而是中國觀念的優勢。中國傳統文化的無
「邏輯」、輕「語法」〔註 42〕，恰恰輕易就解除了西方的邏輯和語法給他們
帶來的束縛。

　　金岳霖先生在對「思想」一詞的注釋中也涉及到了「意念」的性質和作
用。他認為「思想」雖作一詞，但「思」與「想」是有區別的。「思」又稱思

〔註 40〕「當代西方尤其是歐陸哲學的種種『招數』，例如所謂『闡釋循環』（海德格
　　　　爾）、所謂『語言遊戲』（後期維特根斯坦）、所謂『問答邏輯』（伽達默爾）、
　　　　所謂『話的隱喻』（保爾利科）、所謂『消解方略』（德里達），實際上都是要
　　　　使語言文字進入不斷的辯證運動之中，以儘量張大語詞的多義性、表達的隱
　　　　喻性、意義的增生性、闡釋的合理衝突性，從而力圖在邏輯和語法的重重包
　　　　圍下殺出一條突圍之路。」參考（甘陽，2006）90
〔註 41〕狹義的邏輯，可以理解為西方「邏各斯中心主義」的。
〔註 42〕與印歐語系語言相比，中國的語言文字無冠詞、無格位變化、無動詞時態、
　　　　少用或者不用係詞、連詞等，的確是輕「語法」，甚至可說是無「語法」的。

議，它的對象是普遍的抽象。思的內容是意念或概念。「想」，也可稱之爲想像，它的對象是具體的個別的特殊的意象。個別的特殊的意象，可想而不可思，普遍的、抽象的對象，可思而不可想。但就內容而言，任何可想像的東西又都可以用思議得到某種相應的意念，而可以思議的意念，卻並非都可用想像的方式去得到相應的意象。不過作爲「思想」一詞的含義，「思」離不開「想」，「想」也離不開「思」，想而無思，缺乏條理，思而無想，則意念就沒有一定的意象。（金岳霖，1983） 286～353

這樣說來，「意念」還是「思」而非「想」所得，也就是普遍的抽象所得。金岳霖先生注意到了「意念」的抽象性，這是和西方的「概念」的共同之處。但同時「意念」又依賴於個別的特殊的意象，這樣才能由「可想」到「可思」。這也是從「意象」可以順推到「意念」，而卻不能倒推的原因所在。故而，「意念」是由「意象」發展而來，並且其中包含想像所得的個別的特殊的「意象」，同時具有某種固定性、穩定性，不會「退化」到「意象」的狀態。

（三）意念思維的特徵

首先，意念思維具有媒介的特性。「意念產生的條件，當然既有思維主體——人，又有思維客體——對象，至於說到思維工具，則意念並非一定通過語言作媒介，它是一種心理能力，而往往自身就是媒介。再則，意念不僅在個體思維和類的思維間起轉換作用，而且也在思維主體和對象間起著中介作用，甚至決定作用。」（金丹元，2000）這也是西方「概念」的特徵。

其二，意念是有層次的。意念既是從神話、意象思維發展而來，是歷時性的一脈相承，那麼意念本身也必然具有「層累」的性質。一方面意念是純粹的思維方式，另一方面也具有從生活世界到觀念領悟最後到觀念的深厚層次。意念的形式就是猶如迷宮的路徑，意念思維的本質就是迷宮思維。〔註43〕

〔註43〕「迷宮……是傳遞所有這些隱語的共同信息的智慧之路，是生命的奧秘之所在。」（頁 12）「重新學會以迷宮方式思維，重新研究可在迷宮中前行的戰略，重新發現這個古老智慧的秘密。」（頁 16）迷宮是簡單的也是複雜的，榮格研究的西藏佛教的曼荼羅也是典型的迷宮。（頁 32）「迷宮是集體無意識的表現，是寄往遙遠彼岸的信息，是表示人類命運含義的最初的抽象，是指導世界走上軌道的抽象……」（頁 37～38）參見（阿達利，1999）迷宮乃是對東方意念的一個超好的詮釋。

其三，意念思維是精神的，也是情感的。「意念本身並不神秘，也不是不可知的，而意念的最終目的，都是爲著使精神的、心理的能力最有效地發揮作用，使人天相應，心、境吻合，從而變不可思議爲可思議，變不能理解爲能理解。」（金丹元，2000）意念具有能量，而且意念是一種最強大的精神力！作爲一種精神的力，意念可以**轉換爲物化形態**。於是可以說，意念具有某些心理學的特徵，我們也常在氣功修煉中看到意念的能量和特性。意念有意境和情懷。意念從形象發展過來，但還保留了形象的成分，或者和形象有密切的關係。意念和形象一樣是可知、可感的，但同時，意念又超出了可知、可感。另外，意念中的情感，是被高度濃縮了的情感，隨著知覺、表象、想像以至於抽象的活動逐步展開，不斷擴張、放大、輻射。意念深層的情感特徵也是其「集體無意識」的體現。

其四，意念思維的方式和規則在於「悟」。「意念」的性質雖然偏重於心理，但也有認識和邏輯成分，有其特殊道德方式和規則，那就是「悟」。中國哲學思維中的「悟性」相當於西方哲學中的「反思」。反思是哲學的基本方法，在中國就是一種超越具象的關照、一種超越邏輯的領悟。在不斷對自我和事物的關照和領悟中得「道」。這個「悟」的傳統滲透至中國文化和哲學的各個方面。意念就是一種思想，一種感受，一種體悟。意念是靈活的、自由的、精神飽滿的，意念是觀念的生命力。從作用上講，意念一方面誘導人摒除雜念，進入入靜狀態，使人在較平衡狀態下進行不斷調節，始終遵循「道」的軌迹；另一方面，它也是一種平和之中的興奮，一種動的狀態，是鮮活的「道」的生命展現。意念乃是靜與動的結合。正是這種動靜結合的意念的辯證展開和深化，能夠平衡陰陽，最終達到「天人合一」的境地。

其五，意念是渾融合一的。意念，具有高度的集中化。意念是邏輯和非邏輯的合一。意念也是主觀和客觀的合一。「意念」是本質與現象、物質與精神、時間與空間、社會與自然等各個層面的對立統一。意念意思就如「通感」，乃是爲了得到那個超越具體「形」的「神」。用意念實現與天地自然的融合，身與心的融合，於是融入那源源不斷的「根源」。意念顯然來源於深植於內心的「集體無意識」，人們運用意念的過程，或者意念的展現都是體現這個「集體無意識」。傳統的占卜就是最典型的例子。意念就是榮格所理解的「共時性」。運用意念、依賴意念的占卜正是對「共時性」的利用，也是中國傳統的整體宇宙觀的展現。

中國哲學意念思維最偉大的成果就是——道。

五、觀念雛形變革的表徵、內因及成果

本文旨在反思上古哲學觀念變革的外在過程和內在結構。觀念變革是橫向發展階段的一條輔線。庫恩的「科學革命的結構」的理論將被引入用來解釋橫向發展階段上的觀念雛形變革。庫恩的範式法則在若干相對固定的科學共同體的相互之間的競爭變化的背景下展開，其範式是必然要變化的，他強調由前範式，到範式產生，再到範式危機，最後新範式產生的這個過程。他說，「大多數科學的早期發展階段，是以許多不同的自然觀不斷競爭為特徵的，每一種自然觀都部分地來自於科學觀察和科學方法的要求，並且全都與科學觀察和科學方法的要求大致相容。這些不同學派之間的差別，不在於方法的這個或那個的失效——這些學派全都是「科學的」——差別在於我們將稱之為看待世界和在其中實踐科學的不可通約的方式。」（庫恩，2003）3~4

將革命作為世界觀的轉變動因，科學革命的原因和方式是庫恩關心的，而此篇論文也將對應關注觀念的變革，尤其是——觀念變革的原因和方式，期望揭示觀念史作為整體結構的內在機理。實際上，以觀念的變革為主線，就是以最根本的思維方法的變革為主線，可以理解為方法的革命，主線本身就是哲學的反思。鄧曉芒說，「真正的哲學革命總是方法上的革命。……真正的革命性的哲學家都是在方法上的革命。這有點類似庫恩講的『科學範式』的革命，『科學範式』就是一種方法上的革命。範式確立以後，有很多科學家不斷在這個範式的範圍之內增添科學知識的內容，但是真正導致一場革命的就是方法上的革命，就是範式上的革命。……所以，方法論實際上是一個很本質，很根本的東西。不要以為是雕蟲小技，不要以為是一種技術、一種技巧，它實際上是一種道術，一種大道。」（鄧曉芒，2008）15

觀念史是一種方法論意義上的歷史，這個「大道」涉及觀念、思維方式、修辭、觀念雛形、哲學追問、宇宙圖示等方面的諸多問題要素。用特有的言說與修辭方式可以定義不同的哲學思維方式。不論是隱喻性的神話思維語言，提喻性的意象思維語言，或者是換喻性的意念思維語言，每一種思維方式，都對應特定的基本觀念雛形，也就是庫恩的範式〔註44〕。作為核心媒介

〔註44〕「範式」又稱「規範」、「範型」，庫恩 1962 年在《科學革命的結構》一書中提

的基本哲學觀念雛形，在危機應對的過程中不斷自我調整，是思維方式的集中化、凝練化，也是解決諸階段哲學問題，完成宇宙論模型的工具，甚至就是哲學追問、宇宙論模型的中心答案本身，宇宙圖示也圍繞這個基本哲學觀念展開。不同的思維階段有不同的哲學追問。諸階段哲學問題的轉移、哲學追問的變化是觀念雛形變革的原因和方向，也即是思維階段演進的內在機理。神話思維階段，追問宇宙與人的起源，是「哪裏來」的問題；意象思維階段，關注和追問宇宙如何構成，是「什麼樣」的問題；意念思維階段，天與人的觀念出現，開始聚焦於「人在宇宙中」，追問人在宇宙中的位置、人與宇宙的關係、人的生存等問題，是「當如何」的問題。在對不同哲學追問的解答過程中，先民逐步獲得宏觀的宇宙圖示。大致來說，從神話到意象最後到意念的過程中，宇宙圖示愈到後期愈發具有簡明性、涵蓋性和貫通性的特徵。

下文將對觀念雛形得以變革的表徵、內因和成果進行歸納。

（一）表徵：變化的觀念雛形

觀念雛形變革的表徵是變化的基本哲學觀念雛形。前文已經將哲學觀念的形成大致劃分為「神話」「意象」「意念」三個階段，這也同時對應三種思維方式或者說思維層次。圍繞各階段上以水為原型的基本觀念雛形（或稱之為範式），以之為核心涉及其言說、修辭方式、表裏層次、對應的威脅力量等相關問題。變化的基本哲學觀念是一個核心媒介，它是思維方式的集中化，凝練化，是運用特定的言說修辭方式展開哲學思維的結果；同時，也是解決諸階段哲學問題，完成宇宙論模型的工具，甚至就是哲學追問、宇宙論模型的中心答案本身，宇宙圖式也圍繞這個基本觀念雛形展開。

基本的哲學觀念雛形如同範式，在發展過程中必然經歷危機，也必然要面對危機。舊的觀念在遇到危機之後會試圖抵制新觀念的異軍突起，而對自我進行了不斷的調整。危機與應對以及最終勝利或失敗的過程正是觀念演進的動力。

出，用來解釋科學革命，與「科學共同體」的概念相聯繫。大體上是指科學共同體成員所共有的「研究傳統」、「理論框架」、「理論上和方法上的信念」、科學的「模型」和具體運用的「範例」，還包括自然觀或世界觀等。範式是科學活動的實體和基礎，科學的發展正是範式的運動。舊範式為新的範式所取代，則導致科學革命，標誌著科學發展的又一重大轉折。參考（大辭海，2003）501

（二）內因：變化的哲學追問

　　觀念雛形變革的原因是變化的哲學追問和不同階段的問題應對。每一個哲學思維方式的階段上都有不同的哲學追問，也是這個階段哲學思考的最多也最重要的問題，而問題的轉移、哲學追問的變化是觀念變革的原因和方向，也即是思維階段演進的內在機理。

　　不同的哲學思維階段有不同的哲學追問。神話思維階段，追問宇宙與人的起源，亦即「哪裏來」的問題；意象思維階段，開始關注和追問宇宙如何構成，亦即「什麼樣」的問題；意念思維階段，天與人的觀念出現，開始聚焦於「人在宇宙中」，追問人的位置、人與宇宙的關係、人的生存等問題，亦即「當如何」的問題。

　　特定的哲學追問是特定階段思考的最多也最重要的問題，不同的哲學思維階段有不同的哲學追問，從「哪裏來」到「什麼樣」到「當如何」，問題的轉移、哲學追問的變化是觀念變革的原因和方向，也即是思維階段演進的內在機理。觀念「層累」的過程是一個連續與斷裂相互交替的過程。「層累」的觀念史變化的內在動力和外在影響力可視同為一。

（三）成果：變化的宇宙圖示

　　觀念雛形變革的影響及成果是變化的宇宙論模型和宇宙圖示變遷。宇宙圖示也影響觀念原型，並作為土壤不斷給觀念原型的生長提供養料。

　　有哲學追問，當然也就有相應的宇宙論模型，最終的宇宙圖示可以說是該思維階段的宏觀反應。庫恩說：「每一次革命都將產生科學所探討的問題的轉移，專家用以確定什麼是可以接受的問題或可算作是合理的問題解決的標準也相應地產生了轉移。而且每一次革命也改變了科學的思維方式，以至於我們最終將需要做這樣的描述，即在其中進行科學研究的世界也發生了轉變。」（庫恩，2003）[5] 的確，隨著問題的轉移，解決問題的標準變化，思維方式演變，更有不同的世界。相應的，隨著哲學追問的變化，建立起不同的宇宙論模型，隨著哲學的思維方式變化，更有不同的宇宙圖示展現。每個階段宇宙圖示的最終完成都可以說是該思維階段的宏觀反應。這若干宏觀反映的成果的承繼和變革遵循思維經濟原則的要求。也就是說，在從神話思維到意象思維最後到意念思維的過程中，後期的宇宙圖示比之前期更加簡明，更具涵蓋性和貫通性。

第三章　神話思維中的「水」：
渾沌及秩序

　　上古神話主要以「水」爲背景和素材，並圍繞水而展開。在上古神話中，水的涵義極其含混豐富。神話思維中的「水」是自然性、人性和神性的合一。一方面萬物的生長與水須臾不可分，在初民那裡，水就成爲彌漫宇宙萬物，孕育生命、化育萬物的始源；另一方面太陽於水上東升西落、周而復始，再加上天上地下由水貫通、循環不息，於是形成了初民永恒輪迴的觀念。這兩者，都是上古初民渾沌意識的展現。水在象徵生命孕育和繁衍不息的同時，也象徵了淹沒、毀滅和死亡。特別是人類最大劫難的那次洪水，幾乎席卷了每一種古老文化，先前混沌或安寧的原始宇宙秩序被打亂，偉大的英雄人物也隨之湧現，經過辛苦卓絕的努力，新的生命誕生，新的宇宙秩序重新確立。洪水的意識，以及包含其中的「道」的萌芽，也由此銘刻在每一個古老民族的原始記憶之中。

　　這一章重點考察神話思維方式下「水」原型呈現的樣態和內涵，分爲三個部分。第一部分「宇宙大水的兩種形式：渾沌與洪水」提出了最具有「原型價值」的洪水神話，具體論述原型「水」在上古宇宙觀中所展現的宇宙大水的兩種形式：一是渾沌意識，傳統渾天說或者龜模型中海洋承載陸地也是天上與人間的溝通；二是古典文獻中記載和描述的洪水神話，《易經》卦爻辭中經常出現的「大川」說法相關的洪水意識等，都體現了先民對世界原初秩序的認識。第二部分「洪水神話與英雄傳說」，研究洪水神話中出現的英雄人物，確立他們所具有的結構性功能，包括同於水的共工，相對於水的唐堯，相類於水的鯀、禹等，分析他們的得名、形象、作爲等，這些人物都與原型

「水」有著密切的暗喻性關聯。第三部分「洪水神話與『道』的萌芽」，發掘中國不同於世界洪水神話的內涵，特別突出治水神話中治水方式由堵到疏導的變化的內涵，以及通過洪水和治水而使先民宇宙世界所發生的變化。神話思維方式下產生的中國的洪水神話特別是治水的神話，不僅突出了原型「水」的文化底色，而且正是「由水及道」的開端，其中就暗含了「合道」這一中國古代哲學的根本要義，通過這一要義的發現，先民世界的秩序從打亂到重建，最初的宇宙圖示隨之呈現，中國上古的哲學之光在這裡點亮。

一、宇宙大水的兩種形式：渾沌與洪水

（一）中國的洪水神話

前軸心文明時代的中國，是崇「水」的上古社會。上古時期的中國經歷暖季，大部分地區具有相當於現在的亞熱帶氣候（竺可楨，2004），雨水充沛，是典型的農耕社會。農業倚重水，我們的祖先又大多傍水而居，以期「雲行雨施」〔註1〕，有優越些的雨水和灌溉條件得以豐收。況且，水中還有無數動植物，能夠直接為人類提供生活資料。故而人們「崇水」祈雨以求豐年以及生殖繁衍。（向柏松，1999）一方面，人們對水與生命的聯繫印象深刻，另一方面，大洪水的暴發沖毀了農田屋舍，一時家園盡喪，屍橫遍野，水不再是溫順的母親，而成了死亡的暴君。對水的恐懼、敬畏也融入了「崇水」的內容之中。

也因此，中國有關大水的神話具有意義上似乎完全相反的兩種形式：一種可以歸結為「水生人」的神話，比如渾沌（大水的一種形式）中開天闢地；另一種可以歸結為「水殺人」的神話，洪水神話應該大體上歸入這後一類。兩種神話中，水都展現了它的力量，也因為都關乎於大水，這兩種神話還常常在傳世文獻中出現結合的情況。

學者向柏松對這種「水生人神話」與「洪水神話」結合的現象做了以下解釋，他說：「在水生人神話中，水是孕育人類的物質，也是孕育天地萬物的物質。水生人神話與原型洪水神話原本是有著不同歷史文化內涵的神話，但由於它們都是關於水的神話，因此在流傳過程中很容易導致誤讀，水生人神

〔註1〕 《周易‧象傳》：大哉乾元，萬物資始，乃統天，雲行雨施，品物流行……。

話的觀念很容易被融入洪水神話之中。這樣，先民對洪水的看法就有了兩面性：洪水既是滅絕人煙之水，也是孕育生命之水。洪水神話中那泛濫成災的洪水，也具有了孕育生命的意義。這就是為什麼再造人類的煌煌偉業總是在大洪水的背景下展開的原因。」（向柏松，2010）[56～57]

此說有理。其實這也許並不存在流傳過程中的誤讀，大水在先民的思維中本身就具有生殺的能力，於是對其情感中包含「敬」其「生人」也包含與「畏」其「殺人」，「敬」「畏」二者是合一的。洪水既能夠殺人，又能夠生人，這都是其偉力的展現。也因其巨大的偉力，它能夠深植先民的內心，成為一種「集體意識」，成為觀念的原型。對洪水神話的研究也因此具有「原型價值」，在全世界各個民族的神話中都有展現。另外，現在大家幾乎一致認為，流傳於全球的洪水神話淵源於真實發生過的水災的記憶，或多或少包含著歷史的事實。〔註2〕但凡古老民族就有他們自己的洪水神話，洪水神話是一種世界性的研究對象，包含並體現了這兩種思路，最具有普遍性和典型性。

學者向柏松認為，「那種僅僅只敘述洪水泛濫成災和治理洪水的神話，算不上真正意義上的洪水神話，它們所代表的只是洪水神話雛形階段的形態，我們稱之為原型洪水神話。」（向柏松，2010）[54] 不過筆者更感興趣的反而是「並非真正意義上」的洪水神話——那些有關洪水泛濫和英雄對其治理的雛形的、原型的洪水神話，因為這種類型神話的原型價值使我們得以獲得深入先民思維的更佳角度。

我們姑且也借用向柏松的分類標準，將原型洪水神話分為兩類：第一類重在揭示洪水發生的原因；第二類重在敘述對洪水的治理。對應中國的原型洪水神話，第一類如共工發洪水神話，第二類原型洪水神話如女媧、鯀、禹治水神話。（向柏松，2010）[55～56]

涉及洪水神話的古典文獻並不為少，其中《尚書·堯典》《孟子·滕文公上下》《孟子·離婁下》《國語·周語下》《國語·魯語下》《楚辭·天問》《史記·五帝本紀》《史記·夏本紀》等諸篇都對此有相應的描述和記載。《墨子·兼愛》《左傳·昭公元年》《孟子·告子上》《呂氏春秋·愛類》《呂氏春秋·貴因》《呂氏春秋·古樂》《韓非子·五蠹》等篇涉及大禹治水的傳說故事。雖然這麼多歷史的記載並不能作為洪水神話具有現實基礎的完整確實的歷史

〔註2〕 參看弗雷澤（Sir James George Frazer）著、蘇秉琦譯《洪水故事的起源》，收入徐旭生《中國古史的傳說時代》（徐旭生，1960）。

依據，但卻爲我們的上古洪水意識和洪水觀念的研究提供了大量的論據。

（二）渾沌意識

在中國神話中，各種形式的宇宙大水在上古宇宙觀之形成中都具有重大意義，是整合上古宇宙圖示的核心要素。論文這一部分將從中國上古宇宙觀——也就是先民對宇宙的認識爲觀察角度，發掘原型「水」與之的關聯。主要圍繞兩個例子——也就是宇宙大水最典型的兩種形式展開。其一是渾沌意識，以傳統渾天說爲代表，承載陸地的海洋作爲天上與人間的溝通，天上的銀河和陸地上的河流相通相接甚至可以行舟往來。其二是諸多古典文獻中記載和描述的洪水神話，以及《易經》卦爻辭中經常出現的「大川」，以及「涉大川」的說法和相關的洪水意識。這兩者都體現了先民對世界原初秩序的認識，並成爲後來「簡易之道」的思想萌芽。

水的神話意蘊極其含混豐富。一方面是宇宙未分殊之時的渾沌狀態，並其中蘊含著化生萬物的潛能，是萬物誕生之前的那個創世的渾沌，是萬物與水相容相合不分彼此的渾沌，一方面也和渾天說有相當的關聯，是天上人間往來無礙的水的循環的渾沌。

1. 渾沌為始

渾沌是宇宙的開端，而水就是創世的那個渾沌。在先秦，宇宙未開之時處在「混沌」狀態的說法是很普遍的。

> 道可道，非常道。名可名，非常名。無名天地之始；有名萬物之母。故常無，欲以觀其妙；常有，欲以觀其徼。此兩者，同出而異名，同謂之玄。玄之又玄，眾妙之門。（《老子》第一章）

> 視之不見，名曰夷；聽之不聞，名曰希；搏之不得，名曰微。此三者不可致詰，故混而爲一。其上不皦，其下不昧。繩繩分不可名，復歸於物。是謂無狀之狀，無物之象，是謂惚恍。迎之不見其首，隨之不見其後。（《老子》第十四章）

> 道之爲物，惟恍惟惚。惚兮恍兮，其中有象；恍兮惚兮，其中有物。窈兮冥兮，其中有精；其精甚眞，其中有信。（《老子》第二十一章）

> 有物混成，先天地生。（《老子》第二十五章）

> 大象無形。（《老子》第四十一章）

夫昭昭生於冥冥，有倫生於無形。（《莊子・知北遊》）

天地未形，窈窈冥冥，渾而爲一，寂然清澄。（《文子・九守》）

天地未形，馮馮翼翼，洞洞灟灟，故曰太昭。（《淮南子・天文訓》）

洞同天地，渾沌爲樸。未造而爲物，謂之太一。（《淮南子・詮言》）

說《易》者曰：「元氣未分，渾沌爲一。」（王充《論衡・談天》）

混沌相連，視之不見，聽之不聞，然後剖判。（班固《白虎通・天地》）

　　1942 年長沙子彈庫帛書也把太古宇宙未分之際描寫爲「夢夢墨墨，亡章弼弼」的混沌狀態。長沙馬王堆《經法》中寫到：「恒無之初，迵（混）同太虛。虛同爲一，恒一而止。濕濕夢夢，未有明晦……古（故）無有刑（形），大迵無名。」又曰：「虛無刑（形），其寂冥冥，萬物之所從生。」（馬王堆，1976a）皆是渾沌的景象。

　　渾沌是古人想像中天地未開闢以前宇宙元氣未分、模糊一團的狀態。「混沌」或「渾沌」，從字義本源上看就和水有關。「混（渾）沌」偏旁從水，《說文》：「混，豐流也。」「渾，混流聲也。從水軍聲。一曰濦下貌。」「濦，濁水不流也。」所謂混沌就是形容水濁暗不明，茫然無邊的樣子。宇宙的初始狀態在人們意識中的映像就是水霧繚繞、洪荒一片，漫無涯際的大水流動、多變，並且蘊含著原始生命力。這樣的渾沌往往作爲創世之始。

　　這個渾沌是「渾然天成」的，先天地永久存在，它無聲而又無形，循環運行，永不休止，是天地萬物的根本。渾沌的狀態乃是一種彌漫宇宙之中的水汽，渾沌來源於對能夠生養萬物的水的崇拜。水崇拜是在中國延續時間最長、影響範圍最廣的一種原始宗教。〔註 3〕「水崇拜的基本觀念之一便是以水爲天地萬物的本原，人及天地萬物皆由水生。水可化爲水汽，由水生人、生天地萬物的觀念又引申出了氣生人、生天地萬物的觀念。」（向柏松，2010）91

　　這個渾沌在先民意識之中，既眞實又模糊，是不可感知的超經驗的存在，卻是萬物化生的基礎。從無定形的渾沌中生出有定型的具體的萬物，這「無中生有」正是渾沌的玄妙之處。

　　渾沌意識如此根深蒂固，以至於中國人後來說故事也都習慣由「渾沌」

〔註 3〕 「水崇拜以水位神秘力量、各類水神爲崇拜對象，以水生萬物、水神司雨水觀念爲基本內涵，以祈求降雨止雨和生殖繁衍儀式爲主要表現形式，是在農業中國延續時間最長、覆蓋地域最廣的原始宗教之一。」參考（向柏松，2010）91

來開頭了。比如《西遊記》第一回：「混沌未分天地亂，茫茫渺渺無人見。」
又比如《紅樓夢》引子：「開闢鴻蒙，誰爲情種？都只爲風月情濃。」

2. 龜模型

水生的龜〔註4〕向來就被作爲神物，法國學者汪德邁認爲龜代表了時間的
總體，因爲龜常常與長壽聯繫在一起。（Vandermeersch，1977）這個說法也得
到了世界不同文化的公認，龜的確是比較長壽。《史記》中有記載：

> 余至江南……云龜千歲乃游蓮葉之上……南方老人用龜支牀足，行
> 二十餘歲，老人死，移牀，龜尚生不死，龜能行氣導引。……（《史
> 記・龜策列傳》）

龜如此長壽，而且具有很強的生命力，故而用它來象徵宇宙綿延的總體時間是
不足爲怪的。然而，龜的特別不止於此，龜更是表達宇宙空間的一個尚好模型。
艾蘭先生通過對殷人心目中土地「亞」型的特徵研究，發現將「亞」型的龜的
腹甲與之有順理成章的聯繫，當爲中國古代「天圓地方」的「地方」之來源，
故而賦予了龜時間之外更有空間的內涵，將龜作爲殷商時代的宇宙空間模型，
也將此引申爲殷商把龜甲用於占卜的主要原因。（艾蘭，1992）81～123

> 於是女媧煉五色石以補蒼天，斷鼇足以立四極，殺黑龍以濟冀州，
> 積蘆灰以止淫水。蒼天補，四極正，淫水涸，冀州平，狡蟲死，顓
> 民生。（《淮南子・覽冥訓》）

> ……共工折之，代以獸足，骨有腐朽，何能立之久，且鼇足可以柱
> 天，體必長大，不容於天地……（《論衡・談天》）

《淮南子》和《論衡》的記載中都提到了斷鼇足爲支持天的柱子，這麼大的
龜足，可以想到，那個被斷了足的大龜估計要和整個大陸差不多的分量了。
這也可視爲龜可爲先民意識中宇宙大陸的一個旁注。

簡單來說，所謂「龜模型」的渾天宇宙觀，就是以「大龜」爲宇宙圖樣
的模型。大龜遊於廣闊無垠的海洋之上，這個宇宙就是大龜所處的無限海洋，
而龜一般意義上說就是我們人所生存的大陸，大陸漂在海洋之上，因爲海洋
的無限，故而也可使這片人類生存的大陸在海的中央——意義上的中心。龜

〔註4〕 在殷商占卜之中，所用的大部分是水龜，而非旱龜，這同占卜所用的胛骨多
　　　 是水牛也許有相同的涵義。占卜用燒紅的硬木（或青銅工具）鑽灼甲骨來製
　　　 作兆紋，這意味著讓水火相交，把宇宙中的最基本的兩項自然力結合起來。
　　　 參見（艾蘭，1992）123

能在水中沉浮，陸地也是類似——這不僅意味著天水在陸地之上，而且也有可能是洪水淹沒陸地，如《淮南子・時則訓》中言及的「中央之極」。〔註5〕於是抽象來看，在這個龜模型之中，有水土兩種元素。

其實龜模型不僅包含了水土兩種要素的對立，同時也包含了二者的結合。後玄武作為北方神獸，其屬性乃水兼土，源頭便在這渾沌大龜的土水之結合之上。水土都作為化生萬物的根源，水土的結合在先民的意識和古典文獻之中也是有不少體現的。比如，學者們爭論《管子・水地》到底是以水為根本，還是土為根本，又或者精氣為根本。但實際上，此篇中的水與土是結合在一起而具有創生性的，俗語說「一方水土養一方人」，此篇大意就是論述這個道理。對於水土是如何結合的，法國詩學家加斯東・巴什拉的解釋很有啟發性，他認為水具有黏合、軟化其他物質的性質，故而當水在大地上流淌，便也調和了其他元素。〔註6〕另外，加斯東也借埃德加・坡的詩歌來說明水是「大地的血」，「大地的生命」，「它應主導著土」（巴什拉，2005b）[69]。大地上的河流就是大地生命的血脈。

這個渾天宇宙的「龜模型」在某些早期經典文獻中其實都有暗示。《莊子》內篇最後以《應帝王》中的「渾沌開竅」寓言作結，便饒有深意：

> 南海之帝為儵，北海之帝為忽，中央之帝為渾沌。儵與忽時相與遇於渾沌之地，渾沌待之甚善。儵與忽謀報渾沌之德，曰：「人皆有七竅以視聽食息此獨無有，嘗試鑿之。」日鑿一竅，七日而渾沌死。（《莊子・應帝王》）

這個寓言可以有多種角度的解讀。其中之一就是從上古宇宙模型的角度來理解。於是所謂「中央之帝」的渾沌便是在海洋之中的一塊原始大陸，猶如遊於海上的大龜，而所謂「南海之帝」和「北海之帝」的儵與忽便是原始的大海。另一方面，「儵」「忽」還有短暫時間的意味，而相對應的渾沌則意味著短暫時間的反面——也即是恒久的時間。渾沌正好對應了龜型大陸及其遊動

〔註5〕 中央之極，自崑崙東絕兩恒，日月之所道，江漢之所出，眾民之野，五穀之所宜，龍門河濟相貫，以息壤埋洪水之州（高誘注：禹以息土埋洪水，以為中國九州。州，水中可居也），東至於碣石，皇帝后土之所司者乃二千里。（《淮南子・時則訓》）

〔註6〕 「水與土的結合造成泥團。……在泥團中，水的作用是不言而喻的。……水從其軟化和粘合作用兩方面被想像。水化解又黏著。……水，正像在舊時的化學書籍中所說的那樣，『調和其他元素』。……它蕩滌大地，軟化實體。」（巴什拉，2005）116～117

的時空，這是宇宙空間和宇宙時間的相合。儵與忽常常相聚於渾沌之地，就猶如潮長潮汐，這完全符合原始大陸被海洋所包圍的初民直觀。「儵與忽時相與遇於渾沌之地，渾沌待之甚善」，儵、忽與混沌長時間以來相安無事、情意深重，甚至儵與忽要想報答渾沌的情意，這就猶如海洋與陸地長時間相互獨立或者海洋柔和地賦予陸地形態、塑造海岸線。而後儵、忽爲渾沌開竅，七日渾沌死，恰可被視爲氣候逆轉之時，洪水暴發，海水逆流奔湧陸地之上，陸地被沖泄得七零八落，生機之地成了死亡之地。依照這樣的一個解讀模式，《莊子》「渾沌開竅」的寓言不僅展現了上古原始的渾天宇宙觀，同時也爲洪水傳說、洪水意識提供了注釋。

3. 天水貫通

大海水彌漫宇宙萬物，是孕育生命、化育萬物的始源，天水的貫通是宇宙空間上的渾沌一體，另一方面，太陽於水上東升西落、周而復始，再加上天上地下由水貫通、循環不息，於是形成了初民永恒輪迴的觀念，在時間上也通過天水貫通呈現了渾沌一體的狀態。時空之上的這兩者，都是上古初民渾沌意識的展現。

古代宇宙論的背景，是天高等於地厚的渾天地平說。在早期文獻中，儘管沒有直明天高等於地厚，但也常常將天高與地厚相提並論。比如《詩經・小雅・十月》：「謂天蓋高，不敢不局，謂地蓋厚，不敢不蹐」。《荀子・勸學》：「不登高山，不知天之高也；不臨深谿，不知地之厚也。」天高彌漫著水汽，地厚充滿著海水，天水和地水還有其間的陸地構成了宇宙。如前所說，就像一隻大龜在水裏遊。

「古籍往往把宇宙成爲六合，即四方上下。其中的四方就是東南西北，實即地平面；而上下就是地平面以上和以下。因此，就和以地平面爲基準，把宇宙空間分成上下兩半。古籍中的地面具有同心圓結構，其中心就是我國。在地面的邊緣有四極，甚至八極。太陽在東極升起，在西極下沒。因此，地面本身應是一個圓形平面。」（金祖孟，1991）[100] 太陽的升落既給了東、西方向上的定義，又給了早晨、傍晚時間上的定義。「宇中有宙，宙中有宇」是中國古代哲學頗有特色的一種辯證觀念。（劉文英，2000，日本版自序）《管子・宙合》所謂「宙合」便是時空的合一。〔註7〕（圖3.1）（金祖孟，1991）[100]

〔註7〕 「宙」的本意是「軸」，有往復行進的意思，故表示時間。「合」是「盒」的

圖 3.1 古籍中的宇宙學說

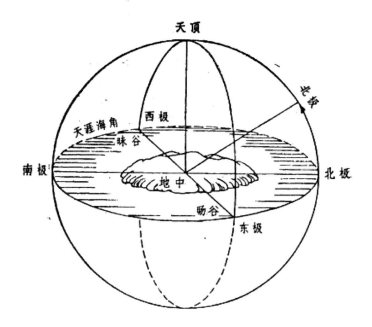

太陽白天在天空，夜晚在海洋，每日東升西落、周而復始、循環不息，這是初民時間觀念的來源。對於這一點，我們在古文字中就能找到有力的佐證。在甲骨文中，「昔」這個表示時間的會意字寫成「𣋆」或者「𣊫」。三條或者兩條的曲線代表水，圓圈中間有一點的圖形代表太陽，我們可以看到這兩種字形之中，要麼太陽在海上，要麼太陽在海中，這就是「往昔」「過去」。同時以水中太陽爲意味的「旦」「昔」不僅具有時間的意義，還是空間的座標。

「渾天說認爲，海洋的內緣同陸地相連接，而它的外緣又同天空相連接。所謂天涯海角，就是海天相接之所。因此，在渾天家看起來，海洋是天和地（陸地）〔註8〕的媒介。同這一觀點直接有關的一種說法是，陸地上的黃河和天上的銀河，最後都注入同一海洋。」（金祖孟，1991）[104]

眾所周知，魚是水中最常見的動物，魚只在水中游，而會飛的魚卻成爲中國的神話之中的一個典型，頻繁出現於各種文獻之中。

> 又西百八十里，曰泰器之山。觀水出焉，西流注於流沙。是多文鰩

原字，「合」就是「四方上下曰六合」，表示空間。

〔註8〕 天高地厚的那個「地」是包含海洋的。

魚，狀如鯉裏，魚身而鳥翼，蒼文而白首赤喙，常行西海，遊於東海，以夜飛。其音如鸞雞，其味酸甘，食之已狂，見則天下大穰。(《山海經・西次三經》)

「大穰」即大豐收。這種長了翅膀日遊於海夜飛於天的「文鰩魚」的出現預示著天下大豐收。實際上意味著這種魚的出現能帶來使農作物生長的充沛適量的雨水，因為雨水決定著農業的收成。《莊子・逍遙遊》中的「鯤鵬」也是異曲同工：

北冥有魚，其名為鯤。鯤之大，不知其幾千里也。化而為鳥，其名為鵬。鵬之背，不知其幾千里也。(《莊子・逍遙遊》)

鯤鵬既是一種魚更是一種鳥，鯤本是很大的魚，能深潛水中，化而為大鳥，又叫做了「鵬」，能飛得很高很遠。能在水裏游天上飛在古人的意識中並非一種幻想，因為在混沌的初民意識之中天水與地水本就沒有多大的界限，因為天上地下的水本就是相通的。長了翅膀的會飛的魚好像就成了一個天地間溝通的使者。也正是有了這些溝通天地使者的想像，天地也真的溝通了起來，天地在「魚水」之中融為一體。在概念中的那個時代，人與鳥獸都能和好交通，魚鳥既然能夠溝通天地，那麼人當然也具有了這樣的能力，那些騎著鳥獸潛游海底、飛翔天空的神仙便是超越了天地界限的人。

後世神話中有所謂的「星槎」，即人往來於天上和人間的木筏。晉代張華的《博物志・雜說下》記載著漢人乘星槎經海洋，進入銀河，並且會見牛郎織女的神話故事。此書甚至還說：「近世有人居海濱者，年年八月，有浮槎去來不失期。」這就是說，根據沿海居民的傳說，有定期航班從我國到天上去，每年八月解纜起航，從不誤期。明代鄭和的隨行人員費信，還把鄭和下西洋的航隊比作星槎，並且把他自己寫的遊記稱為《星槎覽勝》。現在看來，乘槎登天是多麼荒誕不經。但是，對於渾天家來說，這是言之成理的。(金祖孟，1991)[104] 這個渾天的宇宙就是因為水的流動而存在，也因為水的流動而溝通成為一體。

（三）洪水意識

水一方面是那個原初的、平穩的、安寧的宇宙大水——渾沌，孕育和滋潤著生命，另一方面它也會是狂躁的、毀滅性的宇宙大水——洪水。

1. 上古大洪水

堯舜時代發生了一場歷史千年難遇的大洪水。華夏民族對遠古大水的印象如此深刻，至今仍用「洪荒」作為遠古的代稱，典籍之中更有許多關於洪水的記載。從西周時代的文獻《詩經》《尚書》開始，到戰國秦漢時期的古文獻和古文字資料中都有大致相似的說法。

> 洪水芒芒，禹敷下土方。《詩經・商頌・長發》

> 湯湯洪水方割，蕩蕩懷山襄陵，浩浩滔天。《尚書・堯典》

> 湯湯洪水方，蕩蕩懷山襄陵，下民昏墊。(《尚書・皋陶謨》)

> 堯遭洪水，民居水中高土，故曰九州。(《說文》)

> 昔共工……虞於湛樂，淫失其身，欲壅防百川，墮高堙庳以害天下。皇天弗福，庶民弗助，禍亂並興，共工用滅。(《國語・周語》)

> 洪泉極深，何以填之？地方九則，何以墳之？……東南何虧？……康回馮怒，地何故以東南傾？《楚辭・天問》（王逸注曰：「康回，共工名也。」）

《孟子》中有相當篇幅的描述：

> 水逆行，謂之洚水。洚水者，洪水也。(《孟子・告子篇》)

> 當堯之時，天下猶未平；洪水橫流，泛濫於天下；草木暢茂，禽獸繁殖；五穀不登，禽獸逼人；獸蹄鳥迹之道交於中國。……禹疏九河，瀹濟漯，而注諸海；決汝漢，排淮泗，而注之江，然後中國可得而食也。(《孟子・滕文公上》)

> 當堯之時，水逆行，泛濫於中國。蛇龍居之，民無所定。下者為巢，上者為營窟。《書》曰：「洚水警余。」洚水者，洪水也。使禹治之。禹掘地而注之海，驅蛇龍而放之菹。水由地中行，江、淮、河、漢是也。險阻既遠，鳥獸之害人者消，然後人得平土而居之。(《孟子・滕文公下》)

《淮南子》中，《本經訓》《原道訓》《詮言訓》《天文訓》《覽冥訓》諸篇有不少雜糅各不同線索傳說的記載：

> 舜之時，共工振滔洪水以薄空桑，龍門未開，呂梁未發，江淮通流，

四海溟涬，民皆上丘陵，赴樹木。《淮南子‧本經訓》〔註9〕

往古之時，四極廢，九州裂；天不兼覆，地不周載；火爁炎而不滅，水浩洋而不息；猛獸食顓民，鷙鳥攫老弱。(《淮南子‧覽冥訓》) 洪興注曰：「凡洪水淵藪自三百仞以上。」

昔共工之力，觸不周之山，使地東南傾，與高辛爭爲帝，遂潛於淵，宗族殘滅，繼嗣絕祀。(《淮南子‧原道訓》)

昔者共工與顓頊爭爲帝，怒而觸不周之山，天柱折，地維絕。天傾西北，故日月星辰移焉。地不滿東南，故水潦塵埃歸焉。(《淮南子‧天文訓》) 〔註10〕

共工爲水害，故顓頊誅之。(《淮南子‧詮言訓》)

洪水滔天，鯀竊帝之息壤以堙洪水，不待帝命；帝令祝融殺鯀於羽郊。鯀復生禹，帝乃命禹卒布土，以定九州。(《山海經‧海內經》)

《墨子‧七患》引《夏書》云「禹七年水」，《莊子‧天下》言墨子稱道「昔者禹之湮洪水，決江河而通四夷九州也，名川三百，支川三千，小者無數。」另外《論語‧泰伯》《史記‧五帝本紀》等書，以及新近發現的燹公盨銘文〔註11〕等皆記述了大禹治水的有關事迹。另外，上海博物館所藏《容成氏》24至28簡也記述了這場歷史上的大洪水及其大禹治水的過程。(馬承源，2002)

其實還有更多的證據展現了先民的洪水意識，比如，我們都熟悉「滄海桑田」〔註12〕這個詞。大海變爲農田，農田又變爲大海，世界變化如此之大，到底發生了什麼？「滄海桑田」的大變化似乎也爲我們展示了一個「洪荒」前後的宇宙畫面。可以猜想，此詞的源頭，當與上古海水逆流，洪水大爆發的事件有關。高地幸存下來的人們，看到了巨大的海浪以雷霆萬鈞之勢吞沒

〔註9〕 此與《尸子》、《呂氏春秋‧愛類》中的文基本一致。「古者龍門未開，呂梁未鑿，河出於孟門之上，大溢橫流，無有丘阜高陵，盡皆滅之，名曰鴻水。」(《尸子》)「昔上古龍門未開，呂梁未發，河出孟門，大溢逆流，無有丘陵沃衍、平原高阜，盡皆滅之，名曰鴻水。」(《呂氏春秋‧愛類》)

〔註10〕 《列子》文略同。

〔註11〕 燹公盨銘文與《尚書‧禹貢》「禹敷土，隨山刊木，奠高山大川」大致相近，也與《書序》、《尚書‧益稷》、《詩經‧商頌‧長發》等篇的說法相似。

〔註12〕 成語出自《神仙傳》。有一個叫麻姑的仙女，見到仙人王平後，說了這麼一番話：「接待以來，又見東海三爲桑田。向到蓬萊，又水淺於往日會時略半耳，豈將復爲陵陸乎？」

了平原，也看到了海水向東南方向退去，又露出陸地和山脈的情形，於是把他們的所見所感用語言來表達，就是「滄海桑田」。這是遠古大洪水的又一有力的文化證據。

這麼多的歷史文獻和證據都不斷提示我們那段不尋常的歷史，以及那段歷史在我們最深的意識之中的不斷生長。漫天的洪水淹沒世界，這是令人生畏的最大的災難，這也是新世界的底色和背景。宇宙大水以洪水這樣的一種形式給先民的內心留下了不可磨滅的記憶。

2. 《易》之大川

《易經》中包含豐富的物象，展現了豐富的意象世界〔註13〕。與此同時，這些意象在沒有凝練抽象之前也是作為歷史中的實存在先民的傳說神話思維中展現的，並浸染了古人的意識和情緒。特別是作為地貌的各種具體物象，為我們瞭解宇宙洪荒之時的世界樣貌提供了不少素材。八卦象徵物中屬於地貌的，有屬於山的陵、阿、丘等具體物象、屬於水的某種存在方式的泉、大川、河、淵、冰等具體物象、屬於澤的複雜地貌如坎、沙、泥、穴等具體物象三種。在這些屬於地貌的具體物象中，有一個特別值得分析的物象，那就是「大川」。「大川」一詞十二次出現在十一卦的卦爻辭中（頤卦兩次），其約定格式大致是「利涉大川」或「不利涉大川」。這個頻繁出現的物象到底有何含義？

實際上，《易》中的「大川」物象在先民的思維中與洪水有意識有相當的關涉，下面先來看這具體的十一卦，並簡要分析：

1、需（䷄）：有孚。光亨，貞吉。利涉大川。

《象》曰：利涉大川，往有功也。因下乾健行，上坎為川，可涉大川。

2、訟（䷅）：有孚。窒惕，中吉，終凶。利見大人。不利涉大川。

坎下乾上，《象辭》曰「上剛下險」，大《象》曰「天與水違行」。《淮南子·天文訓》所謂「天傾西北，故月星辰移焉；地不滿東南，故水潦塵埃歸焉」，都是說河流與本應所行的方向相違，顯然與洪水有關，正是洪水爆發之時的景象，遇險而健行，「入於淵也」（《象》），要落入深水中了，當然不利。

〔註13〕詳見本文第四章。

3、同人（䷌）：同人於野。亨。利涉大川。利君子貞。

《象》曰：利涉大川，乾行也。互體下巽爲木舟，上乾健行，木舟
健行，可涉大川。同人意爲與人相聚，有利於君子克服艱難險阻。

4、謙（䷎）初六：謙謙，君子用涉大川，吉。

《象》曰：「謙謙君子」，卑以自牧也。謙乃可涉大川應有的德性。

5、蠱（䷑）：元亨。利涉大川，先甲三日，後甲三日。

《象》曰：「利涉大川」，往有事也。下巽爲木舟，木舟行於大水之
上的畫面。

6、大畜（䷙）：利貞。不家食吉。利涉大川。

《象》曰：「利涉大川」，應乎天也。下乾健行，互卦兌爲澤，遇澤
湖泊健行，可涉大川。

7、頤（䷚）六五：拂經。居貞吉。不可涉大川。

上九：由頤。厲，吉。利涉大川。

頤卦外兩剛爻，內四爻皆陰，是大離卦象，離爲龜，而其象亦爲龜。初
九爻辭「舍爾靈龜」正是取象於此。六五尚未完成大離，「不可涉大川」，到
上九大離象成，故「利涉大川」。〔註14〕

8、益（䷩）：利有攸往，利涉大川。

《象》曰：「利涉大川」木道乃行。上巽爲木舟，下震爲動。船動了，
於是可涉大川。

9、渙（䷺）：亨。王假有廟。利涉大川。利貞。

《象》曰：「利涉大川」，乘木有功也。《繫辭》曰：「刳木爲舟，剡
木爲楫，舟楫之利，以濟不通，致遠以利天下，蓋取諸渙。」渙卦
下坎上巽，正是木舟行於水上。船本來就是行於水上的，所以利涉
大川。

10、中孚（䷼）：豚魚，吉。利涉大川。利貞。

《象》曰：「利涉大川」，乘木舟虛也。巽爲木舟，兌爲澤、湖泊，
此卦是舟行於湖上的畫面。

11、未濟（䷿）六三：未濟。徵凶。利涉大川。

〔註14〕損卦六五爻和益卦六二爻都有「或益之，十朋之龜」，這兩處也取象於大离。

朱熹覺得「利涉大川」這句話放在「未濟，徵凶」後邊好像很矛盾，主張加上一個「不」字使其變成「不利涉大川」。但無論何解，這一卦描繪的都是大河急流之中行舟的畫面。

綜合以上提及「涉大川」的十一卦，十二條，我們不難發現最常出現的就是坎、巽。坎本就是水，本就是險〔註15〕，坎水爲天險。兌爲澤，坎、兌均可引申爲大川，大川即是大水，或指大河橫亙大地，形成難以涉越的天塹，甚至是不可跨越的最大之險——洪水。巽爲木爲風，象舟楫。乾象健行。「涉大川」其實就是涉水，就是遇險。《周易》之象，至於履險蹈難，必曰涉川。《大過》卦上六爻曰：「過涉滅頂，凶。」可見「涉川」之難，一旦不愼，就淹沒水中了。

既然川水與「險」的意象有直接或者間接的關係，在對人有警示作用的結構意義層面，川水與洪水的意象是具有共通之處的，都是「險」的代言詞，簡而言之，川水與洪水具有類似甚至相同的結構意義或者說結構功能。治水是具有重大意義的事件，而涉大川也有類似的涵義，或者至少意味著要做大事，完成重大目標。若占得一卦，其中爻辭寫道「利涉大川」，對於行動者而言是一種積極的鼓勵和支持。可以說，《易》六十四卦爻辭中涉及的利或者不利「涉大川」的觀念，暗示了古人將涉大川與重大事件聯繫起來的習慣性心理，川水被作爲了「險」的一個重要意象，這不能不說與神話思維中先民對洪水的集體意識有相當的關聯。

（四）渾沌與洪水合一

《尚書·堯典》歌頌堯帝一生的偉大功績。通篇來看，堯帝的偉大功績主要是兩個方面，一個就是前半段敘述的製定曆法節令，實際上就是有關渾天的內容；第二就是後半段敘述的任命合適的官吏去治理洪水，實際上就是有關洪水神話的內容。《堯典》反映的先民最爲關心的事件其實也不過這兩個方面——節令和治水。在宏觀上來說，這兩個方面的背景是相似的，甚至於等同的——都是宇宙大水。

一方面，先民身處的這個「龜」背推演開來，其底是貫通了天水和地水

〔註15〕比如我們熟悉的，水火二詞連用，一般都是危險的信號，這個表達的歷史非常悠久。著名漢學家艾蘭的《水之道與德之端》一書中就對「水火」在古典文獻中內涵進行了探討。

的海洋，其背景是天地渾沌一體的宇宙。這個宇宙就是天水、地水和將二者相連接的海洋，這個渾沌大水就是宇宙的背景，宇宙的「原型」。另一方面，遠古洪水泛濫的事件給先民留下了深刻的記憶，「涉大川」的艱難險阻也是如此記憶猶新，這個給先民帶來巨大痛苦和威脅的大水同樣成爲了一個深種在潛意識之中「集體無意識」。

宇宙論和本體論上，「天、地、人、萬物在本原上或本體上是混同合一的。」（陳啓雲，2001）[61] 彌漫一切的基質，創生之初渾沌，毀滅的洪水，是相似的，在先民的意識中可以互滲的。創生之初的渾沌是如何進入先民的意識之中的，我們不得而知。按照「理性」的解釋，創世的渾沌根本沒有辦法進入先民的意識。於是我們將之歸爲想像？想像是有想像的依據的，純粹的空想無法站住腳。故而，渾沌不可能是純粹的空泛想像。可以說，這個渾沌是「種」在我們心裏的，是先在的，固有的，或者是我們從理性意識回溯而得的。洪水本身就是再一次的創世。

總的來說，在先民的思維世界裏，宇宙全都是水，水就是唯一的統一的背景，是他們安身立命之所，是他們恐懼彷徨之處，也是他們希冀永恒的歸宿。

二、洪水神話與英雄傳說

從唐堯到虞舜，從虞舜到大禹，上古時代的歷史幾乎就是以洪水的治亂爲背景的歷史。那些最著名的君王和貴族臣子都少不了治水的事迹，而這裡面最有名的人物當屬第一位君王堯、王室貴族鯀和鯀的兒子禹，他們的得名和成名都與洪水有著密切的關係。

英雄人物不僅是以洪水爲背景展開活動，他們的形象和精神更是滲透在洪水的精神之中的。在這些英雄神話中，不僅是他們的事迹充滿了傳奇色彩，他們的暗喻性的得名以及幻化的動物類形象，都使得他們的故事區別於一般的歷史記載，而包含了暗示性的精神內涵。一方面，上古英雄人物們的得名往往與他們的事迹相關，故而，有關他們的敘述性的神話故事其實僅僅從他們暗喻性的名字就可以窺見一二。另一方面，在認識論、道德觀以及歷史哲學上，人之繁衍生生不息的力量都是從先祖英雄那裡承繼而來，先祖英雄的力量給予我們潛在的力量，而先祖英雄和自然萬物其他生靈之間，在先民的意識中也是可以互滲的，所以上古英雄人物們常常幻化成某種不同於常人的

動物類形象，人類、獸類甚至神一體的英雄人物僅僅通過他們的形象就展現了先民的渴望，同時也是先民的力量源泉。

下文這部分，將圍繞洪水神話中的相關英雄人物的傳說展開。這裡的英雄特指那些在上古背景中有大作爲，產生了大影響的人物，並不包含褒貶的評價——實際上宇宙大水本身就是不包含褒貶評價的，先民對大水的情感是複雜的，愛憎皆有、敬畏參半。而主要的人物以其與原型「水」的關聯方式分爲三類：同於「水」的「亂臣賊子」共工，相對於「水」的偉大君主唐堯，以及相類於「水」的治水模範鯀、其子大禹等。通過對這三類英雄人物的得名、形象、人物的競爭對手、事迹等神話敘事要素的分析，發掘他們在洪水神話中的結構性功能，特別是他們與「水」之間的暗喻性關聯。

（一）洪水：共工的神話結構意義

洪水的得名與共工這個人物有相當的關係，或者說，共工這個人物就是爲描述和記錄洪水傳說而誕生的。麥金泰爾（Alasdair MacIntyre）在提及特性角色的概念時說：「在特性角色中，角色和人格以一種非常明確而非一般的方式融合在一起，在這種角色中，行爲的可能性以更爲有限而非一般的方式融合在一起，在這種角色中，行爲的可能性以更爲有限而非一般的方式受到限定。」（麥金泰爾，1995）[37] 共工的結構意義與他的角色身份是融合在一起的。

1. 共工的得名及地望

在洪水神話中，共工是一個尤其值得關注的神話人物。鮑則岳從古音學的角度考證「共工」的字義，認爲「共」有「鬪」「訟」「凶」的意思，而「工」通「洪」「洚」「潰」。（Boltz，1992）可見「共工」此名就意味著洪水。徐旭生說，有關共工氏的傳說幾乎全和水有關（徐旭生，1960）[137]，此說極是。而筆者參照共工的得名及地望，進一步認爲，在洪水神話中，共工其結構性意義就是惡水。

> 舜之時，共工振滔洪水以薄空桑，龍門未開，呂梁未發，江淮通流，
> 四海溟涬，民皆上丘陵，赴樹木。[註16]（《淮南子・本經訓》）

[註16] 此與《尸子》《呂氏春秋・愛類》中的文基本一致。「古者龍門未開，呂梁未鑿，河出於孟門之上，大益橫流，無有丘阜高陵，盡皆滅之，名曰鴻水。」（《尸子》）「昔上古龍門未開，呂梁未發，河出孟門，大溢逆流，無有丘陵沃衍、平原高阜，盡皆滅之，名曰鴻水。」（《呂氏春秋・愛類》）

洪水滔天，鯀竊帝之息壤以堙洪水，不待帝命；帝令祝融殺鯀於羽
郊。鯀復生禹，帝乃命禹卒布土，以定九州。（《山海經・海內經》）

因共工之因激盪起洪水，這是大部分記錄了洪水神話傳說的文獻所達成
的共識。共工神話最著者，為共工與顓頊之戰：

昔者共工與顓頊爭為帝，怒而觸不周之山，天柱折，地維絕。天傾
西北，故日月星辰移焉。地不滿東南，故水潦塵埃歸焉。〔註17〕（《淮
南子・天文訓》）

共工為水害，故顓頊誅之。（《淮南子・詮言訓》）

共工不獨與顓頊戰，其他一些古文獻還表明共工同帝嚳高辛、祝融發生
過戰爭。

昔共工之力，觸不周之山，使地東南傾，與高辛爭為帝，遂潛於淵，
宗族殘滅，繼嗣絕祀。（《淮南子・原道訓》）

洪水滔天，鯀竊帝之息壤以堙洪水，不待帝命；帝令祝融殺鯀於羽
郊。鯀復生禹，帝乃命禹卒布土，以定九州。（《山海經・海內經》）

共工氏作亂，嚳使重黎誅之而不盡，帝乃庚寅日誅重黎。（《史記・
楚世家》）

祝融（重黎）乃是火官，〔註18〕為火神，故與洪水角色的共工是對立的，雖
然神話記載中有很多相互矛盾、錯亂的地方。〔註19〕以上都屬於炎黃戰爭的
繼續。《山海經・海內經》：「炎帝之妻，赤水之子，聽沃生炎居，炎居生節並，
節並生戲器，戲器生祝融，祝融降處於江水，生共工。」共工為炎帝裔，而
禹為黃帝系統人物，故而作為黃炎戰爭之餘緒的還有禹逐共工，禹殺共工之
臣相繇等傳說：

〔註17〕《列子》文略同。
〔註18〕《左傳・昭公二十九年》中曰：「火正曰祝融」。《墨子・非攻下》：「（成湯伐
夏），天命融（祝融）隆（降）火于夏城之間，西北之隅。」《史記・楚世家》：
「高陽生稱，稱生卷章，卷章生重黎。重黎為帝嚳高辛居火正，甚有功，能
光融天下，帝嚳命曰祝融……〔帝嚳〕誅重黎，而以其弟吳回為重黎後，復
居火正，為祝融。」曾為帝嚳服務，被賜以「祝融」的封號。「祝」是永遠、
繼續的意思，「融」是光明的象徵，就是希望重黎繼續用火來照耀大地，永遠
給人帶來光明。
〔註19〕《山海經・海內經》：「炎帝之妻，赤水之子，聽沃生炎居，炎居生節並，節並
生戲器，戲器生祝融，祝融降處於江水，生共工。」祝融在此為炎帝裔。而《大
荒西經》：「顓頊生老童，老童生祝融」。祝融又成了顓頊之孫，黃帝之後。

有禹攻共工國山。(《山海經‧大荒西經》)

共工臣名相繇……禹湮洪水，殺相繇。(《山海經‧大荒北經》)

禹有功，抑下鴻，爲民除害逐共工，北決九河，通十二渚疏三江。(《荀子‧成相篇》)

共工可能有多重的身份，但他與黃河中游的關聯卻被很多文獻證實，甚至有學者認爲他就是「這一帶先民原始宗教中的黃河水神。」(葉林生，1999)
260

共工氏以水紀，故爲水師而水名。(《左傳‧昭公十七年》)

又東三百七十里，曰泰頭之山，共水出焉。(《山海經‧北次三經》)

共工氏之王，水處十之七，陸處十之三，乘天勢以隘制天下。(《管子‧揆度篇》)

共工氏之伯九有。(《國語‧魯語上》)

「伯九有」是說共工氏一度是九州的霸主，即中原部落聯盟的一個首領。共工部落的聚居地當在共地。上古稱爲共的地名和國名共有六處。即：(1)《路史後記‧共工氏傳》云共工氏建國在莘、姺之間，在今河南陝縣境內；(2)《山海經‧北次三經》說：「泰頭之山，共水出焉，南注於虖池。」當在今山西省五臺縣境內。(3)《中山經》說：「甘棗之山，共水出焉，而西流注於河。」《水經注》卷四《河水下》引此文，並說：「今診蓼水，川流所趨，與共水相扶」，是以蓼水爲共水，在今山西西南隅，芮城縣境內。(4)《中山經》次六說：「長石之山……其西有谷焉，名曰共谷，多竹，共水出焉，西南流注於洛。」《水經注‧洛水下》曾引此文。地在河南新安縣境內。(5)《詩‧大雅‧皇矣》云：「密人不恭，敢距大邦，侵阮徂共。」這個共可能在今甘肅涇川縣境內。(6)《漢書‧地理志》有河內郡共縣，班固自注「古國」，其地爲今河南省輝縣。(徐旭生，1960)[47] 徐旭生考證說共工氏居住地今河南省輝縣，此地有入河的小河共水，相當於現在的衛河，它與淇水一起流入黃河。黃河在此處接納了不少支流，水量豐沛，又是初入平原，所以容易爲患，後來共水竟成爲一公名——洪水。(徐旭生，1960)[137] 這個說法有很多優點，最重要的優點是，歷代水患全是發生在這一地域之內。總得來說，大家都公認共工氏部落所在的地方就是上古洪水的發生地域，也正是曾被大洪水淹沒之地。

2. 共工其子后土

關於后土的記載很多，大多集中在《左傳》《禮記》《山海經》《淮南子》等文獻中：

> 告於皇天后土。（《尚書·周書·武成》）
>
> 使主后土，以揆百事。（《左傳·文公十八年》）
>
> 王大封，則先告后土。（《周禮·春官·大宗伯》）
>
> 故有五行之官，是謂五官，木正曰句芒，火正曰祝融，金正曰蓐收，水正曰玄冥，土正曰后土。顓頊氏有子曰黎，爲祝融。共工氏有子曰句龍，爲后土。后土爲社。（《左傳·昭公二十九年》）
>
> 共工氏之霸九州也，其子曰后土，能平九州，故祀以爲社。（《禮記·祭法》）
>
> 君舉而哭於后土。（《禮記·檀弓》）
>
> 共工氏之霸九有也，其子曰后土，能平九土。（《國語·魯語》）
>
> 共工生后土。（《山海經·海內經》）
>
> 大荒之中，有山名曰成都載天。有人珥兩黃蛇，把兩黃蛇，名曰夸父。后土生信，信生夸父。（《山海經·大荒北經》）
>
> 中央土地，其帝黃帝，其佐后土。（《淮南子·天文訓》）

漢代以前「后土」信仰就已經成爲一種土地信仰。漢朝后土信仰進一步獲得尊崇，並成爲了皇家祭祀的對象。后土被視爲黃帝之佐，代表總樞中國大地不同方向的神話人物。人們並以感謝土地負載萬物的心情去崇祀后土，把它視其信仰爲主流。《漢書·郊祀志上》載漢武帝元鼎四年，天子郊雍，曰：「今上帝朕親郊，而后土無祀，則禮不答也。」當時武帝即建后土祠於汾陽雎上，親往拜，用拜上帝之禮拜后土。

后土的身份是比較明確的，他爲共工氏之子，爲中央土地之神。后土乃共工之子，后土爲中央之神，共工爲洪水的代名，故而在洪水神話的這個體系之中，后土乃是洪水退去之後的平原陸地。后土和其父共工的關係，也說明了水與土兩種要素之間的對立以及關聯。

（二）高山：堯的神話結構意義

《堯典》的開篇就是洪水滿溢的世界圖景。而在這個背景之上的最醒目

的就是聖王唐堯的輝煌功績。唐堯的高大形象不僅因為洪水的背景而凸顯，而且唐堯的得名更是直接就是洪水背景之中的高地。

1. 堯與四嶽首領

「堯」是一個會意字。從垚，從兀。上半部分「垚」有三土，表示土堆堆高，而下半部分「兀」象高聳突出的樣子，所以「堯」表示高。許慎《說文》言：「堯，高也。」漢代班固的《白虎通‧號》中說：「堯猶嶢嶢也，至高之貌。」《風俗通‧皇霸》中也說：「堯者，高也，饒也。」《墨子‧親士》中說：「是故天地不昭昭，大水不潦潦，大火不燎燎，王德不堯堯者，乃千人之長也。」「堯堯」這個詞也是「崇高貌」。（商務，1999）³³⁴從字源上說，我們就可以知道古帝唐堯得名於高山，甚至可能原本就是某座高山。另外，從堯的得力助手「四嶽」的名字象徵也可以進一步明確堯的神話結構功能。《尚書‧堯典》中記載：

> 帝曰：「咨！四嶽，湯湯洪水方割，蕩蕩懷山襄陵，浩浩滔天。下民其咨，有能俾乂？」僉曰：「於！鯀哉。」帝曰：「吁！咈哉，方命圮族。」嶽曰：「异哉！試可，乃已。」帝曰：「往，欽哉！」九載，績用弗成。

> 帝曰：「咨！四嶽。朕在位七十載，汝能庸命，巽朕位？」嶽曰：「否德忝帝位。」曰：「明明揚側陋。」師錫帝曰：「有鰥在下，曰虞舜。」帝曰：「俞？予聞，如何？」嶽曰：「瞽子，父頑，母嚚，象傲；克諧以孝，烝烝乂，不格姦。」帝曰：「我其試哉！女于時，觀厥刑于二女。」釐降二女于媯汭，嬪于虞。帝曰：「欽哉！」

堯帝審慎的選賢任能，議定和考察帝位繼承人都是和四嶽商議。「四嶽」有山名，有人名，（又有官名，從人名、山名而來。）然山名實本於人名也。四嶽是一人還是多人？又或者如學者童書業《四嶽考》一文中指出的，四可能不是具體的「四」，而是言多。﹝註20﹞自古便爭訟不已。王立《四嶽考》一文為這一問題整理了包括《尚書‧堯典》《尚書‧周官》《史記‧五帝本紀》《史記‧夏本紀》《左傳‧莊公二十二年》《左傳‧隱公十一年》《國語‧周語天下》《史記‧齊太公世家》在內的大量文獻資料，但並未達成一致結論。（王立，2010）另外，關於四嶽和太嶽，四嶽與太嶽為同一人，徐旭生先生認為太嶽即嵩山，

﹝註20﹞「太古人以四為最多數，古文甲乙丙丁字之象形為一組，戊一下又為一組；一二三四字為一組，五以下又為一組：可證。」參考（童書業，1934年）

古代文獻並無證據。(徐旭生，1960) 但無論「四嶽」是一人還是四人，是掌管一座名山還是四座又或者更多，有一點是沒有矛盾的：「四嶽」是具有高山意味的人名，也可以說，在神話之中，其結構性的身份和「堯」一樣——就是「高山」的象徵。

從《尚書‧堯典》的描述中，我們可以確認，堯執政的時期，還正是洪水洶湧的時候，也正是幸存的先民在高山避難的時期。正是堯領導人民在高山高原上生活，而堯也因高山、高原而得名。黃帝的勢力範圍本就在黃土高原。堯是黃帝玄孫，繼帝嚳而爲帝，其統轄的範圍也大致相近。堯的寓意就是高山或高地，那是洪水時期人民能夠得以幸存和安居之所。

這種象徵意味我們也可以從中國古代高山祭天的傳統中窺見一二。據《史記‧封禪書》記載，早在黃帝時就立廟祭拜天帝。祭天的地點都選擇在地勢較高的地方，一般是山頂，如果沒有山，就用土築起一個壇，那是對高山的類比。早期選擇高山上祭天、地、日、月，同時也可能是祭水，寄託了早年人們對洪水及早退去的希望。可以推測，祈求洪水退去的高山上的祭祀從洪水時代開始就逐漸穩定下來，慢慢變成了一種傳統，並且後來成爲天子的專利。漢代「太一」郊祭 (註21) 無論是在泰山之巔進行還在是類比泰山的泰壇進行，其內涵是一致的。

《莊子》神話中的「崑崙山」與「姑射山」——特別是「崑崙」這座著名的宇宙山，其神話也從側面暗示了高山之巔尚有「古之人之世」的存在。那是從毀滅素樸的古代社會的洪水中幸存的高山上的人對「至德之世」的保留。總的來說，崇拜高山的意識和洪水的背景莫無關係，上古偉大的帝王堯和賢臣四嶽，其神話結構的意義便是洪水淹沒的大地之上仍舊聳立的高山，先民的幸存和逃亡之所，生之地。

2. 息壤文化與活土崇拜

相傳鯀爲了平息人間的滔天水災，不惜盜竊天帝的法寶「息壤」以湮洪水，息壤是一種永遠也用不完的土壤，長生不息，只要放下去一點點，就會自動生長，堆積成堤。洪水被土堤圍困起來，眼看就要乾涸，天帝發現了鯀

〔註21〕 從戰國以來，山嶽作爲「擯鬼神」(《禮記‧禮運》) 的場所，已逐漸歸聚到東方的泰山和西方的崑崙的上。漢武帝時期太一被奉爲最尊神。《史記‧封禪書》言：「天神貴者太一，太一佐曰五帝。古者天子以春秋祭太一東南郊，用太牢，七日，爲壇開八通之鬼道。」

的所作所爲，非常震怒，派火神祝融下界，將鯀殺死在終年不見日光的羽山，奪回息壤，而洪水又再度漫延肆虐起來。鯀志向未竟，死不瞑目，屍體三年不腐，破腹生禹。禹繼承鯀的遺志，繼續治水歷十三年，江河歸海，水落田出，九州劃定，天下安寧。

> 洪水滔天，鯀竊帝之息壤以堙洪水，不待帝命；帝令祝融殺鯀於羽
> 郊。鯀復生禹，帝乃命禹卒布土，以定九州。（《山海經‧海內經》）

《說文‧土部》：「壤，柔土也。」《說文‧心部》：「息，喘也。」段玉裁注：「又引申爲生長之稱。」方氏《通雅》：「息壤，坌土也。」漢代高誘注：「息土不耗減，掘之益多，故以填洪水。」郭璞注：「息壤者，言土自長息無限，故可以塞洪水也。」很顯然，「息壤」就是有生息，能生長的土壤。

《說文》言：「土，地之吐生萬物者也。『二』象地之下，地之中。『｜』，物出形也。」（許愼，1981）土不僅是物質成生的機緣，再進而成爲人類生命的母體，更進而成爲護祐人類生命的存在形式。「『息壤』是一個具有物化和人化互滲特徵的原始文化意象，原始人類所創造的任何意象都與自身的生存祈向有著緊密的關係⋯⋯」（周延良，2005）[67] 息壤是具有生成性的「土」，故而是「土」的原義的發展。息壤是治理洪水不可或缺的關鍵神物，是能生長的「活」的神物，生之不息、用之不竭，這都是土的生命力的一種超自然的表現形式，原始人類的生存的內在願望所造就的。息壤的長息無限的功能其實也是先民存留的文化記憶的衍生。

在先民的這個天上、地下的水組成的這整個世界中，與水對立的有兩樣東西：一樣是山，一樣是土。其實寬泛一點來看，並不用做太多的解釋，讀者們也可以理解到這其實就是一樣東西，山也是土，土也是山。前面已經解釋過，堯的本意就是高大的土堆，堯的功績就在於在上古的遭受洪水襲擊的人們無法求生之時，帶領幸存的人們逃到了高處的土堆之上，於是堯也因此成名，故而堯是高山，是高大的土堆，同時堯的結構性意義就是「洪水的對手」。四嶽首領是舉薦治水勇士的參謀，他們同樣站在「洪水」的對立面上。甚至包括鯀所使用的工具——從天神那裡偷來的可以不斷自我生長的土「息壤」，洪水長高一寸，息壤也長高一寸，同樣是對付洪水的超級殺傷性武器。

因爲這次巨大的洪水，廣大的平原地區都被淹沒，生活於高地上的人，或者能夠逃到高地上的人們才得以存活，高山或者高地乃是他們面對漫天洪水唯一無奈的棲身避難之所。對洪水的恐懼讓他們即便僥倖存活於高地，仍

舊惴惴不安，怕洪水還會有高漲的一天。能夠生息能夠生長的土壤，不僅是鑄就高堤的神物，同時也是填水而重新獲得生存的土地的希望。實際上，「九州」文化的發展也正是活土息壤的化生。

最為高大的山，能夠生長的土壤，這兩者都是先民棲息生存以及繼續發展的家園。而對高山和活土的崇拜恰恰從反面表現了被洪水所瀰漫的世界圖景。從水中升起的太陽，和洪水中的高地，都在水的映襯之中，在先民的原初記憶中其實是類似的效果。高山崇拜與太陽崇拜一樣起於遠古，並影響深遠，皆反映了宇宙大水的神話底色。

（三）治水：鯀、禹的神話結構意義

1. 鯀、禹的動物化

《山海經‧海內經》載：「洪水滔天，鯀竊帝之息壤以堙洪水，不待帝命。帝令祝融殺鯀於羽郊。鯀復生禹。帝乃令禹卒布土以定九州。」鯀為了平息人間的滔天水災，不惜盜竊天帝的法寶「息壤」以湮洪水，洪水被息壤堆積成的堤圍困起來，使得黃河無法從北向的支流泄洪，導致河水改道，泛濫成災。天帝發現了鯀的所作所為，非常震怒，派火神祝融下界，奪回息壤，將鯀殺死在終年不見日光的羽山。鯀被殺之後，其子大禹繼續治水，鞠躬盡瘁，「三過家門而不入」〔註22〕，他創造性地改用了疏導之法，平夷山嶽，疏通河川，導引洪水彙入東方的大海，終於成功。鯀、禹父子雖在歷史上褒貶有異，卻都是名揚天下偉大的治水英雄。鯀的英雄作為和悲慘命運受到後人的尊重與同情，屈原就在千古名篇《天問》中為他鳴不平道：「鯀婞直以亡身兮，終然殀乎羽之野。」

鯀和禹的神話中最驚人的是「鯀復生禹」的神迹。關於這個神迹很多古典文獻中都有類似的記載。如《左傳‧昭公七年》云：「昔堯殛鯀於羽山，其神化為黃熊以入於羽淵，實為夏郊三代祀之。」《國語‧晉語》中幾乎相同：「昔者鯀違帝命，殛之於羽山，化為黃熊以入於羽淵，實為夏郊，三代舉之。」《楚辭‧天問》中也曾發問：「鴟龜曳銜，鯀何聽焉？順欲成功，帝何刑焉？永遏在羽山，夫何三年不施？伯禹腹鯀，夫何以變化……」鯀雖被殺死，卻具有了不死的靈魂，化成「黃熊」。大禹是由鯀的精血和心魂孕育

〔註22〕《孟子‧滕文公上》中的記載與此略有出入，「禹八年於外，三過其門而不入」；而《尸子》中說，禹「疏河決江，十年未闚其家」。

而成，是鯀的化身和新生，文獻中也有禹爲熊的記載，〔註23〕當來源於鯀之爲熊。「熊」當作「能」，並非今日之哺乳動物「熊」，乃是三足鱉，是某種水生動物。

後東晉王嘉的《拾遺記》載：「海民於羽山之中，修立鯀廟，四時八致祭祀，常見玄鮮與蛟龍跳躍而出，觀者驚而畏矣。」據說，鯀便是羽淵之神，「玄魚」即他的化身，此也再次證實了神話中的鯀乃是某種水生動物。在鯀、禹之前也曾參與領導治水的顓頊的神話形象也與水生動物有關。《山海經・大荒西經》中說：「有魚偏枯，名曰魚婦，顓頊死即復蘇。風道北來，天乃大水泉，蛇乃化爲魚，是爲魚婦，顓頊死即復蘇。」而在《莊子・盜蹠》中有「禹偏枯」之語，治水的大禹也當形同顓頊的那種魚了，這也恰好是對鯀爲「玄魚」說法的驗證。

動物化的黃熊或者玄魚皆是鯀和禹的精神性象徵，可見鯀、禹在神話中的「原型」當爲「水生」，在水中生，其實也便具有了「治水」的結構意義。

大禹治水亦有神助。據《尸子》中載：「禹理水，觀於河，見白面長人魚身出，曰：『吾河精也。』授禹河圖，而還於淵中。」河精即河伯，亦即黃河之神。據說他實際上是黃河兩岸居民的部落酋長，爲了支持大禹治水而獻出了當地的水系圖。《拾遺記》則記有大禹治水鑿龍門時來到一個山洞之中：「又見一神，蛇身人面，禹因與語；神乃探玉簡授禹，長一尺二寸，使度量天地，禹即執此簡以平水土。蛇身之神，即羲皇也。」在古代的伏羲和女媧像中，伏羲和女媧分別手持規和矩，那正是測量繪圖的工具或儀器，想必便是把這個測量長度的標準尺贈予了大禹。《山海經廣注》輯《山海經佚文》云：「禹治水時，有應龍以尾畫地，即水泉流通，禹因而治之也。」《楚辭・天問》也發問，云：「河海應龍，何盡何歷？鯀何所營？禹何所成？」某種可能爲龍或者龜的神靈應龍也積極幫助禹，應龍用尾巴劃地，爲禹指引江海導入的方向。《拾遺記》也載：「禹盡力乎溝洫，導川夷嶽，黃龍曳尾於前，玄龜負青泥於後。」除了可能是應龍另種說法的「黃龍」之外，還有「玄龜」也來幫忙。蛇身的伏羲、河伯、以及應龍（黃龍）、玄龜，都和水有著莫大的關聯。從相助於大禹的這些神靈角色中，我們也能夠看到大禹不僅與洪水，更與原型「水」之間所具有的內在關聯。

〔註23〕禹娶塗山，治洪水，通車轅山，化爲熊。（《髓巢子》）

2. 古圖騰與始祖動物化

據莊子、列子等的描述，古之「至德之世」人與鳥獸和好交通，「當時的人或懂鳥獸的語言，或從鳥獸那邊得到文明的訊息，或將鳥獸當做神秘遠遊的助靈（helping spirits），或視鳥獸爲自己的分身（alter ego）。人與鳥獸之關係，絕不下於人與人之關係……」（楊儒賓，1997）[127]，乃是「人與鳥獸全面和解的時代」。（楊儒賓，1997）[136]

著名漢學家魯惟一認爲，中國人對各種形式的神靈——無論是至高的「天」、上帝、后土、太一，或者風雨雷電的自然力，又或者地方神、鬼等的崇拜有兩個顯著特點：其一，「沒有被排他感所束縛」；其二，「這種崇拜的動機是幸福主義的，爲的是致福避禍。」（魯惟一，2009）[20] 這個觀點不錯。一方面能夠崇拜神靈從中獲得力量是沒有「排他感」的一種「互滲」或者「合一」；另一方面，崇拜神靈是具有目的性的，是爲了通過增進個人的勇力而致福避禍。

而在各種神靈形式之中，最有代表性的便是始祖神，或曰圖騰。古代神話傳說中的具有神性始祖的英雄人物常常以混合動物的形態出現，或者說人們所崇拜的神靈被攝像成了動物或人與動物之混合體，「在這個早期階段，動物世界在神話和藝術中擁有一種特別的功能……在那時之前，如同帝以及死去祖先的靈魂那樣，高級動物成了同一級別的膜拜對象。它們因爲自己的高貴和偉大而被崇拜，並且也充當了兩個世界直接的紐帶。」（魯惟一，2009）[21]

以上就是始祖圖騰的典型特徵。聞一多認可涂爾幹（Durkheim）「始祖之名仍然是一種圖騰」（宗教生活的初級形式）的說法，認爲「『人的擬獸化』正是典型的圖騰主義心理」。比如人首蛇身神，正代表圖騰開始蛻變爲始祖的一種形態。初始是人依據圖騰的模樣來改造自己，即所謂的「人的擬獸化」；之後是全的獸形圖騰蛻變爲半人半獸型的始祖，也就是「獸的擬人化」，這一階段中大概紋身的習俗還是存在的；最後便是始祖的模樣變成了全人型的人，這時候紋身也絕迹了。（聞一多，2006c）[24] 當代學者向柏松以中國水生型創世神話爲例，推論了四個層次的自然型創世神話的演化過程：包括從「某類自然物崇拜」，到「相關自然物崇拜」，再到「自然崇拜加上人的因素」，最後「動物化或人物化的自然崇拜加上人的因素」的這樣一個發展演化過程。（向柏松，2010）[18~33] 這些推理雖然並沒有辦法被完全實證，但十分合理可信的。人的擬獸化→獸的擬人化→全人型始祖，這樣一個發現的過程中，我們可以

看到各種形象的始祖神靈，他們從廣義上說皆是人和動物的合體——儘管動物和人的成分摻雜多少有異。

首先的一個問題是：為什麼要摻雜動物的成分？

魯惟一提出始祖動物化有兩個原則或者動機：「第一，人類懷有將自身與動物世界融為一體的衝動；第二，人不停地將自己關於強力存在的想像從動物的形象轉化成人的形象。這兩條動機體現於文學、神話以及祭儀實踐中。」（魯惟一，2009）[27] 暫將這兩點概括一下：第一，萬物有靈，人物合一；第二，從物到人，力的轉換。實際上，第一點是第二點的前提，第二點是第一點的結論。或者也可以視第一點為原則，第二點為動機。狼的眼睛、豹的速度、熊的力量……這些動物所具有的較之普通人類為高的能力，因為人和動物可以融合的原則，而可以使神話傳說中的人也具有動物的這些「超能力」。從動物能力因為人和動物的融合而轉變為人的能力的過程，就是這類神話給予人一定心理補償效果的作用機制，或者說這就是神話的「超能力」。

這種作用機制幫我們解答了以上有關始祖英雄之神話傳說中的兩個最重要的問題：其一，始祖英雄的神力從哪裏來？其二，始祖英雄的動物化形象有什麼涵義？我們可以回答，其一，「人物合一」，始祖英雄的神力從動物和自然力中來；其二，「動物有強力＝人的超能力」，始祖英雄動物化的涵義就是動物和自然力的體現。

這些人物保存的和體現的是動物和自然的高能力，而不是動物或者自然的形象本身。混合動物也一樣適用。因為混合動物就意味著混合的多種強力，意味著人類對多種強力的渴求。以《莊子‧逍遙遊》中的「鯤鵬」為例。「北冥有魚，其名為鯤。鯤之大，不知其幾千里也。化而為鳥，其名為鵬。鵬之背，不知其幾千里也。」鯤鵬既是一種魚更是一種鳥，鯤本是很大的魚，能深潛水中，化而為大鳥，又叫做了「鵬」，能飛得很高很遠。鯤鵬在莊子的想像中並沒有被神化為某個歷史人物，但是它展示了動物的強力，這正是古人嚮往的。鯤鵬同時也是典型的混合動物，魚能水中游，鳥能天上飛的能力，大魚時候的鯤，大鳥時候的鵬，是對水中游、天上飛的能力的擴大，這正是相比較而言生長於陸地上的人類的嚮往，鯤鵬的轉化正是人類價值觀的體現。譬如大禹的父親鯀，龜型或者魚形都不是重要的，因為歷史人物的動物化形象的涵義並不在動物或者自然的形象本身，而在於將這些動物和自然的

高能力附著於歷史人物之上，變成歷史人物的傳奇超能力。

商王王位的傳承其本質在於對上帝存在的分享的權力的傳承，也就是對上帝所具有的超自然力量的繼承。「在殷商人的信仰中，統治人間的商王一旦死去，便成為帝，分享了上帝的存在，同樣可以參與創生的秩序。至於這些次級的帝，由於先前都是人世間的成員，它們與人間仍然保持著直接的關聯。與帝的交流，或者可以通過這些帝的後裔直接進行，或者可以借助於收到超自然力量保祐的專門媒介。」（魯惟一，2009）[21] 再生或者創生的秩序經由上帝超自然力量的實現是其中最為重要的步驟，這也是祭祀的最大「功利」、最高目的。

而這種上帝存在分享的超自然的力量又是以怎樣的形式體現的呢？簡單地說，就是通過「化生動物」。因為動物能力而具有的始祖英雄人物的神力，實際上是上帝或者上天力量的分享。而且這種分享只給特定的人群——始祖英雄。

另一個問題是，始祖動物化是如何實現的？

我們可以注意到始祖的動物化的基礎是「有靈」和「互滲」的意識或理論。先民認為萬物有靈，因為這個「靈」而使得萬物可以互相滲透，相互轉化。先祖英雄和自然萬物其他生靈之間，在先民的意識中也是可以互滲的。而認識論、道德觀以及歷史哲學上，人之繁衍生生不息的力量是從先祖的英雄那裡承繼而來，先祖英雄的力量給予我們潛在的力量，故而古人與先人之間的感受、靈性也是可以承繼的。這便是一方面萬物互滲，始祖具有某種或某些動物之能；另一方面，始祖與承繼者互滲，承繼者具有始祖之能，於是承繼者也便具有了那種或那些動物之能。我們與有靈的那種或那些動物之間就具有了某種冥冥之中不可言說的牽連，甚至我們會認為我們就是那種或那些動物。這就是古圖騰的集體意識，也是古圖騰超越時空的心理功能和作用。

在「互滲」「有靈」的基礎上，始祖動物化除了凝聚天地間宇宙的神勇之力，還拓展為一種再生意識。「在神話中，我們看到半人半神形象的出場往往伴隨著有些戲劇化的創生行動；有時，創生中的衝突或破壞性的初始行為也許是必然的。或者，還有關於兩個伴侶所實現的必要交合的創生傳說。用理論的術語來說，這樣的交合行為被轉換成了原始的自然力；或者，創生被解釋成相輔相成的力量所造成的周期行為，並且按照可識別的節奏進行下去。」（魯惟一，2009）[72] 可見歷史人物的動物化的形式背後，還有「更深層的假

定」。「人們相信，一種生物轉化成另一種生物是完全可能甚至正常的。」他以中國歷史悠久的養蠶技術爲例子爲緣由，認爲人們熟悉蠶、蠶繭和蠶蛾的生命周期，所以類似的「轉化的觀念滲透到了神話和理性主義者的思考之中」。（魯惟一，2009）[80] 而所謂的有關於生命周期的轉化，換一個解釋的方式說，就是生死與再生的問題。人類已經認識到逃避不了死亡，生而要死之後這個周期結束就期望有新的周期——也就是生命的再生。中國人認爲，人死後爲「鬼」，「鬼」這個字就傳達了雙重含義，就是一個雙關語。《說文解字》「人所歸爲鬼」。「鬼」即爲「歸魂」的同義詞。魯惟一也注意到了這一點。（魯惟一，2009）[31]

三、洪水神話與「道」的萌芽

　　神話思維階段的「水」之所以可以視爲原型「水」的孕育和生長階段，就是在於這個階段的「水」，不僅具有一種原初性，而且還具有某種「原創性」。它原創出一種最原初的規則，並且因爲這個最原初的規則而具有了最原初的分野。最原初的規則，我們都知道那是「道」的萌芽；而最原初的分野，那是有關一個原初秩序的打亂和重建。

　　原初水的表現形式，既有直觀而進入思維的宇宙大水，又有變型而進入神話暗喻的英雄人物。通過上文對洪水神話中影響人物傳說的分析和解釋，對這些人物與原型「水」之間的「血緣」關聯應該已經非常清楚。「水」原型內含著某種宇宙萬物的存在圖示，內涵著宇宙的原初秩序。洪水神話，特別是治水傳說中的另一些要素也是值得注意的。治水傳說的意義不僅在於凸顯了一系列傳奇的英雄人物，而且在於這其中包含了世界變化的暗喻。一切哲學的萌芽都是從對宇宙萬物的存在方式，對秩序的領悟開始的，包含對秩序領悟的治水也因此成爲哲學的曙光。下文就將針對治水傳說中關鍵性的治水方式變化以及前後世界變化這兩個要素提出問題，同時也分別給出了解釋。

　　論文的這一部分將分爲兩個層次展開論述。第一個層次是從治水方式上看，萌芽狀態的「道」是最原初的規則，是否合「道」是成功的關鍵，神話思維中的「水」就暗含了「合道」這一中國古代哲學的根本要義。第二個層次是從前後世界的變化上看，洪水和治水是最初的分野，展現了秩序的打亂與重建，暗示了文明、思想、哲學的重生。

（一）從治水方式看：是否合「道」是成功的關鍵

鯀、禹父子都以治水而聞名，儘管二人的結局不同——鯀被處死，禹成聖王，對他們二人世人亦褒貶不一。世人多以成敗論英雄，這本也情理之中。而二人成敗的關鍵乃是治水方法的不同。《山海經》中寫到：

> 洪水滔天，鯀竊帝之息壤以堙洪水，不待帝命。帝令祝融殺鯀於羽郊。鯀復生禹。帝乃令禹卒布土以定九州。（《山海經・海內經》）

鯀借助從帝那裡偷來的息壤，用堙塞的方法治水。《尚書・洪範》等中也有「鯀堙洪水」之說。當然還有更多的文獻描述了大禹治水的經過：

> 堯獨憂之，舉舜而敷治焉。舜使益掌火，益烈山澤而焚之，禽獸逃匿。禹疏九河，瀹濟漯而注諸海，決汝漢，排淮泗而注諸江，然後中國可得而食也。當是時也，禹八年於外，三過其門而不入。（《孟子・滕文公上》）

> 其在有虞，有崇伯鯀，播其淫心，稱遂共工之過，堯用殛之于羽山。其後伯禹念前之非度……高高下下，疏川導滯，鍾水豐物，封崇九山，決汨九川，陂鄣九澤，豐殖九藪，汩越九原，宅居九隩，合通四海。（《國語・周語下》）

> 導弱水，至於合黎；餘波入於流沙。導黑水，至於三危，入於南海。導河、積石，至於龍門；南至於華陰；東至於底柱；又東至於孟津；東過洛汭，至於大邳；北過降水，至於大陸；又北，播為九河，同為逆河，入於海。嶓塚導漾，東流為漢；又東，為滄浪之水；過三澨，至於大別，南入於江。東，彙澤為彭蠡；東，為北江，入於海。岷山導江，東別為沱；又東至於澧；過九江，至於東陵；東迤北，會於彙，東為中江，入於海。導沇水，東流為濟入於河；溢為滎；東出於陶丘北，又東至於菏；又東北，會於汶；又北東，入於海。導淮自桐柏；東會於泗、沂，東入於海。導渭自鳥鼠同穴，東會於澧，又東會於涇；又東過漆沮，入於河。導洛自熊耳，東北，會於澗、瀍；又東，會於伊；又東北，入於河。（《尚書・禹貢》）

> 禹立，勤勞天下，日夜不懈，通大川，決壅塞。鑿龍門，降通漻水以導河。疏三河五湖，注之東海，以利黔首。（《呂氏春秋・古樂》）

> 舜乃使禹疏三江五湖，闢伊闕，導瀍澗，平通溝陸，流注東海。洪

水漏，九州乾，萬民皆寧其性。(《淮南子‧本經訓》)

徐旭生先生在其名著《中國古史的傳說時代》一書中，專闢一章《洪水解》來討論大禹治水的問題。他依據《國語‧周語下》《墨子‧兼愛中》及《孟子‧滕文公上》等書篇，論證了鯀和其子禹治水成敗的原因，是治水方法的不同：即修築堤防與疏導河流。他說：「大禹治水的主要方法為疏導，它又包括兩方面：其一，把散漫的水中的主流加寬加深，使水有所歸；其二，沮洳的地方疏引使乾，還不能使乾的就開闢它為澤藪，整理它們以豐財用。」(徐旭生，2003) 128～187 另外，王玉哲先生也說禹「領導民眾用疏導的方法，終於把洪水治平，立了大功。」(王玉哲，2000) 142

鯀用堙塞的方法治水，禹用疏導的方法治水，治水方式的變化成了治水成功與否的關鍵，也是鯀禹父子生死、榮辱有別的關鍵。堙塞或者疏導，那是從表面上看的區別，而其本質就是這個方法是否合了水性，是否循了水道。「合水性、循水道」乃是關鍵的關鍵。

使禹治之。禹掘地而注之海，驅蛇龍而放之菹，水由地中行，江淮河漢是也。險阻既遠，鳥獸之害人者消，然後人得平土而居之。(《孟子‧滕文公上》)

禹之治水，水之道也。(《孟子‧告子下》)

如智者若禹之行水也。則無惡於智矣。禹之行水也，行其所無事也。如智者亦行其所無事，則智亦大矣。(《孟子‧離婁下》)

禹通三江、五湖，決伊闕，溝回陸，注之東海，因水之力也。(《呂氏春秋‧貴因》)

禹鑿龍門，闢伊闕，決江濬河，東注之海，因水之流也。(《淮南子‧泰族訓》)

禹鑿龍門，闢伊闕，平治水土，使民得陸處。(《淮南子‧人間訓》)

禹之決瀆也，因水以為師。(《淮南子‧原道訓》)

「行水也，行其所無事也」，正是遵循了水就下、無為的特性，以水為師，遵循了自然的規則，疏通了水之道，循了這個水之道，因此禹才取得了治水的最後勝利。《尚書‧洪範》的記載中也提到了鯀和禹是否循了「法」：

鯀湮洪水，汩陳其五行。帝乃震怒，不畀洪範九疇，彝倫攸斁。鯀則殛死，禹乃嗣興。天乃錫禹洪範九疇，彝倫攸敘。(《尚書‧洪範》)

《洪範》記載，殷代遺臣箕子對周武王說，古代君王鯀治理洪水，採用堵塞的辦法，不合水的屬性，於是治水失敗了。上帝大怒，將鯀流放，至死不赦免他。鯀的兒子禹繼續治水，他順從水的屬性，採用疏通的辦法，治水成功。上帝獎勵他，賜給他洪範九疇。「洪」意爲「大」。「範」，本義爲鑄器的模子，引申爲效法。「洪範九疇」就是治理國家必須遵循的九條大法。「初一曰五行，次二曰敬用五事，次三曰農用八政，次四曰協用五紀，次五曰建用皇極，次六曰又用三德，次七曰明用稽疑，次八曰念用庶徵，次九曰嚮用五福，威用六極。」洪範九疇，第一條就是「五行」。而鯀「汩陳其五行」，違背了五行的規則。《尚書·甘誓》中記載夏后啓征伐有扈氏也提到了「五行」，宣佈有扈氏犯了「威侮五行，怠棄三正」的大罪。「五行」與「三正」都是十分重要的原則。可見是否遵循上天賦予的重要原則，乃是一切成敗的關鍵。具體到治水來說，這個原則就是要「合水性，循水道」，而原則的具體運用的方法則是前文闡述了的「疏導」而非完全的「堙塞」。

其實大禹疏導河流所開出的「水之道」本身也可以被視爲「規則」的暗喻。直觀上有了這條符合「水之性」的「水之道」，大禹漸漸地將不受控制的狂暴的洪水改了性情。洪水被引入「水之道」之後，更被引入灌溉農田，最後湧入大海。「水之道」是洪水流入的路徑、也是水本身的規則。

（二）從前後世界的變化看：秩序的重建與回歸

「一個神話，一種神話或一組神話，最重要的是它所包含的主題意義（mythical themes and meaning）和其所代表的原始心態（primeval mythopoeic mentality）。」（陳啓雲，2001）[53] 而神話的意味在於逐漸明晰人眼中和感受中的世界如何由混沌未知，演變成出秩序與規則的文明。「中國人很清楚自然持續生長的規則進程的必要性，他們也是曾經思考過諸如創造力來源或自然進程中斷的結果之類問題的許多族群之一。」（魯惟一，2009）[72] 中國洪水神話便具有這樣的典型意義。中國的洪水神話是具有創世意義的神話，在洪水神話中，展現了先民宇宙的感受和理解，同時包含價值的判斷。

洪水毀滅了這個世界，而英雄們則重建了這個世界。洪水前後，世界大變樣。洪水泛濫的世界民不聊生，草木難生，腐屍遍野，可說是一個死的世界。洪水被治理而得以控制之後，世界恢復了「秩序」，災難停止、農業恢復，人丁開始興旺，可說是一個活的世界。洪水暗喻這個世界呈現無秩序的

狀態，而洪水最終被治理、被控制則象徵著新規則、新秩序的建立。正是這場大洪水，將這個世界的歷史劃分成了兩個階段、兩個世界：前者混亂無序，後者井然有序。

　　混沌一方面等同於洪水，這是來源於集體無意識的觀念之間的互滲。而另一方面，更重要的是，混沌與洪水是對立的。混沌是原始的「道」，是無秩序的秩序；而洪水則是純然的「無秩序」，是對秩序的打破。原始洪水的神話傳說，是由混沌到秩序的轉化，是一個創世的暗喻。洪水的毀滅和破壞功能其作用本質上說就是對「道」的破壞，是對混沌打破，是世界「一」的出現。但同時，這個世界「一」也是孕育於混沌之「道」中的。「道」既有原型的涵義，也有秩序的涵義。如果說混沌之「道」乃是原型，那麼世界「一」就是原初的最簡易的秩序。

　　提到具有「道」的屬性的原始混沌，我們不得不重新提及《莊子‧應帝王》中的「渾沌開竅」的寓言。前文對這個寓言從宇宙觀的角度做了坐實的解讀，認為「南海之帝」和「北海之帝」的鯈與忽給「中央大帝」渾沌開竅，意味著洪水暴發，海水逆流奔湧陸地之上，陸地被沖泄得七零八落，生機之地成了死亡之地。渾沌乃是大地原初的模樣，洪水打破了這樣的自然混成，於是渾沌死。

　　以往有些學者解讀這個寓言，大概對中國傳統中文明和秩序的看法有偏差，甚至認為中國人是反智的、無法的、原始的……所以認為渾沌死乃是文明的開化，是智慧的開啟。例如吉拉道特分析「渾沌之死」的主題認為，「渾沌」代表道家理想中的「先天自然世界」，「渾沌」死後則才是儒家理想中的「禮教人文世界」。（Girardot, 1983）陳啓雲先生更以此為據，論說從道家立場而言「渾沌之死」是大悲劇的緣由。並認為此觀點和《老子》「大道廢，有仁義」（第十八章）「故失道而后德；失德而後仁；失仁而後義；失義而後禮」（第章）互應，是文化觀上大悲劇的心態。（陳啓雲，2001）[81]

　　是否有「大悲劇心態」，筆者這裡不做評論。但將「渾沌死」作為文明的對應，我想這不但全然誤會了莊子的意思，也是不符合中國傳統中對上古歷史理解的。實際上，渾沌的死並不是文明，並不是秩序，讓死的渾沌復生對道家來說才是文明的、才是符合道的秩序的。

　　軸心期的中國關注「道」，追問「有道」「無道」「得道」「失道」「寡道」「不道」等一系列有關「道」的問題。而中國傳統中對於秩序的看法也是建

立在「道」的秩序之上的，「合道」「有道」就是好的秩序，而「失道」「寡道」「不道」就是不好的、無序的。正如魯惟一所說，「道就是自然的秩序」（魯惟一，2009）[50]，同時也是最高的秩序。

　　莊子思想是對老子「道」哲學的繼承，莊子把「道」作為「古代世界」的象徵。這個「古代世界」，是具有「渾沌」秩序的社會，那是自然秩序的社會。這個社會並非虛構，在上古真實存在過，這就是先秦哲人們長篇累牘記錄的由伏羲而始，聖王並作的堯舜禹的時代。那個時代本就是在洪水無序的混沌中開出了水道，建立起新秩序的時代。這個時代是「天地相通的神話時代，在那段渾淪茫碭的歲月裏，人依宇宙的基本韻律而活，他是自然的有機體，缺乏杜威所謂的『文化有機體』的概念。他有很強的與自然交感、與超越相通的人性論想法，西方現代哲學意義上的主體性、個體性觀念則相對的貧乏……神話事件乃是神聖的圖式，這個圖式是初民永恆回歸的永恆架構。」（楊儒賓，1996）[151] 這個時代並非沒有法則，這個時代的聖王「是自然的有機成分，自然的基本韻律（如春夏秋冬）內化於他的身心機體內，成為他行事的法制」。（楊儒賓，1996）[149] 這個時代並非沒有秩序，這個時代「不但人文世界秩序井然，自然界與超自然界也配合宇宙的神秘力量，同奏太和之曲。」（楊儒賓，1996）[130]

　　莊子無盡留戀這個「古代世界」，這個「道家的樂園」（楊儒賓，1996）[125]～167，於是主張我們要「返」回去，回到那個自然秩序的社會。所以，實際上「重建新秩序」在道家的邏輯中也是成立的。並且道家的理想社會範型正是那個具有自然之「道」，自然秩序的時代。堯的時代，堯舜禹所建立的宇宙秩序，在先秦道家那裡就是理想的自然秩序的時代。所謂的自然秩序就是「先史的」「前範疇的」「前反省的」（楊儒賓，1996）[151] 渾沌秩序。

圖 3.2　莊子和洪水神話中「秩序」的不同涵義

時間軸			
莊子			自然秩序 ◀──▶ 無秩序
洪水神話	未知（道本）	無秩序（無道的）	新秩序（合道的）
	混沌	洪水泛濫	治水成功後

簡單來說，以莊子為時間軸，他的時代是從「自然秩序」到「無秩序」

的時代，於是他想要從現在的「無秩序」回歸「自然秩序」。而若以洪水神話
爲時間軸，洪水時代是從「未知混沌」到「無秩序的洪水」最後通過治水而
建立新秩序，成爲老莊所推崇並想要回歸的「自然秩序」的社會。（如圖 3.2）
就「混沌」（渾沌）和「秩序」而言，只是用詞的涵義有別，莊子的「自然秩
序」與洪水之後的「新秩序」都是「合道」的，在價值理念上是統一的、一
致的。

　　開竅的渾沌大帝死，那是秩序被打亂的，莊子要重建秩序，而好的新秩
序恰恰也是舊的自然的秩序。洪水才是無秩序的打亂秩序的，而治水是「道」
的重建和回歸，是自然秩序、是文明的重建和回歸。「道」不是反對文明的，
「道」就是文明的。大禹治水之後的世界就是「合道」的文明的世界，也是
道家乃至儒家所推崇的理想社會，儒道上古的歷史價值觀與之是完全相符
的。這個以「水」爲原型的最高價值的渾沌，要麼在歷史之先（古），要麼在
歷史之後（返古），要麼超越時空之外（理想），是一個「永恆回歸的神話」（耶
律亞德，2000），是最重要的價值，是原型，是後世不斷更新的源泉。〔註24〕

〔註24〕耶律亞德在《宇宙與歷史：永恆回歸的神話》一書中探索人類的脫除「歷史」
　　　　的欲動力，藉由不斷地反覆「回歸（神話及宗教的）初民原型」，來重新汲取
　　　　存在需要的能源，更新此生此世。耶律亞德認爲人類原初社會中的神話及宗
　　　　教不是愚昧初民的無知產物，它們其實折射出太初剎那的重要象徵；它們是
　　　　原型，是根源性的模範，是人類不斷更新自我的源泉。

第四章　意象思維中的「水」：
秩序與關聯

　　本章重點考察的是意象思維階段原型「水」的內涵。以原型水爲根基的觀念雛形由神話思維階段「層累」而出，在意象思維中得到了進一步豐富的展現，同時也出現了更多變化的樣態，甚至從表面上來看是原型「水」的分裂，卻從實質上是原型「水」的內涵深化，即突出變化與關聯互滲規則的特徵，也即「變易之道」。

　　第一部分「時空意象的關聯宇宙」，承接前一章的洪水神話及文獻《堯典》作爲考察根基，確立洪水與治水的象徵意味，並將之作爲這個關聯宇宙渾沌分殊、秩序確立的起點，以及《堯典》中所反映的在此基礎上的由不同層次時空意象支撐起的上古關聯性宇宙模式。第二部分「陰陽模型的意象關聯」，重點研究的是陰陽意象的關聯方式和形式延展，涉及陰陽意象雛形的形式奠基和內容源流，更關注陰陽模型作爲意象關聯的基本形式所具有的方法論意義。陰陽二元的意象關聯、易卦吉凶的意象關聯、甚至後來常見的對偶意象等，都是以這樣相同的基本形式呈現的。第三部分「五行模型的意象關聯」，對五行關聯意象的類分形式進行反思，對比傳統的五行「五類」的類分形式，提出以陰陽模型來類分五行，並通過對五行生剋及五行循環中的意象關聯的分析，展現關聯意象本身固有的思維功能，而這種交差互滲的思維功能也正是五行模型的功能所在，這一點通過「五行」中的「五」的文化內涵又可以從根源上得到證明。另外，關聯結構本身所固有的束縛及內在張力，也內含於陰陽、五行之內。

　　世界以關係圖示的方式呈現，並內在包含了轉化的規律規則。陰陽、五行只不過是上古宇宙觀從渾沌到分殊一線之上的不同角色，都與前一章最後提到的是否「合道」的基本規則以及不同世界的分野有著暗喻性關聯，故而也與原型「水」有著暗喻性的關聯。在傳統的觀念中，也許水只被視為宏大的關聯性宇宙中的某個小部分，比如八卦中的坎卦、五行中的水，但當我們再次承接神話思維中的線索，關注這個豐富層次的意象世界背後的組織和分殊方式，我們會發現，再複雜的關聯，這其中的暗喻規則還是一致的、不變的，各種意象的背後不過還是一個原型「水」作為生長點。換一個簡單的說法，不要認為「水」只能是某個意象、某個要素——比如坎卦，「水」更可以是某種規則、某種方法，「水」可以是使這個渾天宇宙或者這個陰陽、五行運行起來的原動力以及軌迹。意象思維階段的「水」，是原型「水」的呈現異常豐富的階段，也是「水」涵義的進一步明晰和深化。這個階段作為規則、方法的「水」，或者說作為原動力以及軌迹的「水」為我們闡明了「水」可以「變成」規律性的「道」的重要緣由，同時也是「由水及道」的關鍵性階段。

一、時空意象的關聯宇宙

　　這一部分其實是前一章洪水神話的餘緒，同時也是意象關聯的開啟。洪水與治水不僅僅是一次涉及上古先民生活、生命的偉大事件，更是一次推動思維進程的偉大事件，是具有哲學意義的「世界化」的開始。洪水與治水乃是關聯宇宙渾沌分殊、秩序確立的起點，而《堯典》中由不同層次時空意象支撐起的上古關聯宇宙也是在此基礎上建立起來的。下文包含兩個方面的內容：其一是探討以洪水與治水所暗喻的秩序與生死的分野；其二是關注《堯典》中提及的以及與之相關的關聯意象，這個關聯宇宙乃是意象思維的範例。

（一）洪水與治水：秩序與生死的分野

　　人類思維發展而逐漸積澱和內化為一種相對固定的思維模式——此即本文所說的關聯性思維方法。思維方法的沉積和內化最後固定，其實就是原初秩序的確立。另外，思維方法又與人類對世界的根本看法——世界觀關聯在一起，世界觀與人類理解和對待世界的方法——方法論又相一致，於是世界觀與思維方法也是相通的。關於此「秩序」之關聯的建立，以及世界觀的發

生，我們就是從洪水傳說時代開始往前追溯和往後發展的。

上一章中我們提到，中國的鯀和其子大禹治水傳說包含了世界變化的暗喻。鯀用息壤壘高堤壩想堵住洪水，結果失敗了。大禹在堵的同時也注意疏導，修築水道，導洪水入農田，於是變害爲寶。洪水泛濫的世界民不聊生，草木難生，腐屍遍野，可說是一個死的世界。洪水被治理而得以控制之後，世界恢復了「秩序」，災難停止，農業恢復，人丁開始興旺，可說是一個活的世界。洪水暗喻這個世界的舊有規則被打亂，而洪水最終被治理、被控制則象徵著新規則、新秩序的重建。正是這場大洪水，將這個世界的歷史劃分成了兩個階段、兩個世界：前者混亂無序，後者井然有序。

鯀的治水失敗和禹的治水成功之間對照中最重要的區別在於「水之道」的有無。因爲禹真正導引出了「水之道」，於是世界得以大變樣。這個「水之道」就暗示著路徑、規則，甚至就是原初的新秩序本身。水若無道或者說不合道，就是洪水，就是有害的水，對生命而言是死的力量。反之，水若合道，就是有序的水，是有益的水——比如還可以灌漑，對生命而言，合道的水就是生的力量。如此，洪水暗喻這個世界的舊有規則被打亂，而洪水最終被治理、被控制則象徵著新規則、新秩序的建立。舊的世界因爲災難性的洪水是死亡的世界，並無秩序可言；而新的世界洪水已經變害爲寶，就是秩序的世界了。「兩個世界」（洪水被控制的新世界——洪水泛濫中的舊世界），「秩序——無秩序」，「生——死」這些對偶的觀念或者意象，都可以納入一個既類分同時又互滲的關聯結構之中（如表 4.1）：

表 4.1　關聯性思維中的秩序世界和非秩序世界

洪水泛濫中的舊世界	無秩序	無道	死的力量	陰
洪水被控制的新世界	秩序	合道	生的力量	陽

秩序的世界是真正意義上哲學思維的開始。只有在有秩序的世界裏，才有所謂的關聯性思維，也才有某種形式的宇宙模式。可以說，人們用關聯性思維描述世界的過程，也就是建立世界秩序的過程。

（二）《堯典》中關聯宇宙觀的建立

中國古代的時空觀念直接關涉中國哲學的思維方式。學者劉文英說，「西方傳統思維方式是執名去象，講究概念而擯棄意象。中國傳統的思維方式則

是名象交融，概念與意象相結合。……象日月、四時、年歲、方向、方位和時、空、宇、宙之類的術語，最初都是具體的意象，後來才演變成抽象概念。而像六合、天地、光陰之類的術語，則一直採取意象的形式。」（劉文英，2000）修訂本自序 所以，要充分揭示和理解中國古代時空觀念的豐富內涵，必須將兩者結合。所謂名象交融，正是意象的基本特徵和發展思路。中國古代時空意象中貢獻的不僅僅是一些新的名稱，更意味著一個新思維、新世界觀的建立，而這個思維是關聯的，這個宇宙〔註1〕也是關聯的。意象思維的基本特徵和發展思路就是關聯，這在《堯典》的時空宇宙觀中有鮮明的體現。

《堯典》為《尚書》篇目之一，記載了上古帝王唐堯虞舜的功德、言行，是研究二帝的重要資料。《堯典》篇在先秦已經被廣泛引用〔註2〕，並且傳世《書》百篇之中，一般都將《堯典》此篇列在《虞夏書》的篇首〔註3〕可見其殊。這一部分同樣截取了經典文獻《尚書·堯典》中的片段作為考察根基，但重點並不在英雄人物的豐功偉績，而在於有關傳說中唐堯所建立的這個關聯的宇宙。我們可以想見，在傳說的堯舜禹時間，曾經先後二十多年的大規模治水活動，由於氣候觀測和地形測量的需要，可能大大推動了先民對時空形式結構的認識。比如，《史記·夏本紀》中就提到夏禹治水時「左準繩，右規矩」，顯然是在進行地形測量。《拾遺記》則記載，大禹治水遇伏羲授「玉簡」，「長一尺二寸，使度量天地，禹即執此簡以平水土。」雖是傳說，卻也是旁證。通過這些實踐和測量，確定了若干層次的時空標度，這些標度既打破了一個渾沌的宇宙，又同時構造了這個渾沌宇宙。

1. 旦暮與東西

在渾天的宇宙觀中，太陽每日東升西落，在天空和海洋中運行，周而復始、循環不息，這是初民時間觀念的來源。一切都以太陽或者月亮、星辰等周而復始的循環運動為基礎，以特定的天涯海角之處太陽的升落點為時間和

〔註1〕 中國古代用「宇」表示空間，用「宙」表示時間，但「宇宙」觀念的出現，比上下四方和旦暮四時的觀念要晚得多。（劉文英，2000）日本版自序

〔註2〕 先秦文獻中據初步搜列共引《堯典》之文達十四次，是僅次於《康誥》（三十一次）、《太誓》（二十二次）、《洪範》（十九次）、《呂刑》（十六次）四篇引用次數較多之慣用篇章。

〔註3〕 西漢所傳《書序》百篇中，列《堯典》為《虞夏書》第一篇，又另有《堯典》為第二篇。東漢馬融、鄭玄本《古文尚書》亦列為《虞夏書》第一篇，仍有《堯典》為第二篇。

空間的基本標度。因爲太陽的運動而有了旦暮、朝夕、東西之別，也有了這些時空意象之間的相對。

表示白晝的「日」（⊙）和表示黑夜的「夕」（☽），這兩個象形文字分別以日和月的形象來表現，可見晝夜的概念也是以日月來界定的。古人「日出而作，日落而息」，出工和收工的這兩個時間點也是非常重要的。從現在已經發現的甲骨卜辭來看，殷人表示早晚時間最基本的辭彙就是「出日」「入日」，並且在太陽出入的時刻都有祭祀的禮儀。（郭沫若，1965，第十七片釋文）這與《尚書・堯典》堯帝分命羲仲、和仲「寅賓出日……寅餞納日」的說法也是一致的。而日出日沒的時間也就是早晨和傍晚，被稱爲「旦」和「暮」。「旦」（☉）是太陽在地平線之上冉冉升起的樣子，「暮」在金文和甲骨文中作「莫」（🌿），是日落草中的形象。而同義詞「昏」古寫作「耳」，就是把「旦」字倒過來，直接表示太陽落到了地平線之下。（劉文英，2000）5〜6

又一說，「旦」與「耳」二字的那一橫不止可以解釋作「地平線」，也可以解釋爲渾天說之中銜接天地的「海平面」，當然也是海邊的先民所看到的日出日沒景象的實寫。例如前文我們也提到，甲骨文中，「昔」這個表示時間的會意字可以寫成「🔆」或者「🔆」，另外，「朝」「夕」二字的原形乃是「潮」（金文🔆）、「汐」二字，海濤在早曰「潮」，在暮曰「汐」（劉文英，2000）5〜6，這都當與海邊人群對周期性變化的自然的觀察和有關生產實踐有關。

「古者民童蒙不知東西。」（《淮南子・齊俗訓》）古人對方位空間的認識也是經歷了漫長的過程的。古人首先有認識的，應當是左右、上下、前後之類的觀念，這些觀念的命名大概都遵循了「近取諸身」的原則。在對東西南北四方的認識方面，對「東西」的認識可能還算是基礎的。而表示空間方位的「東」「西」也是以太陽出沒及相關意象來命名的。「東」（東），《說文》言「東，動也」，語焉不詳。鄭樵《通志》說，東乃「日在木中」，而「木」乃「若木」。段玉裁注曰：「木，榑木。」許多學者考證，「若木」及「榑木」，「榑木」及「扶桑」。扶桑也即「暘谷」，乃是日出之地。可見「東」的字形原義乃是日出東方扶桑。「西」（🌿）字的甲骨和金文皆作鳥巢形，《說文》曰：「西，鳥在巢上，象形。日在西方而鳥棲，故因以爲東西之西。」西應是「棲」的音轉。「西」的原義來自日落之時的典型物候。另外，關於南北的區分，由於缺少明白確定的標誌，產生得比較晚，乃是以東西爲基線。《淮南子・

天文訓》中所講的「正朝夕」以定南北的方法。(劉文英，2000) [23]

宇宙的基本標度即是時間的標度也是空間的標度，中國的上古的宇宙便是時空統一的、甚至同一的。學者劉文英總結道，「宇中有宙，宙中有宇」是中國古代哲學頗有特色的一種辯證觀念。(劉文英，2000) 日本版自序 日出日沒之時的「旦」「暮」，也意味著日出日沒之地「東」「西」。

2. 暘谷與昧谷

對於日出日落之地的觀測和描述，《堯典》中有清楚和具體的記載：

> 乃命羲和，欽若昊天，曆象日月星辰，敬授民時。分命羲仲，宅嵎夷，曰暘谷。寅賓出日，平秩東作。日中星鳥，以殷仲春。厥民析，鳥獸孳尾。……分命和仲，宅西，曰昧谷。寅餞納日，平秩西成。宵中星虛，以殷仲秋。厥民夷，鳥獸毛毨。……

我們將這段文字的各部分內容相互對照來看，就會發現原始的秩序在上古時代觀測中就已經清楚形成了（見表 4.2）：

表 4.2　《堯典》中的暘谷與昧谷

分命羲仲，		分命和仲，	
宅嵎夷，曰暘谷。	東	宅西，曰昧谷。	西
寅賓出日，平秩東作。	日出	寅餞納日，平秩西成。	日沒
日中星鳥，以殷仲春。	春分	宵中星虛，以殷仲秋。	秋分
厥民析，鳥獸孳尾。		厥民夷，鳥獸毛毨。	

太陽在東方海洋中的出口處叫做暘谷（或湯谷）；太陽在西方海洋中的入口處叫做昧谷（亦作濛汜或愚谷）。《尚書‧堯典》的傳文曰：「日出於谷而天下明……日入於谷而天下冥。」說的很清楚，二谷就是東方日出的暘谷和西方日落的昧谷。《爾雅‧釋言》：「宅，居也」。「宅」訓作「居」。「曰」是語助詞，沒有實際意思。「寅」在《尚書》古本中多作「夤」字，《說文》夕部：「夤，敬惕也。」《爾雅‧釋詁》：「寅，敬也。」段玉裁《古文尚書撰異》據《文選》永平九年策秀才文李善注引《爾雅》「夤，敬也」，考《爾雅》古文亦作夤。賓，當為古儐字之通用。《周禮‧司儀》「賓亦如之」，鄭玄注：「賓當為儐。」《說文‧人部》：「儐，導也。」段玉裁注曰：「導者，導引也。」而後「分命和仲」句，「寅餞納日」四字，《尚書大傳》作「寅餞入日」，《集韻》引作「寅淺納日」，段玉裁《古文尚書撰異》作「寅淺入日」。顯然，「餞」

和「淺」可通，當爲「餞」，而「納」和「入」也是同義詞。段玉裁訓淺爲踐，據《說文》「踐，履也，踰踐也」，釋「寅淺入日」爲「踰履日入之路也。」實際上，「淺」可直接訓爲「餞」，本就有送行之義。「和仲」句「送日」與「羲仲」句「迎日」恰好呼應相對。《史記》引錄《尚書》多以訓詁代經文，而《五帝本紀》於「寅賓出日」此段經文就作「敬道日出」，對應的「寅餞納日」這段就作「敬道日入」，當爲訓詁。(金景芳，1996)[36,55]《正義》：「道音導。」這兩句說的就是羲仲去東方嵎夷的暘谷敬惕地迎接日出，和仲去西方[註4]的昧谷敬惕地送走日落。至於爲什麼要迎接日出，而下句又爲何送日？那是爲了通過立表側影之類的方式來測定春分秋分。也就是兩句的後半句提到的「日中星鳥，以殷仲春」和「宵中星虛，以殷仲秋」。沈彤《尚書小疏》中說：「暘谷立表正當卯位，昧谷立表正當酉位。故必出日之影當表西，納日之影當表多，於南北皆無少敧邪！則日躔正值卯酉之中，而春秋分可定。此賓餞二句確疏也。」沈彤說，冬至夏至看日影短長，必在中午，而春分秋分看日影偏正，必在日出日落。而朝暮日影正東正西，絲毫不偏南北，就是春分秋分之日，這是完全符合道理的。二谷爲太陽升落之地，更是沒有疑義。(金景芳，1996)[36~37]

其他早期文獻中，對二谷還有一些其他的說法，別的名稱表達的也是相同的意味。「暘谷」爭議較少——除了常言日出「扶桑」之地以外。而「昧谷」的其他說法比較多。如，壁中古文本作卯谷，今文本作柳穀。段玉裁認爲昧谷出自鄭玄。還有柳谷、細柳、蒙谷、大蒙、留舒、柳舒等之類的說法[註5]，

[註4]　「西」當有具體的名稱，對應前句的「嵎夷」，如孔穎達說：「東言嵎夷，則西亦有地明矣。」

[註5]　王鳴盛《尚書後案》以爲鄭玄注《尚書》「昧谷」實作「柳谷」，所據是《周禮・天官・縫人》「衣翣柳之材」鄭注：「《書》曰『分命和仲，度西曰柳穀』。」王鳴盛概括柳字有聚、蒙、留三義。《周禮・縫人》鄭注：「柳之言聚。」賈公彥疏：「柳者諸色所聚，日將沒，其色赤兼有餘色。」《爾雅・釋地》：「日所入爲大蒙。」《淮南子・天文訓》：「日至於虞淵，是謂黃昏；至於蒙谷，是謂定昏。」《左傳》哀公二十七年：「乃救鄭，及留舒。」鄭玄箋《詩》引作柳舒，是柳通留。聚，是日落時其色赤兼有餘色之象；蒙，是日落時有蒙昧之象；留，是日將落時有繫留之象。《論衡・說日篇》：「日旦出扶桑，暮入細柳。扶桑，東方地。細柳，西方野也。桑柳天地之際，日月常出入之處。」《淮南子・天文訓》「日出於暘谷」「日入於虞淵之汜」。《太平御覽》引作「日入崦嵫經細柳入虞泉之地」。可見，虞淵和細柳都與日落之地相關的。詳見（金景芳，1996）[53~54]

但都指的是日沒之處。

可見，羲仲和和仲實際上是被分別派到了最遠的東方和最遠的西方，也就是日出和日沒的地方去觀測太陽運動，以測定時令。時令和對太陽的觀察在古代是非常重要的，其意義不僅僅在於對農業生產有助益，而且也具有相當的宗教含義，更重要的是還是提供了思維觀念，也是思維方式的組織和發展。

3. 中星及春秋

《堯典》曰：「乃命羲和，欽若昊天，曆象日月星辰，敬授人時。」東、南、西、北四方的確立，帝堯派遣大臣去到四方是有重要的任務要去完成，那就是觀測日月星辰，測定四季標度的春分、夏至、秋分、冬至，給人民的生產生活提供參考。〔註6〕故而除了測日，還有一事同樣重要，那就是依據日影長短測中星。請關注以下四句：

> 日中星鳥，以殷仲春。
>
> 日永星火，以正仲夏。
>
> 宵中星虛，以殷仲秋。
>
> 日短星昴，以正仲冬。

「以殷」「以正」說的都是有關古代以中星來確定十二個月和歲首的方法。《爾雅・釋言》：「殷，中也。」郭璞注：「《書》曰『以殷仲春』。」《堯典》馬融、鄭玄注皆訓殷爲中。是「以殷仲春」之殷字是中的意思。又，《廣雅》云「殷，正也」，《堯典》僞孔傳亦云「殷，正也」。《史記・五帝本紀》錄「以殷仲春」爲「以殷中春」，錄「以殷仲秋」爲「以正中秋」等。「殷」和「正」是一樣的意思，而「中」也與「仲」相通。《堯典》孔穎達疏釋「以殷仲春」云：「以此時天地之候調正仲春之氣節。」殷爲調正之意。

〔註6〕從歷史文獻來看，中國由國家頒佈的立法，大概始於夏朝。現存的《夏小正》藝術雖不是夏代的著作，但卻包含了許多夏代流傳下來的曆法知識，比如用草木鳥獸之類的物象來確定時間。而其中所謂的正月北斗懸在下、六月黃昏斗柄正在上等說法，根據推算，確實是西元前二三千年前夏朝的天象。（朱文鑫，1992）《論語・衛靈公》中有云「行夏之時」。夏朝最後的君王名號中已經出現天干甲乙丙。（劉文英，2000）17 殷商曆法已經相當周密，天干地支已經開始運用，更提出「日中」「日斜」等研究。西周記錄了黃道二十八星宿，並用歲星來紀年，甚至「一日分爲十時」。（劉文英，2000）18 注釋2

日中、日永、宵中、日短分別表明了時候。日中，就是晝夜等長的春分這一天。日永，自然是白晝最長黑夜最短的夏至那一天。宵中，就是黑夜與白晝等長的秋分這一天。日短，自然就是白晝最短黑夜最長的冬至這一天。

鳥、火、虛、昴皆爲星名，它們不僅是一般的星，而且是有獨特意義的中星。陳師凱《書傳旁通》曰：「自北南面望之，則昏時某星正值管之南端，在南正午之地，故謂之中星。」測中星的意義不在中星自身，而在通過中星測知太陽運行的蹤迹，即所謂日躔。陳氏說：「中星者所以正四時日行之所在。」《書經傳說彙纂》說：「測中星亦以測日也。」又說：「既得中星，計至日度分加入昏刻所行，而太陽之眞躔乃得確據。」也就是說，實際上一年之內月月乃至日日昏時都有中星可見，但《堯典》只記錄了春分、夏至、秋分、冬至四日的中星。

上古先民對四時的認識，如同對四方的認識一樣，也是經歷了漫長的過程。在四方的認識上，是東西爲先，而對四時的認識則是春秋爲先，最初只是簡單根據春種、秋收的活動將一年劃分爲春秋兩個時段：草木出生（象形字「春」🈶的本意）的春種是一年的開始；禾穀成熟（象形字「秋」🈶的本意）（劉文英，2000）[12] 的秋收是一年的終結。甲骨文有關時令的記述中只有春秋卻沒有冬夏，而且往往春秋對稱，「夏」字更是至今尚未在甲骨文中發現，「冬」也做「終」字用，可以推斷殷商還只是把一年劃分春秋二季。不過到了西周末年，大概已經有了四時的明確劃分，《文子·精誠》《尚書·堯典》《管子·五行》《懷念子·覽冥訓》中的記載可爲旁證。（于省吾，1961）

從旦暮到東西，以及暘谷與昧谷的命名，那是一個以太陽的運動爲參考標準的最簡單的時空一體的世界秩序的建立。而對中星的觀測與太陽觀測的結合則爲一年四時的確立打下了基礎。太陽一天東昇西落是大周期，而一年日影之變化則是大周期，這就給了先民深刻的印象：宇宙的運行是循環往復的，是有「道」可循的，是具有秩序的。由東西到四方，由春秋到四時，這些時空意象的確立順序，也同時說明宇宙秩序的確立是經歷過程的，哲學思維的變化也伴隨其中。正是在這些時空意象中，孕育了代表宇宙秩序、宇宙規則的更具有概括性的陰陽、五行等典型意象。

二、陰陽模型的意象關聯

秩序的世界是眞正意義上哲學思維的開始。只有在有秩序的世界裏，才有所謂的關聯性思維，也才有陰陽、五行這些解讀宇宙人生的模式。可以說，人們用關聯性思維描述世界的過程，也就是建立世界秩序的過程。不僅宇宙時空意象的組織是一種秩序，根植於此並將此發展的陰陽、五行等也是一種秩序。

文章下面的部分將圍繞陰陽模型的意象關聯進行觀念性的、主要是思維角度的討論，重點研究陰陽意象的關聯方式和形式延展，主要包括兩方面的內容：其一是陰陽意象的雛形，包含陰陽「不一」「尚貳」的形式奠基，以及以山谷河流方位來命名到陰陽二氣的內容源流；其二，重點關注陰陽模型作爲意象關聯的基本形式所具有的方法論意義，涉及內含相同基本形式的陰陽二元的意象關聯、易卦吉凶的意象關聯、甚至後來常見的對偶意象等內容。陰陽模型的意象關聯其背後乃是源自於洪水時代的一以貫之的基本規則，陰陽的分殊及其交互一體，乃是遵循《易》之「變易」的基本規則之中的「不易」，其文化基調與充滿渾沌意識的洪水傳說時代的原型暗喻是一脈相承的。

（一）陰陽意象的雛形

我們首先要瞭解的是陰陽意象的源流。陰陽的雛形，包含形式和內容兩個方面，春秋戰國的「不一」「尚貳」思想爲其奠基了形式，而以山谷河流方位來命名樸素的陰陽到抽象化的陰陽二氣則爲陰陽意象準備了內容。

1. 形式奠基：不一、尚貳

陰陽作爲對偶關聯範疇出現，和分殊的秩序有關。春秋戰國時期「不一」「尚貳」的思想可視爲其直接的淵源之一。殷周似乎存在「不貳尚一」的觀念，〔註7〕後是否隨著西周君權的瓦解而變更我們不得而知，但從時間上說可能有一定的相應性。〔註8〕之後，商鞅、子產、醫和、管子等都提出過各自「不

〔註7〕 如《尚書·多士》：「惟我事不貳適」，「貳」意爲離異。《盤庚》：「予命汝一」，《酒誥》：「小子唯一」。「一」意爲一統、一致。

〔註8〕 宮哲兵認爲「尚一」觀念的衰落是因爲晚周諸侯爭霸君權衰落，政治上大一統的局面不復存在。而「不一」觀念的發端則是西周末年反「專利」、反**刬**同」的政治鬥爭。詳見（宮哲兵，2004）207

一」的思想。〔註9〕「不一」就是承認差別，承認多樣性。而晉國大夫士蔦〔註10〕和晉國樂師師曠〔註11〕都曾從君臣之間關係的角度提出「尚貳」。

史墨「物生有兩」的辯證命題是對二者思想的進一步發展，他說：「物生有兩、有三、有五、有陪貳。故天有三辰，地有五行，體有左右，各有妃耦。王有公，諸侯有卿，皆有貳也。天生季氏，以貳魯侯，爲日久矣，民之服焉，不亦宜乎。魯君世從其失，季氏世修其勤，民忘君矣，雖死於外。其誰矜之？社稷無常奉，君臣無常位，自古以然。故《詩》曰：『高岸爲谷。深谷爲陵』，三后之姓，於今爲庶。主所知也。在《易》卦：雷乘乾曰大壯，天之道也。」（《左傳・昭公三十二年》）季平子趕走他的國君，但百姓歸服，諸侯認可，致使國君死在外面卻沒有人問罪。史墨對此進行解釋，他認爲，君主的統治地位不是永恒不變的，君臣上下的關係也不是固定不變的，就像高山可以變成深谷、深谷可以變爲丘陵一樣。「不一」、「尚貳」是對混沌的「一」的否定，是分殊的開始，是「陰陽」的形式奠基。

2. 內容源流：方位到二氣

從字源上來說，陰陽二字由「仌昜」二字孳乳出來，字義都和日光有關，根據《說文》段玉裁注，「仌」指雲覆日，雲覆日則陰暗；「昜」開也，似乎是雲開光照。而後，「山北水南，爲日所不及」，故孳乳爲「陰」；而山之南、水之北，爲太陽易照處，因而孳乳爲「陽」。再後，「陰陽行而仌昜廢矣。」（許愼，1988）575上454上從「陰」和「陽」的最原始、最樸素的自然意義上來理解，陰陽是對某類地方的命名，「陰」就是「處陰」，「陽」就是「向

〔註9〕 商鞅提出「治世不一道」（《商君書・更法》）。子產提出「君子有四時，朝以聽政，晝以訪問，夕以修令，夜以安身……今無乃一之，則生疾矣。」（《左傳・昭公元年》）醫和提出「一之，則生疾。」（《國語・晉語八》）管子提出「辯於一言，察於一詔，攻於一事者，可以曲說而不可以廣舉。」（《管子・宇合》）等。

〔註10〕 晉獻公認爲貳就是下臣對上君的絕對服從，而大夫士蔦卻說：「貳若體焉，上下左右，以相心目，用而不倦，身之利也。上貳代舉，下貳代履，周旋變動，以役心目。故能制事，以制百物。若下攝上，與上攝下，周旋不動，以違心目，其反爲物用也，何事能制？」（《國語・晉語一》）士蔦拿人的四肢作比喻，手腳分工協作，所以人走路不覺得疲勞。士蔦反對無差別的同一，主張不同側面發揮不同功能。

〔註11〕 衛國的君王被國人趕跑了，師曠說到：「有君而爲之貳，使師保之，勿使過度。是故天子有公，諸侯有卿，卿置側室，大夫有貳宗，士有朋友，庶人、工、商、皀、隸、牧、圉皆有親昵，以相輔佐也。」（《左傳・襄公十四年》）

陽」。故而，「山南水北」向陽故爲「陽」，「山北水南」背陽處陰故爲「陰」。
〔註12〕原始的表示方位的陰陽思想，的確在西周初期大概就有了。《詩經・
大雅・公劉》中說：「篤公劉，既溥既長，既景既岡，相其陰陽，觀其流泉。」
公劉帶領周人遷徙，時常要觀察日影，以定南北方向。陰陽在這裡表示的就
是方位的涵義。

　　大約西周末期又有了陰氣、陽氣的思想。陰陽二氣的概念，最早的語出
《國語・周語上》，其中記載了虢文公引用古代太史的一段話，「自今至於吉
時，陽氣俱蒸，土膏其動。弗震弗渝，脈其滿眚，穀乃不殖。」意思是說，
立春前後陽氣上昇，要及時耕作，使土地鬆動，讓陽氣宣發。否則，土地會
氣結脈滿，長不了穀子。稍晚的伯陽父還用陰陽二氣來解釋地震。《國語・
周語下》中多次提及陰陽，皆陰陽二氣。如「天無伏陰，地無散陽」，「氣無
滯陰，亦無散陽」，（黃永唐，1995）109～132 都可見陰氣之性沈滯，陽氣之
性昇越。特別還記載了周幽王二年發生的地震，伯陽父說到：「周將亡矣！
夫天地之氣，不失其序。若過其序，民亂之也。陽伏而不能出，陰迫而不能
蒸，於是有地震。」認爲天地之間氣以一定的秩序運行，如失其序，陽氣積
聚在下而不能上昇，陰氣壓迫在上，使陽氣不能蒸騰，就發生了地震。

　　後老子「萬物負陰而抱陽，沖氣以爲和」（《老子》第四十二章）的思想
正是以陰陽意象的陰陽二氣之思想淵源與儒家「貴和」「用中」思想的大綜合。

（二）陰陽模型：意象關聯的基本形式

　　「凡論必以陰陽明大義。」（馬王堆，1976a）94～95 二元對偶毫無疑問
在中國文化中居於中心地位。而無論在宇宙論的對子與四、五甚至更多的系
列，還是律詩的對仗與韻文的平仄，我們都發現了這種組織……（葛瑞漢，
2003）378 不僅如此，以陰陽爲基礎的二元對偶，在世界各個文化傳統中都
有類似的存在。對偶二者之間要麼是各盡其性相互映襯，要麼就有對比之
意，相互爭勝轉換甚至融合。這兩種情形都普遍存在。

　　陰陽模型作爲意象關聯的基本形式不僅典型，更是具有方法論的意義。

〔註12〕 我國位於北半球，山水一般逞東西走向，山水相間，山之南與水之北向陽，
　　　　故山南水北爲陽，反之爲陰。《穀梁傳・僖公廿八年》：「水北爲陽，山南爲陽。」
　　　　許慎《說文解字》：「陰，暗也：水之南，山之北也。」李吉甫在《元和郡縣
　　　　志》中進一步指出：「山南曰陽，山北曰陰：水北曰陽，水南曰陰。」

陰陽二元的意象關聯、易卦吉凶的意象關聯、甚至後來常見的對偶意象等，其內含的基本形式都是相同的陰陽模型。陰陽模型的意象關聯其背後乃是可以追溯到洪水時代的一以貫之的基本規則，暗含「不易」的原型。

1. 陰陽二元的意象關聯

上文已經說到，從「陰」和「陽」的最原始、最樸素的自然意義上來理解，就是對方位的命名，「陰」就是「處陰」，「陽」就是「向陽」。「山南水北」向陽故為「陽」，「山北水南」背陽處陰故為「陰」。陰陽本身與向陰和向陽二者並無二致。我們其實可以把「陽」和「陰」看做是對太陽光線在山巒峽谷的移動變化的描述。所以，「陰」就是被山體遮擋的黑暗的地帶，而「陽」則是陽光能照耀到的部分。當太陽在天空中移動的時候，陰陽逐步地沿軌跡替換對方，讓被掩蓋的地方顯露出來，也讓已顯露的地方重新被掩蓋。簡單來說，陽就是有陽光的地方，而陰就是「蔭」處，陰影的地方。向陽之處，正是適宜生命勃發生長之處，故而也有「生」的涵義，相對應的，背陽處陰之處，不適宜生命生長，故而也有「死」的涵義。

「適宜生」和「適宜死」是兩種不同性質之處的生命的不同狀態。並非說向陽之處一定會生，地、水等各種其他因素的影響都會發生作用；也並非說背陽陰處就必死無疑，苔蘚之類不就在陰處蓬勃？但「適宜生」和「適宜死」的涵義表達是沒有問題的，「適宜」是一種趨向。〔註13〕如果把生死看做生命一軸的兩端——儘管這個比喻可能不是太合適，因為按照中國人的觀念，死後還會生，說是循環可能更加恰當，但是權且先不把死生同一了吧，視為兩端——那麼「適宜」表示的就是軸上的一個箭頭、一個方向，或者指向「生」那一端，或者指向「死」那一端。所以，我們可以在這個意義上說，「陽」是生地，而「陰」是死地。

另外，我們也可以從某物的成長過程中生死力量此消彼長的變化中來看待陰陽。陰陽的一個顯著特徵就是能夠相互轉化。當其中之一的性質達到了它的頂點之時，就會自然地向它相反的性質一邊轉化。陽盛大的話，陰柔便漸漸消滅；反之陰柔盛大的話，陽便漸漸消滅。但消滅並非真正的完結或者死亡，只不過是被抑制著、潛藏著，等到適當的時機又會重新出現。生生死死、死死生生，將是一個無限的循環過程。就像是一粒種子，從地裏破土發

〔註13〕 參考後文對萬瑞漢所說的五行是「宜」（appropriate）不是「必」（necessary）觀點的評論。趨向就是一種「宜」。

芽，在陽光雨露中逐漸長大，這就是一個「陽」的過程。當它長到自己的最高點之後就會開始衰敗。而生長直至極盛的過程就是「陽」的過程，反之，從極盛而逐步衰敗直至最後枯死腐敗的過程就是「陰」的過程。從這個意義上看，「陽」是生命成長的過程，而「陰」是死亡衰敗的過程。「向陽」是生命成長的方式，而「向陰」則是死亡衰敗的方式。於是，我們可以理解，陰陽、向陰向陽，以及向生向死是如何關聯了起來，而且不止是關聯，在某種意義上是一致的，更或是同一的。參見表 4.3。

表 4.3　關聯性思維中的陰陽

陽	山南水北	光亮的地方	生地	生的方式	成長的過程	陽
陰	山北水南	陰影的地方	死地	死的方式	衰敗的過程	陰

葛瑞漢在他的《關聯性思維的詩化和神化類型》一文中也舉了一個與陰陽類似的歐洲的顏色象徵的例子。在「白──黃──紅──棕──黑」的這個顏色序列上，其實本來只有明色（light）和暗色（dark）兩種顏色的區別，白色對應最明（lightest），而黑色對應最暗（darkest），而黃色對應稍明（less light），棕色便對應稍暗（less dark）。顏色和品質道德判斷同時相關，白色或者明色表示善良（good）、聰明（clever），而黑色或者暗色是邪惡（evil）、愚蠢（stupid）的代名詞，同理，黃色對應較善良的、較聰明的，而棕色對應較邪惡的、較愚蠢的。黑白相對，明暗相對，就正如善惡相對，聰明和愚蠢相對。接著他還舉了另一組例子，「彩色（colorful）──淡色（pale）」的對照就猶如「生命（life）──死亡（death）」的對照。（Graham，1992）210～213 〔註14〕儘管「明色──暗色」是一個最普通、最基本的對照結構，但是兩者之間還是有一些過渡元素的，但是這並不妨礙明暗色二者作為相對的兩個向度，這就如同陰陽或者死生是最基本的對照結構，儘管陰中有陽、陽中有陰的中間狀態是存在的，但不妨礙陰陽所代表的死生兩個向度。

2. 易卦吉凶的意象關聯

任繼愈先生說，「《易經》從複雜的自然現象和社會現象中抽象出陰陽兩個基本範疇。」又說，「《易經》中包含的一些辯證法觀點和樸素的唯物主義

〔註14〕《論道者》中也舉了這個英語思維背景下的顏色的例子。只是還對照明和暗，加入了日和夜、知識（Knowledge）和無知（Ignorance）的二元對偶。見（Graham, 1989）321，（葛瑞漢，2003）366

思想。」（任繼愈，1966）¹⁷ 實際上，《易經》中並沒有提及「陰」「陽」，但不可否認，《易》就是講陰陽的。莊子總結先秦學術史，也說「《易》以道陰陽」。（《莊子·天下》）

讓我們簡單回顧一下「易」中的陰陽變化。一方面一卦自初爻到二、三、四、五、上爻就可以視爲一個事物從萌生到壯大到如日中天最後衰敗的發展過程。比如首卦《乾》（☰），從初九「潛龍勿用」，到九二「見龍在田」，九三「君子終日乾乾」，九四「或躍在淵」，九五「飛龍在天」，最後上九「亢龍有悔」，就是一個擬人化的寫照。也就是說，易是將陰陽置入了一個成長和衰敗的過程。結合上文對發展過程的解說，這個過程也同時是對生死力量此消彼長的過程之描述。

另一方面，易中的陰陽其實也有一些特定的規則，最基本的就是得位和相交原則。比如六十四卦的陰陽爻，就可能有兩種情況，一是得位和不得位，而是相交與不相交。得位一般對應吉，而不得位一般對應凶，比如《既濟》（☵☲）這一卦，陰陽爻皆在其位，「剛柔正而位得當」，故而既濟也是幾乎完美的一卦。〔註15〕陰陽相交一般對應吉，而陰陽不交一般對應凶。比如《咸》（☱☶）卦是山澤相通、男女陰陽感應，所以亨通；《泰》（☷☰）卦是乾下坤上，天在下，地在上，天地易位相交，故而大吉；《益》利涉大川，因爲《益》（☴☳）卦巽上震下，風雷交馳，故而利有攸往……這樣看來，易的原則也可簡單概括爲吉凶兩個標度。若是把生死和吉凶納入關聯性體系對照來看，沒有意外的狀況下，我們都會將「生」對應於「吉」，而「死」對應於「凶」。如此，得位即爲向生，可活；不得位即爲死路。陰陽相交，男女相配，就是協調狀態，也即是「生」的狀態；相對的，陰陽不交，陰陽不調，即是「死」的狀態。如此，陰陽相交則是求生，而陰陽不交則是赴死。「生——死」作爲兩個傾向來度量「易」中的「陰」「陽」仍舊有效。

3. 陰陽的形式延展：對偶

關聯陰陽在中國文化中隨處可見，其形式的延展便是中國特有的對偶。對聯是非常典型的形式。比如「海闊憑魚躍，天高任鳥飛」這一聯，上、下聯各五字，每字都是一組二元對偶，名詞（海與天，魚與鳥）、動詞（躍與飛）、形容詞（闊與高）、介詞（憑與任）都不例外，而且五組之中除了兩組名詞之

〔註15〕不過中國人喜歡隨時強調物極必反，所以完美的問題就是太過完美，再變就泰極否來了，所以「終止則亂，其道窮也」。

外，其他（闊與高，憑與任，躍與飛）都是同義的。〔註16〕還有常見的甚多魚鷺（鳥）對：水寒魚不躍，林茂鳥頻棲；鷺飛對魚躍；雁行對魚陣；魚遊荷葉沼，鷺立蓼花灘；頳鱗對白鷺；魚遊池面水，鷺立岸頭沙；鳥寒驚夜月，魚暖上春冰；雀羅對魚網……〔註17〕

中國的魚鳥對有其深厚的哲學和文化傳統，遊魚和飛鳥通常作爲陰陽的典型形象出現。《淮南子‧天文訓》云：「毛羽者，飛行之類也，故屬於陽；介鱗者，蟄伏之類也，故屬於陰。日者，陽之主也，是故春夏則群獸除，日至而麋鹿解。月者，陰之宗也，是以月虛而魚腦減，月死而蠃蛖膲。火上蕁，水下流，故鳥飛而高，魚動而下。物類相動，本標相應，故陽燧見日，則燃而爲火；方諸見月，則津而爲水。」（劉安，1969）（參看表4.4）

表4.4　關聯性思維中的鳥和魚〔註18〕

鳥	毛羽	飛行	上蕁	炎上	火	熱	陽	天	清揚	陽氣
魚	介鱗	蟄伏	下流	潤下	水	寒	陰	地	重濁	陰氣

魚（介鱗）蟄伏水底似潤下之水陰氣重濁，鳥（毛羽）飛行天空似炎上之火、陽氣清揚，這其中雖也包含暗喻，但基本的結構來源於關聯的陰陽意象。（葛瑞漢，2003）382

二元對偶是陰陽意象的形式延展，同時也是關聯性思維的最基本形式。一來，要素不可爲一，不然無法關聯，所以二元就數量而言乃是最少。二來，相對可以複雜很多的句法結構，對偶關係乃是最基本、最簡單的關係。不論看似有多少個基本要素包含在一個橫向的關係中，都可以看做是從A、B兩個相對的基本要素發展變化而來。即便是多個基本要素，由於內在完善以及因性質和力量各異而導致的不同相互關係也可以看做另一個對偶例子中的A、B。

〔註16〕對聯固然通常是以兩句的形式出現的，看似死板，但也有其靈活性，比如，一個上聯可能可以有優劣不等的若干下聯。填詞也是同理。這若干個都可能形成關聯，比如在「白鷺立雪」的例子中，後三句形成關聯。不過要注意，駢句可能有多於兩個，但對偶只能有兩句，這也算是關聯中的動詞規則。

〔註17〕依次分別出自《聲律啓蒙》齊部、佳部、佳部、寒部、麻部、蒸部、咸部。參考（車萬育，1994）

〔註18〕葛瑞漢對此有總結，這裡只截取了他表格中的一部分。詳見（Graham，1989）333（葛瑞漢，2003）382

三、五行模型的意象關聯

與《易》傳統中的陰陽、八卦並論還有另一個關聯宇宙模型——五行。「五行」也是中華文化的源頭之一，被稱爲根深蒂固的「思想律」〔註19〕，對其的討論，自 1923 年顧頡剛《古史辨》第五冊以來 80 年從未間斷過。〔註20〕

按照文獻的說法，五行的最早出現還的確與上一章重點論述的洪水傳說相關。《尙書·甘誓》中記載，夏后啓征伐有扈氏的時候，宣佈他犯了「威侮五行，怠棄三正」的大罪。雖然並沒有什麼進一步明確的解釋，但也可由行文看出「五行」與「三正」都應當是不可違背的重要法則。《尙書·洪範》記載，殷商的遺臣箕子對周武王說，古代君王鯀治理洪水，採用堵塞的辦法，不合水的屬性，於是治水失敗了。上帝大怒，將鯀流放羽山，至死不赦免他。鯀的兒子禹繼續治水，他順從水的屬性，採用疏導的辦法，治水成功。上帝獎勵他，賜給他「洪範九疇」，「九疇」其一便是五行。也就是說，上帝獎勵給大禹的九條大法（「洪範」就是大法，最重要的規則），其中第一條大法就是五行：「初一曰五行，次二曰……一、五行：一曰水，二曰火，三曰木，四曰金，五曰土。水曰潤下，火曰炎上，木曰曲直，金曰從革，土爰稼穡。潤下作鹹，炎上作苦，曲直作酸，從革作辛，稼穡作甘。」唐代孔穎達對這段話作《疏》曰：「此章所演，文有三重：第一言其名次，第二言其體性，第三言其氣味。合五者性異而味別，各爲人所用。」鄒衍之後，五行學說和陰陽學說合流，並在合流的基礎上形成了兩大體系：一是董仲舒的《春繁秋露》，二是《黃帝內經》。

文章下面的部分就圍繞五行模型的意象關聯進行簡要的討論，主要包括三個方面的內容：其一是對五行關聯意象的類分形式進行反思，對比傳統的五行「五類」的類分形式，以及陰陽模型的五行「二類」的類分形式，重點涉及五行生剋的意象關聯及五行循環的意象關聯；其二是以「五行」中的「五」的文化內涵爲例來展現五行關聯系統的本質特徵，交差互滲的五行功能實際

〔註19〕 「五行，是中國人的思想律，是中國人對於宇宙系統的信仰；二千餘年來，它有極強固的勢力。」（顧頡剛，2005a）237

〔註20〕 主要文章有：梁啓超：《陰陽五行說之來歷》，呂思勉：《辨梁任公陰陽五行說之來歷》，樂調甫：《梁任公五行說之商榷》，劉節：《洪範疏證》，顧頡剛：《五德始終下的政治和歷史》，錢穆：《評顧頡剛五德始終下的政治和歷史》，顧頡剛：《跋錢穆〈評五德始終下的政治和歷史〉》，范文瀾：《與頡剛論五行說的起原》，陳槃：《寫在五德始終下的政治和歷史之後》等。參見（顧頡剛，2005a）

上也是關聯意象本身固有的思維功能；其三是五行為例來分析關聯結構本身所固有的束縛及內在張力，這種思維的張力也正是內含於陰陽、五行模型的意象關聯之內的，也是意象思維展開的最大特點。於是再次驗證陰陽、五行兩個複雜的意象關聯系統背後具有一致規則或者說秩序——「水之道」，也即是來源於上古世界的以「水」為原型的那個原動力和先在的運行軌迹。

（一）五行關聯意象的類分：多與二

五行關聯意象的類分形式其實是多樣的。與傳統的五行「五類」的類分形式相異，陰陽模型作為意象關聯的基本形式，同樣可以用來類分五行——也就是說，五行或者也可以分為二類而關聯。五行生剋及五行循環中的意象關聯的都可以視為這樣「二」的形式，這也是關聯意象本身固有的思維功能。下面我們具體來看傳統五行的五類說，五行生剋的意象關聯，以及五行循環的意象關聯中思維路徑有何異同。

1. 傳統五行的五類說

關於「五行」的起源，最主要的早期文獻當然是《尚書》。《尚書・洪範》謂：「五行，一曰水，二曰火，三曰木，四曰金，五曰土。水曰潤下，火曰炎上，木曰曲直，金曰從革，土爰稼穡。潤下作鹹，炎上作苦，曲直作酸，從革作辛，稼穡作甘。」（顧頡剛，2005b）868～871，1153 雖則此篇多言五者各自性質，看來極為樸素，但「洪範」為「大法」，也就是古人眼中的大規律、大思想，不可小覷。《尚書・甘誓》亦提及五行，說「啓與有扈戰於甘之野，作《甘誓》」。文中控訴有扈之罪，稱「有扈氏威侮五行，怠棄三正」（顧頡剛，2005b）854，有扈氏大逆不道罪不容赦。「五行」「三正」並稱，這個「五行」明顯有整體意味，並與大道相涉，具有非同一般的意義。

「五行」起源的代表學說有「五星說」「五材說」「五氣說」「五方說」等〔註21〕，學者們或執其一端，或以為兼而有之。顧頡剛、劉起釪將「天上五行」和「地下五行」的兩個「五者」、兩個系統，結合而成「五行」，極具包容性和合理性。（劉起釪，1998）133～160「地上五行」的代表是「五材說」。

〔註21〕 還有「五德說」、「相生說」、「相克說」等等。「五德說」應該是後期理論，討論起源可以暫時擱置。「相生說」、「相克說」則因為論據不足已經思維模式固定等種種原因，在五行起源的問題上，幾乎從沒有作為過主流學說。

「五材說」源遠流長，從文獻上看，更早源自水、火、金、木、土、穀「六府」〔註 22〕。「五材」與「五才」出處尚有區別，是否混用可以考證。劉起釪在《五行原始意義及其紛歧蛻變大要》一文中曾提出相關證據：如《周禮・考工記》云：「審曲面執，以飾五材，以辨民器，謂之百工。」鄭玄做注指「五材」乃「金、木、皮、玉、土」。而《左傳・襄公二十七年》子罕云：「天生五材，民並用之，廢一不可，誰能去兵。」《後漢書・馬融傳》曾引此處文義，變成「五才」，章懷做注指這「五才」爲「金木水火土」等（劉起釪，1998）148～150。但無論是「五材」抑或「五才」，都至少可見金、木、水、火、土五者與「五行」最終對應曾經經歷了長期的過程。而「天上五行」則主要指天象上辰星、太白、熒惑、歲星、填星這「五星」，有學者將「五行」視爲「五星運行」的縮略語（顧頡剛，2005b）868～871，1111～1214。「五星說」的推論是「曆法說」。古人仰觀天象，俯查萬物，觀星的直接目的就是設定曆法，所以，認爲五行和曆法相關，或者說五行就是一種曆法的學說。（黃任軻，1991）219～288 陳久金、張敬國也曾做過詳細考釋，得出結論：「河圖、洛書均用五行，並無本質區別。」「河圖、洛書就是曆法。」（陳久金，1989）曆法一說當和五星說同源。

　　「天上五行」和「地上五行」二說能夠合流是非常自然的事情，因爲天象、地象與「時」「方」天然聯繫，而「時」與「方」的概念在中國古人那裡又是混同在一個體系中的，時空是一個整體的原始混沌。比較宗教學大師埃利亞德（M.Eliade）的弟子吉拉道特還專門爲此寫了一本書（Girardot，1983）。原始混沌以「道」爲序，這其中就已經包含了時空兩方面的因素，同時也是「宇宙」的內涵。然而「天上五行」和「地上五行」的合流，或者說包含時空因素的混沌原初之多種內涵的雜糅，並不止是結果，混沌、雜糅本身有可能就是原因。

　　總的來說，對「五行」的關注大多圍繞著「五」來展開討論，並且這個「五」是數字之「五」。正如神話學者何新所說，「古人關於五行的各種說法雖歧異且混亂，但有一點則是諸家一致的。即皆本『五』數而立說。這種對於數字『五』的崇拜，可以看作諸家五行說的共有母題。」（何新，1985）諸家的討論要麼便是爲什麼是數「五」而不是其他的數字，要麼就是這「五」

〔註22〕《左傳・文公七年》：「六府、三事，謂之九功。水、火、金、木、土、穀，
　　　　謂之六府；正德、利用、厚生，謂之三事。……」

項的具體所指為何，有何性質等。但筆者認為，五行模型的意象關聯最重要的並非各自獨立的五者，而是相互的交互關係。五行其實也可以依據與陰陽相似的方式進行討論，五行是「五」者，更是「二」者，乃至「一」者。

2. 五行生剋的意象關聯

國內學者且不用說，漢學家們也都公認，五行不是或不僅僅是五材或者五素〔註23〕，而更準確的表達應該是五個階段、五種運動、五個過程〔註24〕。李約瑟說：「五行是永遠在流變著的循環運動之中的五種強大力量，而不是消極不動的基本物質。」（李約瑟，1990）[267] 而從歷史事實來看，在五行文化的初期，就已經有五行相生相剋觀念的萌芽。比如，《左傳·文公七年》中「水火金木土穀，謂之六府」，其中水火金木土的排列，完全符合相克的次序，應該不會出於偶然。再如，晉史墨在占卜中也曾用過五行相勝（相克）的概念，比如「火勝金，故弗克。」（《左傳·昭公三十一年》）「水勝火，伐姜則可。」（《左傳·哀公九年》）另外，春秋時代的人之名姓，也常常包含有五行相生之義。比如，清代學者王引之《春秋名字解詁》中列舉了「秦白丙字乙」、「鄭石癸字甲父」、「楚公子壬夫字子辛」、「衛夏戊字丁」四則，認為這是木（乙）生火（丙）、水（癸）生木（甲）、金（辛）生水（壬）、火（丁）生土（戊）的意思等等（王引之，1935）[919~920]。

故而可以說，五行學說的要義一開始就在於五行相互的關係，也即兩個循環系統：一個是「水－火－金－木－土－水」的相克循環，另一個是「水－木－火－土－金－水」的相生循環〔註25〕。相生、相克的關係主要由五行的本身性質決定，而《黃帝內經》中的五行「相乘」、「相侮」〔註26〕當視為

〔註23〕 在這個意義上一般譯作 five materials 或者 five elements。

〔註24〕 在這個意義上一般譯作 five phases, five movements, five processes 其中 five phases 用得最多。

〔註25〕 相克的循環一般被譯作 overcoming interaction 或者 destruction cycle。相生的循環一般被譯作 generating interaction 或者 creation cycle。

〔註26〕 乘，凌也，即欺負。侮，欺侮，欺凌。五行相乘即五行中某一行對其所勝一行的過度剋制。五行相侮即五行中某一行對其所不勝一行的反向剋制，反克又稱反侮。《內經素問·五運行大論篇第六十七》說：「氣有餘，則制己所勝而侮所不勝，其不及，則己所不勝侮而乘之，己所勝輕而侮之。」內經此思想可能受到了孫武和墨家學派「五行無常勝」說的影響。參見《內經素問》冊二，《四部備要》子部，臺灣中華書局據明顧氏影宋本校刊，卷19，17上。

引入力量要素對五行生剋的一個補充和發展。（見圖 4.1-2〔註27〕）

圖 4.1　五行相生相剋　　　　圖 4.2　五行生剋乘侮

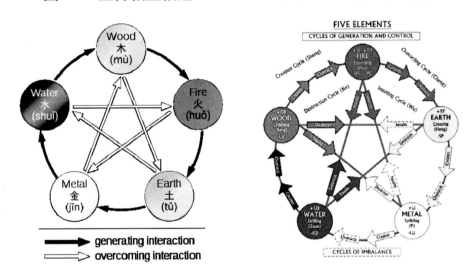

　　儘管依次相克的循環和依次相生的循環必須提供不同的五者順序，但是這兩種模式的幻方的確爲生、死兩個指向的循環提供了論據。因爲生剋作用的這兩個循環，五行五者之中的任意一個得以與其他四者有直接的關係。五行系統之所以能夠對現象之間的相互作用和關係進行很好的描述和說明，就是因爲有五行相生相剋的這兩個系統。

表 4.5　關聯性思維中的五行（陰陽對偶的方式）

五行相克	五行相生
陰性作用	陽性作用
火　　水 金　　土 　木	金　　水 土　　木 　火
毀滅的循環	創造的循環
死的循環	生的循環

〔註27〕五行關係的示意圖參考維基百科，http://en.wikipedia.org/wiki/Wu_Xing

　　五行相生具有陽性的作用，是一個創造的循環，也可說是生的循環；而五行相克則具有陰性的作用，是一個毀滅的循環，也可說是一個死的循環。（見表 4.5）另外，五行相乘和五行相克的循環是類似的，只不過程度上更猛烈一些。而五行反侮的循環則是五行相克或者五行相乘的反向，本不勝的一行反而向生，本勝的一行反而赴死。儘管性質在力量懸殊不大的情況下可以一招定勝負，但力量懸殊的時候還是不可忽略。子平八字論五行，後世總結言「土多金埋、金多水濁、水多木浮、木多火塞、火多土焦；水多金沈，金多土崩、土多火晦、火多木焚、木多水縮；木堅金傷、金多火變、火多水沸、水多土流、土重木折」，就是把力量強弱的因素引入五行生剋系統之後的一個更細密的發展。八字講最好是五行生剋得宜，克泄太過而無制伏便貧賤，生扶不及則會夭折，可見五行的力量強弱是生死平衡的重要影響因素。（萬英明，1966）[53 上～58 上]在力量作為參考因素的情況下，本身力量的強弱差別其實也是生死指向上的二者。強者能生，強者不易被克死。反之，弱者不能生，弱者易被克死。

　　如果將五行置入一個二元對偶的關聯系統之中，就如同陰陽，那麼也同樣可以創造出一個新的關聯性思維中的五行。陰陽對偶方式的五行和傳統的關聯體系之中的五行有很大的不同。

3. 五行循環的意象關聯

　　在傳統的關聯性思維的體系之中，五行是被看作五個元素，作為分類五種的標準，故而萬事萬物都可以作為五行的表現而放入關聯性思維的體系之中，例子不勝枚舉，比如，青、朱、黃、白、玄五色，心、肝、脾、肺、腎五臟，小腸、膽、胃、大腸、膀胱五腑，東、南、中、西、北五個方向，春、夏、中季、秋、冬五個季節，辰星、太白、熒惑、歲星、鎮星五星，稻、黍、稷、麥、菽五穀，酸、苦、甜、辣、鹹五味，宮、商、角、徵、羽五音等等。筆者抽取了這些例子中比較特別的幾個放在下面的表格中（見表4.6）：

表 4.6　關聯性思維中的五行（傳統方式）

五行	木	火	土	金	水
季節	春	夏	中季	秋	冬
生長	萌芽	開花	成熟	枯萎	冬眠
生命	出生	青年	中年	老年	死亡
能量	生成的	擴張的	穩定的	收縮的	保存的

　　從表的縱向來看，這是將五行分為五類的傳統的關聯性思維方式。而從表的橫向來看，五行對應的五者都並非簡單的並列關係，而是還遵循順次排列和不斷循環的順序。具體來說，一年之季節，無非從春到夏到秋再到冬的過程，而冬去春來又是新的一年；植物的生長過程無非從萌芽到開花到結果再枯萎最後埋入地下，而春風吹又生開始新的生命過程；人之生命無非從出生的嬰孩到青年時代到中年再到老朽最後死亡；能量也無非生成、擴張、穩定、然後盛極收縮，最後冷寂保存的這個過程，同理此消彼長循環往復。所以，五行除了生剋關係而建立的生死兩個循環之外，還有這樣一種跟隨自然節律的循環體系。

　　漢代人五行休王理論是對此一個更直接的解釋系統。據《黃帝內經》所載，隨著季節的更替，五行有從萌芽到極盛再到衰老最後消亡的生、壯、老、囚（朽）、死五個演化的階段（見表4.7）：

表4.7　五行休王的循環演化系統

	春	夏	中季	秋	冬
生	木	火	土	金	水
壯	水	木	火	土	金
老	金	水	木	火	土
囚（朽）	土	金	水	木	火
死	火	土	金	水	木

　　這個漢代的五行休王理論根據五行相生相剋的原理來修改製定〔註28〕。據《黃帝內經》所載，隨著季節的更替，五行從萌芽到極盛再到衰老最後消亡有生、壯、老、囚（朽）、死五個演化的階段。以春季為例，木生於春，木代表春，這是一個背景，於是：因為水生木，所以春季水壯；因為金克木，所以春季金老；木克土，故而土被囚；火生木，所以火死（死而能生）。其他各季的五行狀況以此類推。

　　在這個演化系統中，很明顯，生死可視為生命過程的兩端極點，之中還有若干中間態的階段，譬如「壯」「老」「囚」。生死或者陰陽，作為兩種狀態，

〔註28〕五行休王與五行相乘、相侮兩者都和力量、性質相關。相乘、相侮是因力量的不同而導致性質的變化，而生、壯、老、囚、死的循環是因為性質的不同而導致的力量的變化，與前者而言是一個倒置。

總是交織在一起的──固然可能有所偏向，比如「壯」中的生多一點死少一點，「囚」中的死多一點生少一點等等，但並不妨礙我們依據關聯性思維的分類對其進行分殊，將二元對偶原則的「生──死」看作是一種傾向，「使其生的陽──使其死的陰」視為兩種向度相反的力量，是生命軌道之上的兩個箭頭而非兩端。

陰陽也是同理，作為二元對偶原則的陰陽，可視其為兩種向度相反的力量──使其生的力量和使其死的力量。而在五行的這個體系中，倘若從關係而非要素的角度來理解，五行不論是要素之間關係還是關係本身性質的差別，還是關係之間的關係，都可以理解為相對的二者，這是向生或赴死的兩種力量，也可以理解為向陽抑或處陰的兩種趨向。於是，陰陽體系與五行體系在生死的或者說向生向死的意義上，達到了某種程度的相契和一致。陰陽本身，和被轉換了的向陰向陽二者，恰可視為兩種形式的生死狀態。前者是一種定性，於是陰陽得以與生死直接對應。後者是一種定向，於是，向陰向陽與向生向死又是一致的。向生、向死的趨向更具有理論包容性，這是葛瑞漢發現的「必」（necessary）和「宜」（appropriate）之間的區別〔註29〕，趨向常常就是「宜」的表達。因為除了考慮性質，還需考慮力量。不過即便是考慮力量，比如前面提到的五行相乘相侮的關係，以及五行休王的系統，這些看起來複雜的關係，實際上還是不過兩個指向，兩個方向──生與死（陽與陰）。

關係中理解生死，把生死視為一個軸的兩極，則一般情形下這些關係也不過是在軸的兩極之間的盤桓，不是停留在某處，而是向著某個極的運動之中。生與死，近似於生之二者或者克之二者的這個關係，因為是對待，而有一定的方向，生是生的方向，是被生的反向；死是克的方向，是被克的反向。在關係的意義上理解五行，那麼五行不再是五者，而是近視為二者。當五者轉換為二者之後，其內在的因為不確定的數字〔註30〕而導致的鬆散性也得到

〔註29〕「moreover, as we have seen, the practice has a principle behind it: conjunction of events may be "necessary" or merely "appropriate", conjunction with a cause is necessary but the conquest of metal by fire in the cycle of the Five Processes is merely appropriate, the outcome depending on the quantities of fuel and metal.」「如我們所見，此類實踐的背後有一條原則：事物的關聯也許是『必』（necessary）或者僅是『宜』（appropriate），因果性的關聯是必，但『五行』循環中的火克金僅是宜，其結果依燃料和金屬的量而定。」（Graham, 1989, P360）（葛瑞漢，2003）374～375

〔註30〕金木水火土這五行也並非確定的五者，可能是四者、六者，或者其他的五者。

了挽救，五行體系變得龐雜而緊密，也因此與西方傳統的「四素」說、佛家的「四大」說之間的區別也變得顯明。

（二）五行關聯意象的互滲：「五」即「五行」

類分而又交差互滲的五行關聯意象功能，是關聯意象本身固有的思維功能，傳統的五行說對分類這一點進行了多方的說明，而以陰陽模型對五行生剋、五行循環的意象關聯的構造不止展現了類分的功能，同時也體現了交叉互滲的中國式特有的關聯特徵。而這種最具中國特色的五行意象關聯的互滲，在「五行」之「五」字的原始內涵中就有深刻的體現。通過「五行」中的「五」的文化內涵，我們可以從根源上印證「五行」的意象關聯模型的特徵。

1.「五」「行」的原始內涵

「五」的甲骨文字形本爲「╳」，兩物交叉形，後上下各加一平橫，作Ⓧ，以設定範圍突出縱橫交錯之意。許愼《說文解字》解說：「五，五行也，從二，陰陽在天地間交午也。」「五」「午」假借由來已久。其實，就甲骨文字形而言，「午」和「五」似乎沒什麼關係，「午」的初文爲「杵」，類似舂米的細腰木杵的象形✝（谷衍奎，2003）[63]，《說文解字》言「午，牾也。五月陰氣午逆陽，冒地而出」，「抵牾、忤逆」之義可算「杵」的引申，陰氣陽氣之說有附會成分，或可當是引申。不過古書中的確「五」字常有作「午」字者。如《左傳・成公十七年》有「夷陽五」，《國語・晉語六》作「夷羊五」，宋庠本「五」作「午」（高亨，1989）[849]。《周禮・秋官・壺涿氏》：「壺涿氏掌除水蟲……若欲殺其神，則以牡橭午貫象齒而沈之。」賈公彥疏：「以橭爲幹，穿孔，以象牙從橭貫之爲十字，沈之水中。」最初造就的古字「╳」，從字形上直觀來看，就是縱橫交叉的樣貌。孫詒讓《周禮正義》引段玉裁說云：「五易爲午者，杜見禮家說一縱一橫曰午，因易之。不知五、午一字，古音義皆同。古文五作╳，則尤一縱一橫之狀也。」（孫詒讓，1987）[29，39] 朱芳圃言：「╳象交錯形，二謂在物之間也。當以交錯爲本義。自用爲數名後，經傳皆借午爲之。」（朱芳圃，1962）[127]《說文》言「五」有「交午」之義，也是因「午」

陰陽風雨晦明「六氣說」「五材說」加上谷的「六府說」、東南西北「四方說」、「五星說」等等都曾被猜測而作爲五行的起源。

爲「五」的通假。而「午」者，縱橫交錯之狀，此乃「五」本義。

「行」與「五」二字從原始字形上看大有類似之處。《說文》：「行，人之步趨也。從彳，從亍。」羅振玉《殷墟書契考釋》：「象四達之衢，人之所行也。……古從行之字，或省其右作彳，或省其左作，許君誤認爲二字者，蓋由字型傳寫失其初狀使然矣。」（羅振玉，2006）140 簡單來說，「行」字在甲骨文中就是一個十字路口。「行」的字形，與「五」的字形不過一個角度的區別，一定程度上說，「行」與「五」可視爲同形字。象形造字，形承擔其義，意附著其形，既然同形，亦可能同義。劉宗迪先生也曾注意到「行」和「五行」的內在淵源，由「行」的字形與「四時」「四方」的聯繫，而肯定「五行」與「四時」「四方」的密不可分（劉宗迪，2004）〔註31〕。其實若引用原初的「五」字，論證可能會更加簡單清晰。我們完全可以直接將「五」之字形與「行」之字形同一起來，再直接用此字形去與「五行」聯繫。而且如果「五行」確實與「四時」「四方」關聯，數字「五」的結構果眞來源於四（四方、四時）加一，原始「五」的字形「╳」也更能表現這個時空交融的模式。

一方面「五」自然是「五」，另一方面「行」亦即「五」，那麼「五」「行」即是「五行」，亦即「五」即「五行」。既然外在文字形式上，「五」可以等價於「行」和「五行」；在內在意蘊上，原始的「五」亦與「行」和「五行」相通，推論出「五」即「五行」也是順理成章。

2. 交叉互滲的「五行」功能

原始「五」字的宗教、文化乃至哲學意味尤爲深長，並一直潛在影響了數字「五」的意義，也是數字「五」具有極高地位的支持和來源。原始「五」字被借用爲數字之後，前者潛在影響後者的意味，並促成了二者混同意義而廣泛滲透入文化、宗教，甚至哲學。內在交織關聯，以及突出運動的特徵，以及由此達至的包羅萬象之無限變化，本就是原始「五」最突出的象徵意義——這樣豐富而深刻的意義也延續至「五行」，即是「五行」之要義。

學者馬絳曾經論及，五者「是運動和變異的模式，而不僅是組成物質的元素。」（馬絳，1998）109 重要的並不是分類爲 N，而是分類而出的諸要素有機組成的這個整體以及整體內部之間相互的運動。這種呈流態的內部關係是

〔註31〕作者認爲，原始的天文學和曆法制度比較之五材，是五行大義眞正的文化源頭和知識原型。

比這諸要素更具有確定性的。如同「易」是道的原則和體現，「易」既是簡易，不易，更是變易——進一步說，這個變易也正是其簡易、不易之處。「五行」的要義更偏向於這個整體表達出的一種內在相互牽引、鉗制的關係，這種內在的交結關係正是五行力量消長、平衡的來源。

而從歷史事實來看，在五行文化的初期，就已經有五行相生相剋觀念的萌芽。此時也許完整的五行生剋之義還未成熟，但不論從歷史抑或理論上來講，古人交感文化的內涵都已經深潛其中。史前文化研究專家周延良也曾提出，甲骨文「五」與「五行」的哲學內涵具有表裏聯繫。他更明確說到，「五行消克生化是交感生成的本體互換的具體化和深入化。」（周延良，2004）[37]「五」的交織動態簡單引申一下，就是交感生成的意象之表達。

作為上古中心文化源流之一的「五行」，其源流之內涵實際也體現著上古人類思維的路徑及上古文明的形成模式，更關乎整個華夏文明的核心。華夏文明豐富龐雜，當然非「整體」或「關係」一言可蔽之。「五行」之「五」，展示了「五行」的內在交織關聯以及無限變化，「四加一」的意義和「相生相剋」的關係都包含其中，這也就已然包含了「五行」深邃的哲學思想和悠長的哲學韻味，「五」即「五行」。

（三）關聯結構的內在張力：以五行為例

陰陽與五行等其他關聯系統相比，具有「明顯的不可避免性（apparent inevitability）」。「這種不可避免性當然有其文化限制（culture-bound），但是甚至一位對中國思想有些經驗的西方人，都能大體猜出一組對偶中哪個是陰而哪個是陽；然而，他在『五行』與『五色』或『五味』的關聯中卻少有這樣的運氣。」（葛瑞漢，2003）[390] 這大概是因為，由二者發端的系列，「敞開關聯的無限可能性」，而「沒有『五行』系統的刻板僵硬」。（葛瑞漢，2003）[418]

西方學者往往認為關聯性思維的分類，譬如陰陽五行，尤其是五行的對應分類有牽強隨意的嫌疑，他們認為除了五方、五季之外，「在其他場合中，情況並不會總是如此顯而易見，比如為什麼五種特別的滋味、氣味、穀物、家畜或者宮室會被選配給五行或其象徵物。」（魯惟一，2009）[48] 作者似乎和司馬談曾經對陰陽家的評述持有相似的立場——司馬談「在認同該學派（陰陽家）正確地主張自然界週期和節奏之客觀效應的同時，也批評了該主張可能導致的過度想像」（魯惟一，2009）[49]。作者似乎認為中國漢代的思想家在

五行的配對上存在這種可能的「過度想像」，並且甚至認爲「嚴格地遵從該理論的原則，並且試圖據此規範日常生活（例如，堅持選擇被認爲適應了一年中特定季節的某些行動），只能引發人們的恐懼感」（魯惟一，2009）[49]。

　　一方面，西方人所總結的中國的關聯性思維（correlative thinking）中本身就具有不斷涵攝要素的規則力。這種規則力要求規定了的類屬中一旦有一個被納入，那麼必然要求其他的相關要素也被納入。舉一個例子，金木水火土這五行要對應季節，而一旦木對應了春，就一定要有其他和春相關的季節要素被納入來對應金水火土。在這個例子裏，火與夏、金與秋、水與冬的對應應該來說還是比較妥帖的，但還有一個位置——那就是土，也需要在相關的季節要素中找到對應物。漢代對此的安置是季月，用季月對應五行之土。「這樣的結果不僅來自機械地、人爲地將客體、情感或自然力劃分爲五類的習慣，而且來自消極地調整人類行爲以便適應這一圖示的努力。」（魯惟一，200）[51] 這種對應在西方漢學家們理性的推理之中恐怕難免刻意的嫌疑，但是基於關聯性規則涵攝要素的規則力，分了五類就要放五個相關的東西進去，少一個也不行。也就是說，如果本身只有四個要素，比如四季這樣的，不能空了一個位置，即便是牽強也得找一個填空進去，這是一方面。另一方面，五行一旦作爲了關聯性思維的「公式」，就要把天地萬物儘量多的要素作爲例子放進公式裏，越多的例子，公式的效果越顯著。顏色、味道可能不止五種，但是只能選取最有代表性的五個要素放入公式。這是中國的關聯系統能夠宇宙萬物無所不包的緣由，同時也是它刻板僵硬而可能失去活力的佐證。於是，五行與五穀、五臟、五味之類的對應就難免淪爲西方學者眼中的「過度想像」了。

　　另一方面，中國關聯性思維本身由於想像而關聯同時也因爲想像而產生影響，這種運作的過程中本身就具有活性，就是一種思維的生命力。比如《易經》，絕不僅僅是「卜筮之書」或者無稽之談——雖然「在中國歷史上的確有人心作此想，但最精察審識的思想家卻始終看重理解和運用《易經》，這已經成爲中國古代先哲的特點，歷朝歷代都在強化《易經》的核心地位。」（车復禮，2009）[18] 爲何如此，《易經》到底有何奧妙呢？前面對段話的作者，著名漢學家车復禮也有自己的解釋，他說《易經》「昭示了一種令人驚異的宇宙觀，一種關於人的潛能的哲學：人在宇宙運化之中擁有主動創造和自由的潛能。」（车復禮，2009）[17] 這種「自由」恰恰就是自由想像甚至「過度想像」的閃

光之作，體現了思維的生命力和活性。而西方的客觀科學推理的思維模式也難免與這種固有活性相衝突，於是換了一個評價體系，中國的關聯性思維就變得生硬僵化了。比如就說五行與五臟、五味的關係問題，在西方看來也許有牽強附會，但中國的中醫文化中，這些相關不僅有相當的事實依據，並且更是開方治病的重要信息。當然，之所以中國文化中的關聯性思維能夠不僅成為思維方法更成為思維定勢發生作用，也是值得玩味的。這其中到底是有客觀實體的基礎，還是全憑「心理暗示」或者所謂的「吸引力法則」來發生作用，現在還存在爭議，這裡篇幅所限，就提出問題而已了。簡單說來，西方對中國的理解也有片面化、簡單化、表面化的嫌疑，這和文化背景思維方式有關，或者說和存在了幾千年的「集體記憶」〔註32〕相關。有些關聯——比如五行與五味、五臟的對應和相互作用——是沒有身處特定文化背景之下浸淫熏養的外國人所不能全然理解的。

　　中國的關聯性思維有其特有的內在張力，而關聯則在對自然周期和節律的強調中展現。關聯性思維的這張容納宇宙萬物的大網就是以自然的周期和節律為結點織成的。試圖歸納萬物的節律其實就隱含了尋求再生之機的意思，再生的節律是中國古人心中最大的安慰，也是心底自由的最大超越。無所不在的「道」其內涵也基於此。

〔註32〕榮格的「集體無意識」是相當有說服力的解釋依據。

第五章 意念思維中的「水」：
恒一之「道」

　　原型的呈現就是觀念的雛形，從這個角度來看，我們也可以說：原型和觀念一起成長。觀念雛形從神話思維到意象思維再到意念思維的發展過程，也是原型從生活世界到觀念領悟最後到觀念的不同場域的生長和呈現過程。神話思維中伴隨洪水傳說的觀念的孕育和生長，原型「水」以渾沌爲主要樣態，更暗含了從渾沌到秩序的變化；意象思維中伴隨陰陽、八卦、五行的關聯宇宙的豐富和展現，原型「水」呈現爲秩序以及更豐富繁雜的變化規律；而意象思維中「由水及道」的觀念歷程終於取得了階段性的勝利，中國古代哲學的核心觀念「道」的穩固和成熟，原型「水」也終於呈現了這個最具有抽象性和涵攝力的「觀念」。

　　恒一之「道」能夠作爲成熟的觀念，因爲其如此豐富：它既是本原，又有其規律，更能夠無限推廣，辯證展開，乃至通過功夫修煉達到境界。「道」的哲學已經相對成熟，那是因爲它展開了本體論、辯證法、功夫境界論等諸方面的意義和內涵。而由「道」所展開的諸方面又都展現了其背後的原型「水」的能量。以「水」爲原型的觀念雛形在「由水及道」的路徑上慢慢成熟、最終走向完滿。另外，也因爲在這個階段，「原型」水經過三個階段的「層累」，已經相對穩固，故而我們可以針對核心觀念進行一個相對宏觀的比較和總結。在「水」與「火」這兩種物質形式——進而兩種典型類型的「原型」的比較之中，我們也能夠發現有關中西哲學本根的那些意味和意義。這些意味和意義，正是本文探尋哲學觀念之原型的初衷。

一、《老子》道論：原型「水」的穩固和成熟

陳鼓應先生說，「中國哲學史實際上是一系列以道家思想為主幹，道、儒、墨、法諸家互補發展的歷史。」（陳鼓應，1992）[320] 在《老子》之前，「道」這個詞其實已經為諸子百家所頻繁使用。如范蠡說，「天道盈而不溢」，「天道皇皇，日月以為常」。（《國語・越語》）子產說，「天道遠，人道邇。」（《左傳・昭公十八年》）但這時候的「道」並不具有根本性。上古文獻包括《尚書》等在論及宇宙的根本或主宰時，常常是以「天」或「上天」為最高範疇的。〔註1〕

先秦道家的創始人老子，以道為其理論的出發點和歸宿點，創立了比較系統、完整和成熟的道論，在當時以及後來都產生了巨大的影響。道家以「道」為萬物的最高本體；「天」與「帝」相通，因而頗具宗教色彩，而原始道家所言的「道」，卻脫離了宗教，更具有普遍性和抽象性，屬於成熟的哲學觀念。

不管是學者還是對中國傳統稍有瞭解的文化愛好者，似乎都能感覺到水與道家有著特殊的親緣關係，筆者認為這種判斷不管是有意還是無意，有抑或沒有詳盡的理由，都是相當有見地的。孔子的「仁者樂山，智者樂水」可以說是這個儒道分殊的開篇，而老子的《道德經》則是道家與「水」關聯的完整體現。

「道」的觀念是原型「水」穩固和成熟的突出成果，而《老子》的「道」則是「水」這個哲學觀念原型各種特徵的集中展現。論文的這一部分將圍繞「道」的原型「水」在《老子》一書中的各種形式的說法展開，涉及《老子》道論的本體論、辯證法、以及境界論三個方面的內容。其一是「道」的本體論，「道」若「大道泛兮」，是萬物的源流和歸宿，也是合乎萬物本性自然規律，以「道先天地」「道生萬物」「道兼有無」「道法自然」四點展開論述。其二是「道」的辯證法，「周行而不殆」之「道紀」恰若水周流不息，柔弱中預

〔註1〕 儒墨的最高範疇是「天」，又或者換其他的語彙如「天命」、「帝」、「上帝」等等。應該是崇尚「帝」、「上帝」的傳統是從殷商以來就有的，和我們對祖先祭祀崇拜和血脈的重視密切相關。甲骨文中有很多例子，如《卜辭通纂・第364片》：「帝佳（唯）癸其雨。」（帝令癸這一天下雨。）《卜辭通纂・第373片》：「王封邑，帝若。」（國王建都城，帝答應了。）而崇尚「天」、「天命」的傳統一般被認為是周代的創造，認為「天命」是比「上帝」更抽象化的一個對象，也是從宗教到哲學過渡的一個展現。《詩經・大雅・大明》：「有命自天，命此文王。」周人滅商的因由被解釋為了天，認為是天幫助周文王和周武王奪取了天下。

示生命力量的水展現了「反者道之動」的核心規則，以「周行而不殆」「反者道之動」「弱者道之用」三點展開論述。其三是「道」的境界修養論，水的潔淨作用恰如老子所講的「滌除」，而靜水如鏡，正是「玄鑒」的另種表達，老子的境界修養正是對「水」之「淨」和「靜」兩種特點的運用。

（一）《老子》的本體論與水：「大道泛兮」

　　《老子》第一次提出了關於「道」的學說，把「道」作為最高的實體範疇，整個世界都是從道派生出來的，是世界萬物產生的根源及其運動變化的規律性問題。「道」又是人類社會所必須遵循的準則，且是事物本體、本源和規律的總稱，從而形成了以「道」為核心的哲學體系。從本體論角度來看，老子的「道」包括兩層意思：一是宇宙的本原，是萬物的源流和歸宿；二是萬物的規律，也是合乎萬物本性自然規律。〔註2〕

> 大道泛兮，其可左右。萬物恃之以生而不辭，功成而不有。衣養萬物而不為主，可名於小；萬物歸焉而不為主，可名為大。以其終不自為大，故能成其大。（《老子》第三十四章）

大道就如水般流淌，自最古的源頭而發，先天地而本有，生養萬物，更兼有無，自然而然推逝遠去。萬物在道的大化洪流之中生發、茁壯、衰敗，最後又歸附於道。

1. 道先天地

　　在當今許多學者對老子的「道」的解釋中，道教前輩任法融道長的說法很有代表性，他說：「道既不是物質，也不是思慮的精神，更不是理性的規律，而是造成這一切的無形無象、至虛至靈的宇宙本根。物質、精神、規律皆是道的派生物。」（任法融，1990）[2]「本根」與「派生物」的說法就揭示了「道」是先於萬物的存在。道作為《老子》宇宙的始基，具有絕對的先在性。

> 無名天地之始；有名萬物之母。（《老子》第一章）

> 天下有始，以為天下母。既得其母，以知其子，復守其母，沒身不殆。（《老子》第五十二章）

〔註2〕陳鼓應先生認為道主要有三種含義：一是實存意義的道，它是萬物存在的根源與萬物生長的動力；二是規律性的道，如對立轉化、循環運動；三是生活準則的道，如自然無為，致虛守靜。參見（陳鼓應，1992）4～14

　　有物混成，先天地生。寂兮寥兮，獨立而不改，周行而不殆，可以
　　爲天地母。吾不知其名，強字之曰道，強爲之名曰大。（《老子》第
　　二十五章）

　　故道大，天大，地大，人亦大。（《老子》第二十五章）

　　道沖，而用之或不盈。淵兮，似萬物之宗；湛兮，似或存。吾不知
　　誰之子，象帝之先。（《老子》第四章）

　　道者，萬物之奧。（《老子》六十二章）

《老子》用「始」「母」「大」「先」「宗」「奧」等一系列的辭彙和概念來反覆
表達和強調「道」在天地之先，是化生萬物的根源。這種「道」的現在可以
說是一種生殖序列上的原始性，因爲它是萬物的始祖，所以它特別崇高。按
照鄧曉芒的說法「它（道）的崇高不是因爲它能動的創造，創造出什麼東西，
那不是的，它也不創造，它就是在先。它爲什麼在先，它自己也不知道，反
正它已經在先了，所以它就很崇高了。」（鄧曉芒，2008）[108]「道」的先在性，
也是《老子》道論的全部基礎和前提。

　　道生一，一生二，二生三，三生萬物。萬物負陰而抱陽，沖氣以爲
　　和。（《老子》第四十二章）

　　昔之得一者：天得一以清；地得一以寧；神得一以靈；谷得一以盈；
　　萬物得一以生；侯王得一以爲天下貞（正）。（《老子》第三十九章）

「道」是最高的「一」，道是萬物統一的根據。「道」是一個絕對的、獨立的
存在，具體的事物都是有對待的、有偶的，「道」卻是無對待的、無偶的。「道」
是一個「混而爲一」的、混沌未分的「混成」之物，其中蘊涵著一切的可能。
「道生一」，「道」就是「一」。這就好像《大一生水》篇中，「大一生水」，也
可以理解爲「大一」就是「水」。一方面，道是這個「一」，生成萬物，也是
具體萬物形成的統一狀態。另一方面，道是這個「一」，也是萬物形成前的統
一狀態和最高原則。「一」是「道」的同義語。道就是統「一」。除此之「一」，
別無其他，這才是本根。而「道」這種先在性的表述恰恰是以老子慣用的水
或者氣的暗喻來實現。

　　有物混成，先天地生。（《老子》第二十五章）

　　是謂無狀之狀，無物之象，是謂惚恍。（《老子》第十四章）

　　道之爲物，惟恍惟惚。惚兮恍兮，其中有象；恍兮惚兮，其中有物。

窈兮冥兮，其中有精；其精甚眞，其中有信。(《老子》第二十一章)

大象無形。(《老子》第四十一章)

先在的道的這種統一的狀態恰如「混成」之物，「無狀之狀，無象之象」，「惚兮恍兮，其中有象」，「恍兮惚兮，其中有物」的「無形」之「大象」。

譬道之在天下，猶川谷之於江海。(《老子》第三十二章)

大道泛兮，其可左右。(《老子》第三十四章)

道沖，而用之或不盈。淵兮，似萬物之宗；湛兮，似或存。(《老子》第四章)

而先在的道無限廣大，無限包容，猶如江海，先在的道有容而不盈，無限深遠，又猶如幽谷深泉。無論是混成的無形大象，還是無限廣大深遠的江海淵泉，都是先於萬物之道的一個暗喻。「大道泛兮」若如洪水的神話傳說，是一個世界的開端，是整個生命的新生。

2. 道生萬物

「道不離物，物不離道，道外無物，物外無道」(成玄英，1974)。「道」內在於萬物，作爲萬物之所以爲萬物的原因和根據而存在於萬物之中。不僅萬物的產生離不開「道」，「道」是萬物所由之產生的根源，而且萬物的存在也離不開「道」，「道」是萬物賴以存在的根據。「萬有唯道所生，萬有唯道所成，道在萬有之中，萬有唯道所主。」〔註3〕「道生萬物」包含了兩個方面的意思，一是道生養萬物，二是萬物復歸於道。道是萬物的起點，也是萬物的歸宿。

道生一，一生二，二生三，三生萬物。(《老子》第四十二章)

這是「道生萬物」的具體過程。「道」是統一的狀態和原則，然後分化爲天、地（陰、陽），通過陰陽變化又產生和氣，陰、陽、和三氣化生出萬物來。「道生萬物」的「生」，是化生，是生成、分化、演化、發展。而這種化生具有什麼樣的特點呢，老子說：

道生之，德畜之，物形之，勢成之。是以萬物莫不尊道而貴德。道之尊，德之貴，夫莫之命而常自然。故道生之，德畜之；長之育之；亭之毒之（成之熟之）；養之覆之。生而不有，爲而不恃，長而不宰。是謂玄德。(《老子》第五十一章)

〔註3〕 這是宮哲兵總結的「唯道論」的基本觀點。見（宮哲兵，2004）前言6頁。

「道」生萬物，「德」養萬物，道的生養不是創造，是輔助萬物的生長，是「自然」的、是「無爲」的。先在的「道」就是這樣的一個無私無欲的母性的存在，猶如水之「上善」。

> 谷神不死，是謂玄牝。玄牝之門，是謂天地根。綿綿若存，用之不勤。（《老子》第六章）

> 上善若水。水善利萬物而不爭，處眾人之所惡，故幾於道。居善地，心善淵，與善仁，言善信，政善治，事善能，動善時。夫唯不爭，故無尤。（《老子》第八章）

作爲「玄牝」或者「天地根」的「谷神」又訓爲「浴神」，〔註4〕於是這個「道」成了一種「具有生殖功能的水」（韓東育，1999）。「當我們明白了任何一種物質本原的結合，對於無意識來說是一種融合時，我們便能闡明由樸實的想像和由詩意的想像賦予水的幾乎總是女性特徵。我們也將會看到水的深刻的母性。水使萌芽變得滋潤，使泉源噴灑。水是我們到處都看到的在誕生和生長著的物質。泉源是一種不可抗拒的誕生，一種持續的誕生。如此重大的形象永遠標誌著熱愛它們的無意識。這些形象激發起無限的遐想。」（巴什拉，2005）15～16 水這個本原，由女性形象轉而具有母性形象，再轉而具有了持久的生命力。

這種道與萬物的關係中，還有一個層次的暗喻，那就是君王與臣民。臣民歸於聖王，正如萬物歸於水。「水養育萬物，萬物嚮往水，但水並不強行支配萬物。」（艾蘭，2002）156「大道泛兮……故能成其大。」（《老子‧三十四章》）「換言之，聖王或者官吏應該像水那樣撫養人民」（艾蘭，2002）156，順應民心、民性，符合百姓的要求，才是「合道」的。形而上的「道」與形而下的「民性」是一致的、合一的。

> 水善利萬物而不爭，處眾人之所惡，故幾於道。（《老子》第八章）

> 大道泛兮，其可左右。萬物恃之以生而不辭，功成而不有。衣養萬物而不爲主，可名於小；萬物歸焉而不爲主，可名爲大。以其終不自爲大，故能成其大。（《老子》第三十四章）

> 江海之所以能爲百谷王者，以其善下之，故能爲百谷王。（《老子》

〔註4〕 除了王弼本和尊奉王本者將「谷神」寫作「谷神」外，其他諸如河上公本、帛書甲、乙本等，則均將「谷神」寫作「浴神」。郭店竹簡的出土，更是證明了這一點。

第六十六章）

「『道』的意象是滋養植物的灌溉渠或溪流，順應『道』的統治者，總是養育人民而並不宣稱佔有他們。」（艾蘭，2002）[108]

一方面水幾於道，如女性如母性，生養萬物；另一方面萬物有生亦有滅，最後都要向「道」復歸，也就是萬物復歸於水。這種復歸有死亡的意義也同時預示著回歸母體而獲得重生，就像加斯東‧巴什拉所說：「在水中死亡是死亡中最具母性色彩的。」〔註5〕「道」是萬物的最終歸宿，這種復歸也是持久生命力的保證。

> 萬物並作，吾以觀復。夫物芸芸，各復歸其根。歸根曰靜，靜曰復命。（《老子》第十六章）

> 功遂身退，天之道也。（《老子》第九章）

「道」賦予萬物以生命。「命」指能使萬物得以生的東西，「復命」即返回到原始的生生之源的「道」。「歸根」即返回到初始的根源，亦即復歸於道。「歸根」「復命」「復歸於樸」都講的是萬物向「道」的復歸。「復歸於樸」，「樸」是未經雕琢的原木，老子借「樸」的未經雕琢來描述「道」的自然狀態，同時也借「樸」來表達純真、質樸、敦厚的人類天性。在老子看來，「道」是合乎自然的，虛靜是自然狀態的，「道」創生萬物之後，萬物的運動發展便漸漸遠離於「道」，而離「道」越遠，就越是不合乎自然。萬物的煩擾紛爭都是不合自然的表現，萬物遲早會由有形而散至無形，回歸其未生或初生之時的質樸狀態。無形質的「道」落實為有形質的萬物，即「道」生成萬物的過程，「復歸於樸」則是萬物由有形質消散而最終向自己的本根狀態——「道」的復歸。萬物的產生是由靜到動，萬物的「歸根」則是由動到靜。萬物出於靜，又回於靜；萬物生滅無常，而道都常任不變。功成身退，復歸也是「反」的原理。

「大道泛兮……故能成其大。」（《老子‧三十四章》）大道似如無限廣闊的大海，許慎《說文解字》言：「海，天池也，此納百川者。」「天下之水莫

〔註5〕 加斯東為了闡明「Todtenbaum」（死者之樹）這個詞的涵義，引用了榮格的說法。認為「樹首先是一種母性象徵：既然水也是一種母性的象徵，我們便可以理解在『死者之樹』中各種胚芽鑲合的奇特形象。當人們把死者安放在樹中間，又把這樹託付給水時，在某種程度上使母性力量倍增，人們雙重地經歷著這種掩埋的神話，用榮格的話來說，人們通過這種神話想像到『死者重新交還給母親以求再生』。對於這類遐想而言，在水中死亡是死亡中最具母性色彩的。」見（巴什拉，2005）[81]

—129—

大於海，萬川納之。」(《莊子‧秋水》) 既然道對萬物的生養類似於統治者對人民的撫養，那麼，如果統治者能夠如同聖王那般模仿水的性能，養育萬物而不強行支配萬物，人民也會猶如川流一般歸附大海。

3. 道兼有無

「道」是萬物始基，先在於任何具體之物，「道」不是具體的「有」，也並非全然的「無」，「道」兼有無。作爲性質的「有」和「無」同時存在於全然的「道」之中。老於常常用「有」和「無」來說明存在。

> 天下萬物生於有，有生於無。(《老子》第四十章) 〔註6〕

> 視之不見，名曰夷；聽之不聞，名曰希；摶之不得，名曰微。此三者不可致詰，故混而爲一。其上不皦，其下不昧。繩繩兮不可名，復歸於物。是謂無狀之狀，無物之象，是謂惚恍。迎之不見其首，隨之不見其後。(《老子》第十四章)

從表面上看，「無」比「有」更根本，故而「有生於無」。道「視之不見」「聽之不聞」「摶之不得」，是「眞實性」與「模糊性」的統一〔註7〕，是不可感知的超經驗的存在，因而相對於具體的可感知的事物而言，可以稱之爲「無」。「道不是任何具體的事物，而是一切事物統一性的基礎。道不是任何具體時空的天道、地道、人道，而是最普遍的道。」(宮哲兵，2004)「無中生有」正是「道」的玄妙之處。正因爲「道」不是可感知的、具體的事物，「道」才能從萬物中脫穎而出，成爲最高的本體。

> 道常無名樸。雖小，天下莫能臣。侯王若能守之，萬物將自賓。(《老子》第三十二章)

> 道常無爲而無不爲。侯王若能守之，萬物將自化。化而欲作，吾將鎮之以無名之樸。鎮之以無名之樸，夫將不欲。不欲以靜，天下將自正。(《老子》第三十七章)

> 大白若辱；大方無隅；大器晚成；大音希聲；大象無形；道隱無名。(《老子》第四十一章)

「樸」是混沌的，天地的開始，還沒有具體的形象，沒名。有了具體

〔註6〕 竹簡本爲「天下之物生於有，生於無」。

〔註7〕 「老子之道是眞實性和模糊性的統一，規範性和描述性的統一，也是理性與悟性的統一。」見(劉笑敢，2009) 361

的名才有具體的萬物。而固定形象的東西就具有了有限性。具體形象的、有名的東西，只能生出具體的、有名的東西。個別的東西部可以找到它們的產生者，而天地的產生，只能追溯到「無」這個總根源。所以老子說：「無名天地之始。」（《老子》第一章）

　　但是，「有」和『無』之間也是相互依存的。老子說：

　　　　三十輻，共一轂，當其無，有車之用。埏埴以爲器，當其無，有器
　　　　之用。鑿戶牖以爲室，當其無，有室之用。故有之以爲利，無之以
　　　　爲用。（《老子》第十一章）

老子認爲，房子、車子、器皿中間的空虛的部分，這一部分，看來雖是空虛的，但它（空虛部分）是使車子、房子、器皿發揮具體的作用的關鍵。有了這些空虛的空間，才有車的作用、器皿的作用、房屋的作用。有無之間的關係就猶如這相互依存的實體與空間，有實體而有利，而空間而有用。所以說，「有之以爲利，無之以爲用。」

　　所以另一方面，老子的「道」又是「有」，同時更是「有無兼有」。

　　　　道之爲物，惟恍惟惚。惚兮恍兮，其中有象；恍兮惚兮，其中有物。

　　　　窈兮冥兮，其中有精；其精甚眞，其中有信。（《老子》第二十一章）

「道」雖然不居於可感知的形器世界，但它確實是眞實存在的東西，否則，一切也無從談起。「道」雖幽隱無形，不可感知，但並非空無所有，其中有「象」、有「物」、有「精」、有「信」，是眞實的存在，它是構成一切有形有象的東西的基礎，因爲它原來就包含著形成各種各樣的有形有象的東西的可能性，因而相對於空無所有的虛無來，又可以稱「有」。這樣一個有與無的統一體，既恰當地強調了「道」的形而上之特殊性，體現了「道」與具體事物的區別，又恰當地突出了「道」的實存性，體現了「道」與具體事物的聯繫。唯其如此，「道」才能成爲世界的本原，化生出天地萬物。正如《老子》開篇所言：

　　　　道可道，非常道。名可名，非常名。無名天地之始；有名萬物之母。

　　　　故常無，欲以觀其妙；常有，欲以觀其徼。此兩者，同出而異名，

　　　　同謂之玄。玄之又玄，眾妙之門。（《老子》第一章）

第二句有多種斷句方式。最常見的有「無，名天地之始；有，名萬物之母」及「無名，天地之始；有名，萬物之母」兩種。無論何種理解，「有」「無」二者，「同出而異名」，乃「眾妙之門」。老子所謂的「道」是「有」也是「無」，

它是不具有任何具體物質屬性和形象的東西。古代素樸唯物主義總是想把世界的物質性歸結為幾種或某一種具體的物質，如水、火、氣等，而老子將沒有任何具體物質屬性的「無」或「道」，作為宇宙的本原、萬物的老根，似乎看到萬物的統一性不能是某一有具體規定性的東西，這是一個極深的認識。

我們也可以從體用的角度來理解道的「有」和「無」。董光壁先生說，「老子哲學的最高範疇是道，它兼有宇宙本源和秩序法則雙重含義。」「道之無，並非子虛或空無所有，而是指道的質樸性。道之有，也並非現實的有，而是指道的潛在性。」（董光壁，1991）77 作為宇宙本原的「道」可看做是天地之始「無」的虛空狀態；而作為萬物規律的「道」是統一所有形而下之物的法則秩序，也可以看做是具體客觀的「有」。〔註8〕

「道」的這種無定形其實恰恰是水以及氣的特徵所在。與火相比，水是「隨形的」，「你裝一杯水，它就是一個杯子的形狀。也不像氣，你把氣放在氣球裏就是個球形，你裝在盒子裏面氣也就是一個立方體。」（鄧曉芒，2008）102 流動的水或者彌漫的氣「自身沒有一種主動性……它的特點就是被動性。」（鄧曉芒，2008）102 水的這種無定形、無非被規定的特性正是「道」兼有無的最恰當比喻。「道」一方面不是有具體之形的物，另一方面也不是在恍兮惚兮之中又有其「物」的「象」。

總的來說，最高的意念「道」既可命名卻也不可命名；相對應的，最高的原型「水」，既有象，又無象。水兼有形與無形，恰如道兼有無。

4. 道法自然

在老子的哲學中，「道」固然是無形而不可見的，但它作用於萬物時，卻表現了某種規律性，這些規律不僅為萬物的運動變化所遵循，而且也應為我們人類的行為所取法。作為規律準則的道，其基本規則是「道法自然」。道是宇宙萬物的總根源和總根據，「道法自然」，故而「道」又以「自然」為價值和效法、體現之對象。道是老子的終極關切的象徵符號，而「自然」則是這種終極關切所寄託的最高價值。

〔註8〕 胡孚琛說，「道是宇宙的本原，它有體有用。作為道體，它是形而上的宇宙的原始本體，呈現無和有兩種狀態的統一。首先是無，即宇宙創生之前虛空狀態，稱為天地之始，具有質樸性和絕對性。然後是有，即宇宙創生之際含有先天一氣的混沌狀態，稱為萬物之母，具有潛在性和無限性。作為道用，它是形而下的法則秩序，是宇宙萬物之中普遍存在的客觀規律，稱為常道。」見（胡孚琛，1999）61

首先，道的規則是「道法自然」。老子說：

人法地，地法天，天法道，道法自然。(《老子》第二十五章)

這句話是老子對「道」的性質的規定。理解的關鍵在於「何謂『自然』」。老子所謂的「自然」，不是現代人所謂的「自然界」或「大自然」，而是自己如此、本來如此的意思。「自然」二字，從中國文字學的組合來解釋，便要分開來講，「然」是一個動詞，指「如此」。比如用「然」直接表示贊同，「它是如此」，「它就像那樣」，而不贊同的否定就是「不然」。「自」是一個反身代詞，意指「自我」，源於鼻子的形象，指著自己的鼻子表示自己，也就是動作本人。老子所說的「自然」，是指道的本身就是絕對性的，道是「自然」如此，「自然」便是道，它根本不需要效法誰，道是本來如是，原來如此，所以謂之「自然」。〔註9〕葛瑞漢主張將「自然」英譯為「be so of oneself」(自己如此)。另外「自然」也被普遍英譯為「spontaneous」(自發的)，或者名詞「spontaneity」(自發)，又或者「natural」(自然的)，「nature」(自然)——現代漢語中的自然比較偏向這個意思，儘管在西方意義上這個詞還有能動和被動的分殊。〔註10〕

其次，「無為」和「自然」在道家那裡是同義的。「無為」的含義，一是指順任事物之自然，一是指排除不必要的作為或反對強作妄為。這兩方面的含義又是相通而一致的。萬物的生成變化完全是一個自然而然的過程，任何外力的參與和干預都是不必要的。對於一個自然的過程來說，任何不必要的外在作用都是強加的，都是妄為，不但無助於事物的存在和發展，反而會破壞事物發展的自然過程。

《莊子》曾多次論及「無為」：

〔註9〕 大乘佛學有一個名詞「法爾如是」，它是說明諸法本身本來就是這個樣子。從「法爾如是」來看「道法自然」，一樣的解讀。「道法自然」，而「自然」自己本身原來就是如此這般，沒有別的規範可尋，再也找不到一個東西可以另為之主，「道」就是「自然」，「自然而然」，就是「法爾如是」。

〔註10〕 「西方的自然概念有一種分裂，有一種層次的分化，就是除了被造成的這個自然以外，還有創造自然的自然，還有一個更高的層次就是創造自然的自然。創造自然的自然跟這個一般的自然都是 nature，但是在拉丁語裡面 nature 這個詞，在中世紀分為兩個，一個是『被創造的自然』，natura naturata；另一個是『創造自然的自然』，natura naturans。前一個是被自然所創造的自然，後一個是創造自然的自然，也就是說前一個是被動的，後一個是能動的。能動的那個自然更高，那就是神，這是從柏拉圖來的。」見（鄧曉芒，2008）162

夫水之於汋也，無爲而才自然矣。(《莊子‧田子方》)

無爲也，則用天下而有餘；有爲也，則爲天下用而不足。……上必無爲而用下，下必有爲爲天下用。……天不產而萬物化，地不長而萬物育，帝王無爲而天下功。……(《莊子‧天道》)

「道」不妄爲，它並不是有意志有目的地構造世界萬物，它是一種自然的化生，所以它又是「無爲」的。萬物可以「化」「育」，這不是道的規劃、道的創造。道無需規劃、無需創造，道「自然」就能生養萬物。「止水反射自身，流水賦予萬物以生命而無意爲之。」(艾蘭，2002)[132]「無爲」和「自然」都出現在水與道的描述之中。

道生之，德畜之，物形之，勢成之。是以萬物莫不尊道而貴德。道之尊，德之貴，夫莫之命而常自然。故道生之，德畜之；長之育之；亭之毒之 (成之熟之)；養之覆之。生而不有，爲而不恃，長而不宰。是謂玄德。(《老子》第五十一章)

「道」之所以重要，「德」對於萬物之所以珍貴，就在於它讓萬物自己生長、發展、而不發號施令。「道」創造和成就萬物並不含有意識性，也不帶有目的性，從不將萬物據爲已有而宰制之，也不期有所回報，所以說「生而不有，爲而不恃，長而不宰。是謂玄德」。這裡的「生」、「蓄」、「長」、「育」、「亭」、「毒」(即「成」「熟」)、「養」、「覆」，都是說明「道」的創造功能。而「不有」「不恃」「不宰」都是說明「道」沒有意欲、不具目的、不期回報。

道常無名樸。雖小，天下莫能臣。侯王若能守之，萬物將自賓。(《老子》第三十二章)

道常無爲而無不爲。[註11] 侯王若能守之，萬物將自化。化而欲作，吾將鎮之以無名之樸。鎮之以無名之樸，夫將不欲。不欲以靜，天下將自正。(《老子》第三十七章)

統治者如能像水那樣「無爲」，則可「無不爲」，萬物將「自賓」，百姓將「自化」，天下將「自正」。也就是說，「人民將自我轉化以回應聖人的美德」。(艾蘭，2002)[132]

另外，遵從事物的「本性」就是「自然」，就是「無爲」，就是「道」。王弼注：「法，謂法則也。……道不違自然，乃得其性。法自然者，在方而

〔註11〕馬王堆帛書爲「常無名」，王弼本是「無爲而無不爲」。

法方，在圓而法圓，投自然無所違也」。就如《莊子》中庖丁解牛的著名故事，庖丁對牛的肩胛骨骼了然於胸，故能運刀自如，好像藝術表演一般。「『爲』，如我們所見，是人類的特性，它是對事物自然發展的某種阻止。熟悉牛骨骼的屠夫解牛而不用深思熟慮刻意爲之，擁有如此之直覺，故其牛刀從來不鈍。像《莊子·應帝王》中的『無名人』所主張的那樣，『汝遊心於淡，合氣於漠，順物自然而無容私焉，而天下治矣。』」（艾蘭，2002）132

「『無爲』係水之所爲。水無意識、無意志，它從無『行爲』。然而，它有運動，從泉源處汨汨湧出，向低處流淌。水總是屈從忍讓，但又能克服任何堅強之物。當其靜止時，則沉澱雜質，自然澄明，完美地映現外物。它無爲，但又滋養萬物。如若水的意象確是『無爲』概念所依存的根基，那麼，『無爲』的意思將顯而易見。而且，我們認識到，作爲水之所爲的『無爲』，是『道』的最完美的表達，『道』亦是以水爲模型建構而成的。」（艾蘭，2002）93

（二）《老子》的辯證法與水：「反者道之動」

《老子》的「道」不僅是一個名詞，同時具有動詞性。正如宮哲兵教授所言：「如果我們僅僅把道作爲名詞理解，我們就只會問：是什麼？如果我們還把道作爲動詞理解，那麼就還會問一個問題：怎樣運行？前者主要是一個靜態的宇宙觀的問題，後者主要是一個動態宇宙觀的問題。正是後面一個問題，是道家哲學始終不變的主題，也是中國哲學的特點。」（宮哲兵，2004）5而動態宇宙觀的集中體現就在於《老子》的辯證法。

《老子》是先秦辯證法的集大成之作，是中國古代樸素辯證法的兩個高峰之一。〔註12〕《老子》的辯證法既是一系列哲學範疇的歷史發展過程，又是辯證思維的邏輯展開過程。它的核心範疇是道。其中不僅包含了五行、陰陽學說中的矛盾相互依存和轉化的思想，還包含了史伯、史墨等的和同、一兩、倍貳的思想，形成從屬於「道」的完整的、綜合的體系。

「道」的辯證法「周行而不殆」，若水周流不息。柔弱中預示生命力量的水展現了「弱者道之用」的核心規則，乃是「反者道之動」的演化。

1. 周行而不殆

執古之道，以御今之有。能知古始，是謂道紀。（《老子》第十四章）

――――――――――――――――

〔註12〕另一個高峰是《易傳》。

「道紀」指道的綱紀、要領，具體地說就是通於物質、思維、人世的總原理或總規律。〔註13〕只有明白、掌握了「道」的要領、法則，才可知古御今。范應元注「能知自古生物之始，此乃常道之綱紀，執古之道以御今，如網有綱紀而不紊也」。「道紀」的要義就是「周行而不殆」，老子說：

> 有物混成，先天地生。寂兮寥兮，獨立而不改，周行而不殆，可以為天地母。吾不知其名，強字之曰道，強為之名曰大。大曰逝，逝曰遠，遠曰反。（《老子》第二十五章）

「道」運動的總體情況表現為返本復初的循環運動。「返」與「復」「歸」，與「周行」同義，都有循環的意思。「周行」即是依著一個圓圈循環運動。「周行而不殆」，「道」的這種循環運動永不停息。「道」無限廣大，萬物都從它出來（「大」），萬物從「道」分離出來以後，周流不息地運動著（「逝」），萬物的運行越來越離開了「道」（「遠」），離「道」遙遠，剝極必復，又回覆到原點（「反」）。這樣就是一個「周行」。

道「周行而不殆」的要義就在於一個「動」字。「道」就是一個萬物往復變化無窮的世界，一切在變。而萬物皆變的同時，「道」是「獨立而不改」的，「道」不是在變，而只是在「動」，這便是「道紀」。而總天、地、人、物所必由的「道紀」究竟是什麼呢？老子回答了：

> 反者道之動；弱者道之用。（《老子》第四十章）

「動」而有「反」，「動」而必「返」。「道動」是變與不變的統一。其變也，由於道自身的相反；其成也，由於相反的統一；而其向前發展則在於柔弱的特性潛藏著新生的可能。

2. 反者道之動

「反」這一範疇或者說規律是老子辯證法的核心，亦即老子辯證法的靈魂。「反者道之動」是老子辯證法思想的總綱。「反」是「道」的內在機制。「反」是世界萬物運動變化的原因和動力。「反」是「道」在自身中潛在地蘊含的兩種力量相反相成，相互排斥、交感、激蕩，相互推動由此化生出天地萬物。整個自然就是在這樣永久的流轉和循環中運動。「反」的總規律中蘊涵了三點：第一是「相反相成」，第二是「物極必反」，第三是「返本復初」。

> 天下皆知美之為美，斯惡已。皆知善之為善，斯不善已。有無相生，

〔註13〕以後哲學家也常用「道紀」這一概念，如《管子・心術上》言：「故必知不言、無為之事，然後知道之紀。」「逆順同道而異理，審知逆順，是謂道紀。」

難易相成，長短相形，高下相盈，音聲相和，前後相隨。恒也。（《老子》第二章）

曲則全，枉則直，窪則盈，敝則新，少則得，多則惑。（《老子》第二十二章）

禍兮福之所倚，福兮禍之所伏，孰知其極？（《老子》第五十八章）

圖難於其易，爲大於其細；天下難事，必作於易，天下大事，必作於細。是以聖人終不爲大，故能成其大。（《老子》第六十三章）

「相反相成」是說，事物總有相互矛盾的兩面，對立面既相互鬥爭，又相互依存。《老子》提出了一系列的矛盾概念，諸如：大小、高下、前後、生死、難易、進退、古今、始終、正反、長短、智愚、巧拙、美惡、正奇、敝新、善妖、強弱、剛柔、興廢、與奪、勝敗、有無、損益、利害、陰陽、盈虛、靜躁、張歙、華實、曲全、枉直、雌雄、貴賤、榮辱、吉凶、禍福等等。《老子》正是通過對這八十多對的對立性概念的表述，揭示事物矛盾的普遍性和客觀性。

大成若缺，其用不弊。大盈若沖，其用不窮。大直若屈，大巧若拙，大辯若訥。（《老子》第四十五章）

明道若昧；進道若退；夷道若纇；上德若谷；廣德若不足；建德若偷；質眞若渝；大白若辱；大方無隅；大器晚成；大音希聲；大象無形；道隱無名。（《老子》第四十一章）

將欲歙之，必故張之；將欲弱之，必故強之；將欲廢之，必故興之；將欲取之，必故與之。（《老子》第三十六章）

「物極必反」是說，一切有限的事物既然自身包含著相反，所以一切有限的事物必然過渡到它的反面。也正因爲如此，我們可以「用反」，利用事物的反面來理解、來達成。

大曰逝，逝曰遠，遠曰反。（《老子》第二十五章）

夫物芸芸，各復歸其根。歸根曰靜，靜曰復命。（《老子》第十六章）

「返本復初」意味著，事物的運動發展總要返回到原初的基始狀態。「道」的運動周而復始、循環不已，循環運動也是「道」所表現的一種規律。所謂的「相反相成」又「物極必反」能夠轉化的關鍵因由就在於有能力「潛藏」。「道」深邃、內斂、沖虛，同時又含藏，「有容而不盈」，這又是原型「水」「隨形」

的內涵特徵之一。而強調「返本復初」就是要回到這個「有容而不盈」的「潛藏」狀態，因為潛藏而具有了無限包容、無限變換的能力。也可以說，「道」的最奇妙的規律，便是在事物之中潛藏其對立之物的潛藏之動力。

3. 弱者道之用

反者道之動：弱者道之用。（《老子》第四十章）

如果是「反者道之動」是「道」的原理，那麼「弱者道之用」就是「反」的應用。

老子喜歡並擅長運用雌性比喻。〔註14〕「眾多雌性比喻更充分、更形象地突出了老子提倡的自然、容納、柔韌、懦弱、謙下、虛靜、和諧、無限等概念、價值和方法。這些觀念都接近於傳統習慣所認定的女性的性格特點，而和男性特點適成對照，因此，這些雌性比喻雖然不是直接指涉男女問題，但畢竟隱含了在兩性之間更推重雌性特點的價值取向。」（劉笑敢，2009）262

「貴柔守雌」的方法也是對「物極必反」法則的把握和運用。因為「物極必反」，故而盡力使事物保持在柔弱的地位，反而能夠潛藏其反面的堅強的力量。而一旦與柔弱相對的剛強從潛藏走出，在顯明的同時也將走向消散和死亡。反而是柔弱，雖然幼小，卻也意味著新生的生命，老子問：

專氣致柔，能如嬰兒乎？（《老子》第十章）

常德不離，復歸於嬰兒。（《老子》第二十八章）

含「德」之厚，比於赤子。毒蟲不螫，猛獸不據，攫鳥不搏。骨弱筋柔而握固。（《老子》第五十五章）

嬰兒的骨是弱的，嬰兒的筋是柔的，可是它的拳頭是攥緊的，可見新生的柔弱也是潛藏的生命力的標誌。老子推崇的上德純樸如同初生的嬰兒一般，沒有半點的矯揉造作或者虛假掩飾，雖然柔弱卻具有本真的潛藏的生命力，那就是最高的道德境界。

人之生也柔弱，其死也堅強。草木之生也柔脆，其死也枯槁。故堅強者死之徒，柔弱者生之徒。是以兵強則滅，木強則折。強大處下，柔弱處上。（《老子》第七十六章）

物壯則老，是謂不道，不道早已。（《老子》第三十章）

〔註14〕「《老子》中的雌性比喻應該作為文化象徵符號解讀，而不應該作為實際的男女性別問題討論。」見（劉笑敢，2009）242

如果柔弱是新生的，那麼和柔弱相反的堅強就是陳舊。陳舊東西所表現的堅強，外貌也許強大，而實際是僵化、死便、呆板、頑固、衰老、腐朽、凝滯不化、一擊就斷，所謂「木強則折」。陳舊東西看來堅強，卻是趨於死亡的標誌。故老子曰，人之「死也堅強」，草木之「死也枯稿」，「堅強者死之徒」。

柔弱的最佳代表是「活動」的、「流通」的、「運行」的、變化不凝滯的「流水」。水無定形，隨遇而變，遇方則成方，遇圓則成圓，是柔弱的最恰當比喻，同時更重要的——道也是如此。所以老子說：

> 天下莫柔弱於水，而攻堅強者莫之能勝，以其無以易之。弱之勝強，柔之勝剛，天下莫不知，莫能行。（《老子》第七十八章）

> 天下之至柔，馳騁天下之至堅。無有入無間，吾是以知無爲之有益。（《老子》第四十三章）

> 上善若水。水善利萬物而不爭，處眾人之所惡，故幾於道。（《老子》第八章）

> 知其雄，守其雌，爲天下谿。爲天下谿，常德不離，復歸於嬰兒。知其白，守其辱，爲天下谷。爲天下谷，常德乃足，復歸於樸。知其白，守其黑，爲天下式。爲天下式，常德不忒，復歸於無極。樸散則爲器，聖人用之，則爲官長，故大智不割。（《老子》第二十八章）

在老子看來，柔弱是生的力量和希望，而剛強意味著腐朽，故老子曰，「弱之勝強，柔之勝剛」，「其無以易之」。新生勝腐朽，這是自然的法則不可改變。水便具有這樣的特性，故而水近乎於道。「雌」「天下溪」「嬰兒」「辱」「天下谷」「樸」「黑」「天下式」「無極」等辭彙都是對「道」的形容，對「道」的比喻，都統一於「道」。

（三）《老子》的境界論與水：「滌除玄鑒」

> 視之不見，名曰夷；聽之不聞，名曰希；搏之不得，名曰微。此三者不可致詰，故混而爲一。其上不皦，其下不昧。繩繩兮不可名，復歸於物。是謂無狀之狀，無物之象，是謂惚恍。迎之不見其首，隨之不見其後。（《老子》第十四章）

「道」「視之不見」「聽之不聞」「搏之不得」，是超感覺、超經驗的，不可能

以認識具體事物的普通方法而獲得。一般的經驗知識的積累是成見、偏見甚至欲望、智巧的誘因，不但無助於「爲道」，反而還會妨礙對大道的認識。

> 爲學日益，爲道日損。損之又損，以至於無爲，無爲而無不爲。(《老子》第四十八章)

「道」是超知識、超欲望的高超境界的，爲學固然要增加知識，但爲道非要減少知識不可。另外，「道」也是一種精神境界，一種生活的態度和原則。人類的自然眞樸之見本是最符合大道的，但人類過多的和不適當的行爲卻破壞了這種自然的狀態，徒增了許多的私欲、偏見和機巧，以致於離大道越來越遠，因而人要「爲道」，要仿傚「道」的樣子而生活，要復歸於自然，就必須排除這些多餘的東西，排除得越徹底越好。因而「爲道」貴在減損，「損之又損，以至於無爲」，即損到無可再損的地步，所以說「日損」。多餘的、不自然的東西損盡之日，就是體認把握「大道」之時，這就是「無爲而無不爲」。既然道是學不到的，那應該如何得道呢？老子說：

> 載營魄抱一，能無離乎？專氣致柔，能如嬰兒乎？滌除玄鑒，能如疵乎？愛國治民，能無爲乎？天門開闔，能爲雌乎？明白四達，能無知乎？(《老子》第十章)

> 知者不言，言者不知。挫其銳，解其紛，和其光，同其塵，是謂「玄同」。(《老子》第五十六章)

老子的體道功夫論就是通過「滌除玄覽（鑒）」而至「玄同」。在老子看來，「道」是最高精神實體，人和萬物都同出於「道」，都是「道」的體現。所以，從最高精神實體的角度來看，消除自我爲中心的錮蔽，化解所有的封閉隔閡，超越偏狹的世俗紛擾，以開豁的胸懷和無所偏私的心境去對待一切，使萬物合同於抽象的「道」，與「大道」合一的境界便是最高境界，亦即「玄同」。可直接觀照和體認玄遠深奧的「一」，就是得道的境界。「道」，「一」或「玄」三者不過是用詞的不同，在本原或者本體上是混合同一的。

《老子》中「玄之又玄」〔註15〕、「玄牝」〔註16〕、「玄德」〔註17〕、「玄

〔註15〕道可道，非常道。名可名，非常名。無名天地之始；有名萬物之母。故常無，欲以觀其妙；常有，欲以觀其徼。此兩者，同出而異名，同謂之「玄」。玄之又玄，眾妙之門。(《老子》第一章)

〔註16〕谷神不死，是謂「玄牝」。玄牝之門，是謂天地根。綿綿若存，用之不勤。(《老子》第六章)

〔註17〕道生之，德畜之，物形之，勢成之。是以萬物莫不尊道而貴德。道之尊，德

通」〔註18〕、「玄覽」(《老子》第十章) 等辭彙的運用與「玄同」(《老子》第五十六章) 一樣都頗有深意。學者王樹人甚至將「玄」作爲「道」之根本特徵。(王樹人，2005)^{52～61} (牟宗三，2005)

　　另外從字源來說，「玄」字與「水」本就關係微妙。玄，本意當爲染黑。〔註19〕《說文解字》麼部、玄部、絲部的字均爲同源，都應是以「麼」爲字源，所以都與絲有關。〔註20〕水色本當爲素，或看似爲白，古人卻視水色爲玄，後將水之北方與神獸玄武對應，都來源於這最初的對絲染色之意。另一方面，水亦符合老子「反」的原理，所謂「知其白守其黑」(《老子》第二十八章)，「大白若辱」(《老子》第四十一章) 也，白黑之間轉化而來〔註21〕。因爲「水色爲玄」，故而「玄」的最高境界也成爲原型「水」的轉喻表達，又「玄」即「道」，則道即是水。

　　「道」的境界修養論中包含了「道」的原型「水」的某些基本特徵：水的潔淨作用可以對應老子所講的「滌除」，而靜水如鏡，正是「玄鑒」的另種表達，老子的功夫修養是對「水」之「淨」和「靜」兩種特點的運用。

1. 「滌除」與「淨」水

　　「滌除」，高亨曰：「洗垢之謂滌，去塵之謂除。《說文》：『疵，病也』。人心中之欲如鏡上之塵垢，亦心之病也。故曰：『滌除玄鑒，能無疵乎』，意

之貴，夫莫之命而常自然。故道生之，德畜之。長之育之，亭之毒之，養之覆之。生而不有，爲而不恃，長而不宰，是謂「玄德」。(《老子》第五十一章)
古之善爲道者，非以明民，將以愚之。民之難治，以其智多。故以智治國，國之賊；不以智治國，國之福。知此兩者亦稽式。常知稽式，是謂「玄德」。玄德深矣，遠矣，與物反矣，然後乃至大順。(《老子》第六十五章)

〔註18〕古之善爲道者，微妙玄通，深不可識。夫唯不可識，故強爲之容。豫兮若冬涉川；猶兮若畏四鄰；儼兮其若容；渙兮若冰之將釋；敦兮其若樸；曠兮其若谷；混兮其若濁。孰能濁以靜之徐清？孰能安以動之徐生？保此道者不欲盈。夫唯不盈，故能蔽而新成。(《老子》第十五章)

〔註19〕甲骨文狀在河裏漂洗染絲形，表示染黑。金文省去河水，只留下一把絲，或是在絲上加一點，表示懸掛晾曬。《說文·玄部》云：「玄，幽遠也。黑而有赤色者爲玄。象幽而入覆之也。」

〔註20〕「玄」字的重疊爲「茲」。茲，黑也。從二玄。《春秋傳》曰：「何故使吾水茲。」**絲**，會意字，《說文·絲部》：「**絲**，微也。從二麼。」同樣本義是漂洗染絲，後轉爲爲細微。另外，「麼」，象形字，是絲的初文，本義當爲一小把細絲。參考 (谷衍奎，2003)^{41，139，495，239}

〔註21〕陳鼓應說「此言水性素白而色黑，是其精所致」當參考《管子·水地》中「視之黑而白，精也。」視水爲「精」當與管子「精氣」之說一脈相承。

在去欲也。」「河上公注亦曰：「當洗其心使潔淨也。」顯然，「滌除」在這裡是借用日常生活中的洗除塵垢，來喻指排除附加在人們心中的私欲和成見，使人心保持清潔明澈的自然狀態，此時再去觀察事物，就可以看得深、看得遠，就可以洞察事物的本質和規律。把握最高的「道」。「爲道」有三大障礙，其一是貪欲，其二是智巧和詐僞，其三是成見和偏見。

> 五色令人目盲；五音令人耳聾；五味令人口爽；馳騁畋獵，令人心
> 發狂；難得之貨，令人行妨。是以聖人爲腹不爲目，故去彼取此。（《老
> 子》第十二章）

因爲受到外物刺激而產生的各種貪欲是妨礙人們「爲道」的第一個障礙。對此，老子提出「塞兌」「閉門」的方法。

> 塞其兌，閉其門，終身不勤。開其兌，濟其事，終身不救。（《老子》
> 第五十二章）

「塞兌」「閉門」就是要堵塞嗜欲的孔竅，封閉私欲和成見的來路，防止對「大道」進行「玄鑒」時出現障礙。老子認爲「塞兌」「閉門」則會受益無窮（「終身不勤」）；相反，如果打開嗜欲和成見的門徑（「開其門，濟其事」），就會不可救藥（「終身不救」）。

> 絕聖棄智，民利百倍；絕仁棄義，民復孝慈；絕巧棄利，盜賊無有。
> 此三者以爲文，不足。故令有所屬：見素抱樸，少私寡欲，絕學無
> 憂。（《老子》第十九章）

> 聖人去甚，去奢，去泰。（《老子》第二十九章）

妨礙人們「爲道」的第二個障礙是智巧和詐僞。老子對「智」持貶斥的態度，「智」是指機巧之心和繼之而來的詐僞之心。老子認爲，世俗之人玩弄心機自以爲聰明睿智，但他們的心靈已經不再保有樸實、純眞的自然狀態，其實是堵塞了體認「大道」的途徑，是愚蠢的行爲。於是，老子提出要「絕聖棄智」「絕仁棄義」「絕巧棄利」「見素抱樸」「少私寡欲」，以使人心返歸本眞的自然狀態。

另外，成見和偏見也是妨礙人們「爲道」的障礙。世人皆以自我爲價值的中心來看待事物。思考問題，對待他人，這種自我中心就表現爲主觀的成見、偏見和排他性，由此產生狹隘、閉鎖的心靈，妨礙人們對外界事物作客觀的認識，對於人們體認大道更是構成了嚴重的蔽障。因而，「爲道」就必須滌除自我中心的價值觀和由此產生的成見與偏見，使心靈從狹隘、封閉的局

限性中提升出來、不沾染絲毫主觀的成分，以廣大的、超脫的、開放的心靈來觀照萬物和宇宙的真諦，如此才能體認大道。

這些障礙都必須滌除。而滌除障礙的目的只有一個，那就是潔淨人心，返樸歸真的自然狀態。而清潔、潔淨本身就是水的功能。《管子》贊水：

> 夫水淖弱以清，而好灑人之惡，仁也。視之黑而白，精也。量之不可使概，至滿而止，正也。唯無不流，至平而止，義也。人皆赴高，己獨赴下，卑也。（《管子・水地》）

屈原吟道：「滄浪之水清兮，可以濯吾纓；滄浪之水濁兮，可以濯吾足。」（《漁夫》）那洗的不是帽纓或者臭腳，洗的是人心。另外，水還具有「清涼」的特性，而「清涼是一股喚醒的力量」（巴什拉，2005b）[36]。水的清涼讓用水清洗的人們在清潔的同時也獲得一種「警醒」。可見，「滌除」與水的「淨」的作用是一致的，水可以作為「滌除」心靈中那些障礙的暗喻。

2.　「玄鑒」與「靜」（鏡）水

「玄鑒」，帛書老子甲本「覽」作「藍」，乙本作「監」，均讀為監，古鑒字，即鏡。玄，指幽深微妙，原指幽深微妙的鏡面照物的狀態，這裡借喻為認識主體心的靜觀直覺的認識狀態。「玄鑒」是對事物本質和全體的一種深遠的觀照。

「玄鑒」的同義詞還有「靜觀」。老子說：

> 靜勝躁，寒勝熱。清靜為天下正。（《老子》第四十五章）

> 致虛極，守靜篤，萬物並作，吾以觀復。（《老子》第十六章）

王弼注云：「以虛靜觀其反覆」。「虛」是形容清明空靈的心境，「靜」是指心靈寧靜安和的狀態；「極」和「篤」都是指極度和頂點。「致虛極」即是心智作用的消解，徹底消解心中的蔽障，敞開明澈的心靈，以便接受新知。保持內心的極度寧靜，使思慮不生、雜念不起，外物不能惑亂本心，以利於體認「道」。這樣，儘管「萬物並作」，「為道」之人仍可以靜制動，以不變應萬變，於紛擾紊亂之中深觀遠照萬事萬物的本質和規律（「觀復」），從而把握「大道」，獲得最高的知識。

「致虛極，守靜篤」是老子體道功夫論的重要方法和必然步驟，老子主張排除各種雜念的干擾，持守虛靜的心態，通過靜觀萬物的歸根以達到認識「道」。

老子的天人合一思想表現為萬物與人之合一，人與「道」為一，正是通

過「玄覽」的內心直觀才可達到此種境界。靜水如鏡，靜水就是使萬物與人合一，人與「道」合一的明鏡。莊子說：「人莫鑒於流水，而鑒於止水。」（《莊子・德充符》），又贊道「水靜猶明，而況精神！聖人之心靜乎！天地之鑒也，萬物之鏡也。夫虛靜恬淡寂漠無爲者，天地之平而道德之至也。」（《莊子・天道》）「水的一個重要的特徵便是：當其靜止之時，變得清澈反光。水靜則無爲。」「如我們已經看到的那樣，止水的另一特點是至平，故可作爲木匠之水平儀。與之相似，心也應該虛靜澄明，方可爲天下之儀準規矩。」（艾蘭，2002）[91] 於是，我們「必須理解水這面鏡子的心理用途：水可以用來使我們的形象自然化，可使我們自傲的心靈深處的靜觀得以返璞歸眞。」（巴什拉，2005b）[24]

通過水的映照，我們不僅看到自己被包容和納入其中，更獲得更夢幻神奇的廣闊世界〔註22〕，感受到水天合一，人物不分的光景。「現實之物何在？在天上還是在水底？在我們夢幻裏，無限在星空中與在水下同樣地深。……在這個連接點上，水連上了天。夢幻給予水以最遙遠部分的、天邊的含義。」（巴什拉，2005b）[54~55] 如莊周夢蝶，即虛幻即眞實。類似的還有洋人常用的有關「飛魚」幻覺。水可以使天空布滿魚。「一種形象的共生把鳥給了深水，把魚給了天空。……魚在飛，鳥在遊。」（巴什拉，2005b）[58] 在水的鏡象之中，天水合一，甚至世界合一。「水天合一中產生出既是無限的又是精確的隱喻。」（巴什拉，2005b）[59]

水的清澈、寧靜、包容，是一種生動的、創造性的、內在的、無限包容的美感〔註23〕，就猶如「道」。通過靜水，以靜水爲鏡，我們觀照自身，從新的視角重新觀照這個世界，於是獲得了更深的對「道」的理解。而世界也因爲靜觀而重新被體驗，被體現。〔註24〕

〔註22〕「正如生活是夢中的一場夢，天地就是映像中的一種映像；天地是一種絕對的形象。湖泊把天穹的形象鎖定時，它在自身胸懷中創造了一片天空。清新透亮的水是一片倒置的天，在這天上，星辰獲得了新生命。」（巴什拉，2005b）[54]

〔註23〕「看到各種倒影之後，突然間正視到水本身：我們會以爲無意中發現水正在創造美；我們會察覺到水在它的容量中的美，一種內在的美，活躍的美。一種容量上的自我陶醉感染著物質本身。」（巴什拉，2005b）[59]

〔註24〕水映出了這個世界，也即是水看到了這個世界。「叔本華指出，美學的靜觀會使人同意志的悲劇分離，從而在瞬間平息人的不幸。這種靜觀與意志的分離抹殺了一種特性，我想指出這種特點便是：靜觀的意志。靜觀本身也在決定意志。……湖是一隻安詳的大眼睛。湖攫取全部光亮，又把光亮變作一個世界。對於湖而言，世界已經被靜觀，世界已經被體現出來。湖海可以說：世

二、「道」與其原型「水」：兼論「邏各斯」與其原型「火」

中國有「道」，西方有「邏各斯」（logos）。「道」的原型是「水」，而西方人用「火」來喻「邏各斯」〔註 25〕。在各種文化之中，作爲最基本的、最常見的物質的「水」都和「火」有密切的關係，經常對立來比較，漸漸進入文化的深層，成爲「原型」。

爲什麼西方人喜歡用「火」的比喻？爲什麼中國哲學喜歡用「水」的比喻？這兩個比喻的差異到底在什麼地方？巴什拉說，水是「一種比火更女性更均勻的本原，這種更爲穩定的本原，它通過更隱蔽、更簡潔，更簡單化的人性力量而具有象徵性。」（巴什拉，2005b）[6] 女性、均勻、穩定、隱蔽、簡潔，這是與「火」相比的「水」的特徵。（見表 5.1）

表 5.1　作爲原型的「水」與「火」的基本特徵比較

水	女性	均勻	穩定	隱蔽	簡潔
火	男性	參差	變動	顯明	繁複

以中西文化視野的交融爲背景，以視域融合爲目標，展開中西哲學思想的比較，這是很多當代中國哲學研究學者的經驗之談。這種交融對中、西皆有益。所以論文的這一部分，我們將從中西哲學核心觀念「道」和「邏各斯」，及其分別的原型「水」與「火」的比較來窺探中西哲學相似而又相異的思維路徑。下文截取了有關「道」與其原型「水」的三對看似矛盾但又同時相互統一的特徵，由其入手來理解「道」。

界就是我的表象。在湖畔，人們明白了主動視覺這個古老的生理學理論。對於主動視覺而言，眼睛似在拋投光亮，它似在自己照亮自己的形象。此時，人們懂得了眼睛具有看到自己視覺的意志，而且靜觀也是意志。」（巴什拉，2005b）32

〔註 25〕古希臘沒有相關的層次劃分，只有四大元素——水、火、土、氣。水、火、土、氣四者裏面，最開始「火」並沒有特殊的地位，是到了赫拉克利特以後，才把「火」單獨提出來作爲一個哲學隱喻，認爲其他都是「火」所化成的，「火」化生萬物。稀薄的「火」就是「氣」，凝聚的「火」就是「水」，沉澱的「火」就是「土」，最後「土」裏又生出火來。「火」支配一切，是萬物的根本。不過在西方還有一些其他的說法，比如也有認爲「土」是萬物根源的。但是真正在西方傳統中貫穿下來的，被人們廣爲接受的，是「火」的比喻。（鄧曉芒，2008）105

其一，道的「自然性與人文性」，關鍵在於對「自然」的理解，我們發現《老子》「自然」之道其實是人文性的，充滿了人文關切。而這種關切與「道」的原型「水」的「隨形」的特點是密切相關的，「水」的「隨形」與西方「邏各斯」的原型「火」的「自定形」正好相對。其二，道的「創生性與被動性」，道的創生既是「周行而不殆」的持續的、循環的過程，同時從原型「水」的特性上說又是「無爲而無不爲」的被動的、無目的的作爲。貌似爲一切主導的創生卻是不干涉的被動，這便是獨一無二的「道」。其三，道的「整體性與消解性」，「道」最大，「道」是具有多層次的、無限包容的、內在協調的整體，但同時相對於西方「邏各斯」對主體的強調，「道」從某種意義上來說又是主體消解的，道涵泳萬物，又溶解於萬物，「道」的整體是「道」與萬物合一的整體。

（一）「道」的自然性與人文性

與西方「邏各斯」的原型「火」的「自定形」相對，「道」的原型「水」是「隨形」的。「水」的「隨形」是「道」體貼萬物的方式，「道」的「自然」就是如流水般的自然而然順著萬物、滋養萬物。《老子》的「自然」是人文性的，充滿了人文關切。

1.「水」的「隨形」與「火」的「自定形」

作爲中西根本觀念「道」與「邏各斯」原型的「水」與「火」二者，都是「既有形，而又無定形」的。「水」之有形在於它遇圓則圓，遇方則方，隨萬物之形而有其形，見江河湖海各種情狀，也正因爲如此，「水」不定其形，也可以說是無定形的。可以說，「水」的有形建立在它的無定形之上，「水」的無定形是有形的基礎。而「火」的情況則正好相反。「火」之有形在於它自己燃燒，因爲自己的力量而具有某種形狀，但同時燃燒的「火」又是不斷變動的，並沒有一個固定的形狀，也可以說是無定形的。可以說，「火」的無定形是建立在「火」的有形之上的，「火」的有形是無定形的基礎。

進一步說，水沒法自我定形，是「隨形」的；而作爲邏各斯原型的「火」，是「自我定形」〔註26〕的。赫拉克利特的「火」的原則就是通過火的自我定

〔註26〕「『火』的哲學比喻體現爲自我定形這樣一個原則，自己給自己定形。火是有
　　　　形狀的，火苗、火舌、火星，但是這個形狀不是由一個容器能夠裝下來的，
　　　　你用一個容器裝上，那火就熄滅了。它不像水，你裝一杯水，它就是一個杯

形，把無定形和動因這兩個貌似矛盾的問題雙方統一在了一起。它自己就是
自己的動力因，同時它又具有基礎性和原始性，故而它也可以成爲萬物的動
因。「火既是無定形的，又是有一定分寸的、有一定的形的，它自己給自己
定形。所以『火』的哲學的提出，它的意義就在於它使本體具有了眞正的造
化萬物的一種能動性。」「正是因爲有自己的分寸、自己的規律、自己的規
範，才有力量去規範萬物。赫拉克利特的『火』的最大意義就在於，不僅僅
是無定形，而是能夠給自己定形，並且因此能給萬物定形，能夠變更萬物的
形狀、形態，它能夠改變萬物的形態。」（鄧曉芒，2008）107〔註27〕而相對
而言，「水」並沒有這種所謂的「主觀能動性」，它是自在、自動、自爲的，
這個「動力」貌似來自自身，卻又沒有眞正的「內在衝動」，「萬物的存在是
不言而喻的」〔註28〕，道的運行是先驗的，無需追問的。（見表5.2）

表5.2　「道」（原型「水」）與「邏各斯」（原型「火」）

觀　念	道	邏　各　斯
原型	水	火
本質	隨形	自我定形
基礎	無定形	有形
現象	有形（江河湖海）	無定形（燃動的火）
規則	無規則的規則 萬物→道	自定義的規則 邏各斯→萬物
何爲	（無爲）自在、自動、自爲	（有爲）自我塑造

　　從「水」和「火」作爲最根本規則的「道」和「邏各斯」的原型來看，「水」
的「隨形」正體現了一種「無爲的規則」，其實也就是無規則的規則，而「火」
的自我定形也恰恰展現了「邏各斯」主動自我定形的特質。「水」的「隨形」
流動是自在、自動、自爲的動態過程，而「火」的「自定形」則是一種有意

子的形狀。也不像氣，你把氣放在氣球裏就是個球形，你裝在盒子裏面氣也
就是一個立方體。但是火不能裝在任何容器裏頭，但是它又不是沒有形狀，
它有，它的形狀是自己賦予的。」（鄧曉芒，2008）102
〔註27〕由此我們也可以理解，在引入上帝的概念之後，西方爲何要不斷強調上帝是
　　　　眞人，是眞實的存在。因爲上帝這個一切的根源也要有動力，也要是實存，
　　　　就像是赫拉克利特的「火」一樣。
〔註28〕「對於古代中國人來説，萬物的存在是不言而喻的，因此也就沒有引起他們
　　　　的理論興趣。中國古代哲學著重討論的是『變化的原因是什麽？變化的規律
　　　　是什麽』的問題。」（宮哲兵，2004）前言5頁

識的自我塑造過程。「水」的「隨形」正是「道」的精神內涵所在。看起來是「萬物法道」，但實際上「道法自然」，卻是「道」符合萬物的本性，隨萬物本性的這個「形狀」而具有自己的「形狀」，按照萬物的自身規則來運行，也可以說是「道法萬物」。在這個意義上，也可以說「道」的規則是「自定義」的，按照道所涵泳的萬物的本性「自定義」的。「道」如果有規則，那是隨萬物本性的規則，是由萬物而及道的；而邏各斯的規則則是由邏各斯而及萬物的，兩者正好相反。

「水」以「隨形」為基礎的「玄」「樸」「深」「遠」「就下」「不爭」「有容而不盈」「柔」「無為而成就之能」等一系列特性，就是「道」的「自然性」的原型。而同樣，「道」的自然性也正是在原型「水」隨形的一系列特徵中得到了展現。

「道」，因為原型「水」的隨形，如此「玄」妙：「常無，欲以觀其妙；常有，欲以觀其徼。此兩者，同出而異名，同謂之玄。玄之又玄，眾妙之門。」（《老子》第一章）「道」，因為原型「水」的隨形，而具有最原初，最質「樸」的特性：「敦兮其若樸」（《老子》第十五章）；「為天下谷，常德乃足，復歸於樸」（《老子》第二十八章）；「道常無名樸」（《老子》第三十二章）。「道」，因為原型「水」的隨形，而能夠永恒流淌，無限「深」「遠」：「淵兮，似萬物之宗；湛兮，似或存。」（《老子》第四章）「道」，因為原型「水」的隨形，遇圓則圓，遇方則方，「有容而不盈」：「大盈若沖，其用不窮。」（《老子》第四十五章）「道沖，而用之或不盈。」（《老子》第四章）「道」，因為原型「水」的隨形，於是能夠「就下」沿著渠道而流，滋潤萬物、養育萬物成就萬物而「不爭」，也使萬物歸之於「道」：「譬道之在天下，猶川谷之於江海。」（《老子》第三十二章）「水善利萬物而不爭，處眾人之所惡，故幾於道。……夫唯不爭，故無憂。」（《老子》第八章）「江海之所以能為百穀王者，以其善下之，故能為百穀王。……以其不爭，故天下莫能與之爭。」（《老子》第六十六章）「道」，因為原型「水」的隨形，於是有「無形而能成就之有形」，「無為而成就之能」。

2. 《老子》「自然」之道的人文關切

「『道』能夠造化萬物，但是並不是靠它的能動性，也就是『有為』，並不是靠它的『有為』、不是靠它定形的能力，而是靠它本身的存在的自然性……自然的原則」（鄧曉芒，2008）[108] 這種「自然性」或者「自然的原則」是先在

的，無可驗證的，超越感官的。這個「自然性」是「隨形」的，「無爲」的
——當然，也是「自然」的。老子說：

> 人法地，地法天，天法道，道法自然。（《老子》第二十五章）

道的規則就是「自然」。就現有經典來看，「自然」一詞最早出現於《老
子》。《詩經》、《左傳》、《論語》這些早期的經典中都沒有「自然」的說法。「自
然」的字面意思或者基本意思應該是「自己如此」「自己這樣」「本來如此」。
道家反對人爲刻意的造作，「無爲」和「自然」在道家那裡是同義的。但道家
並不反對鬼斧神工的自然造化。道家反對的是「作」，是刻意，但絕對不反對
變化。這個自然造化其實也包含了對人爲的順應事物的自然的作爲的贊同。

先秦典籍中的「自然」應該還沒有今天我們所說的大自然或者自然界的
意思，那時候是用「天」「地」「萬物」之類的辭彙來指我們所理解的自然界
的。而以「自然」來指自然界是很晚的事。張岱年認爲始於阮籍的《達莊論》
「天地生於自然」（張岱年，1987）[81]，然而貌似這句其中的自然也還不是
自然界的意思。劉笑敢對老子「自然」進行了辨析，他說：「『自然』一詞明
確指與人類社會相對立的大自然，應該是近代西方學術傳入中國以後的事。
顯而易見的是，『自然』一詞在先秦還沒有大自然的意思。……道家講『自
然』，其關心的焦點並不是大自然，而是人類社會的生存狀態。」（劉笑敢，
2009）[293]

筆者完全贊同劉笑敢此說。也許正是因爲對「自然」這個詞的誤會，將
「自然」與「自然界」等同，才讓某些人將老子的「道」與「人」的世界對
立起來。其實老子也說到：

> 道大，天大，地大，人亦大。域中有四大，而人居其一焉。（《老子》
> 第二十五章）

人乃「域中四大」之一，可見老子的「道」關乎宇宙萬物，更是有關於宇宙之
中的人的。人法地法天更法道，人也遵循道的規律，也有「人之道」。說「天之
道」也是爲了「人之道」。在老子的哲學中，「自然」之「眞」與刻意「人爲」
之「僞」是對立的，但「自然」和「人文」並不對立。「道」的自然性和人文性
是相互統一的，並且「老子之自然本質上或其核心意義是人文自然」（劉笑敢，
2009）[285，289]，與生物的、野生的、野蠻的、原始的、反文化、反文明的——
總而言之，一切負面的狀態或者概念都是對立的。〔註29〕

〔註29〕劉笑敢說：「人文自然就不是天地自然，不是物理自然，不是生物自然，不是

「老子之自然首先是一種最高價值，是一種田力克所說的終極關切的表現，表達了老子對人類以及人與自然的關係的終極狀態的關切。其次，老子之自然作為一種價值也表達了老子對群體關係的關切，即對現實生活中人類各種群體之相互關係及生存狀態的希望和期待。最後，老子之自然也表達了老子對人類的各種生存個體存在、發展狀態的關切。」（劉笑敢，2009）288～289

> 大道廢，有仁義；智慧出，有大偽；六親不和，有孝慈；國家昏亂，
> 有忠臣。（《老子》第十八章）

大道遭到了廢棄，社會便陷入了病態之中，為了醫治病態的社會，解救社會危機，矯正人們的錯誤行為，於是使出現了仁、義、忠、信、孝、慈等倫理道德觀念和規範。

> 故失道而后德，失德而後仁，失仁而後義，失義而後禮。夫禮者，
> 忠信之薄，而亂之首。（《老子》第三十八章）

歷史的過程是一個從「無為」倒退到「有為」的過程，道和德的階段屬於「無為」的範疇，仁以下是屬於「有為」的範疇，這是一種退化，善的美的東西一步一步地失去，代之以惡的、醜的東西。儘管老子否定了儒家樣式的「仁義禮」道德作為人類生存個體存在、發展的參照，但老子也同時提出了自己的道德觀，那可以說是一種自然主義的道德觀。可以說，老子的「道」的觀念，「突破泛道德主義，創新為自然主義……突破務實的文化精神，創新出超越的文化精神」，它「是中國智慧精神的最崇高概念和最基本原動力，也是中國文化的價值理想和終極關懷。」（方同義，2003）3 老子以「有為」和「無為」，是否「自然」來作為「善」的判定標準。老子認為，理想的生存狀態應該是「合道」的，是「無為」的，不造作的，如水一般「隨形」的，順應本性的。可以說，老子的人文自然是追求平衡、和諧、穩定、安靜等等這樣狀態的「自然」，而這種狀態或者樣式的「自然」恰恰是合乎「水」的特質的。

（二）「道」的創生性和被動性

道「周行而不殆」，它生養萬物，引領萬物依照自己的本性而發展，而最

野蠻狀態，不是原始階段，不是反文化、反文明的概念。一言以蔽之，老子之自然不是任何負面的狀態或概念。」見（劉笑敢，2009）287 學者譚宇權也提到，老子講的自然是指「人為世界」的自然。見（譚宇權，1992）185 學者陳榮灼更是明確：「道家中『自然』義並不是那種與『人文世界』相對立之『野生自然界』。」見（陳榮灼，1992）131

終萬物又復歸於道，這是一個持續的、循環的過程。同時，和「邏各斯」的原型「火」的主動塑造自己不同，「道」又具有與其原型「水」同樣的被動的、順應的特性，「道」是「無爲而無不爲」的，道的運行是無目的的作爲。一方面是貌似爲一切主導的創生，另一方面卻是不干涉的被動和順應，這兩種矛盾的特性都統一在「道」之中。

1.「道」的創生性：周行而不殆

「道」的創生是持續的、循環的過程：道「周行而不殆」。

水是不斷流動的，「所有流動的東西是水，水是獨一無二的液體本原。流動性正是水的基本特性。像馬魯安（Malouin）這樣謹慎的化學家在 18 世紀還說過：『水是最完美的液體，其他各種液體正是從水那裡繼承了它們的流動性。』」（巴什拉，2005b）[105] 可以說，無論是江河湖泊，無論是流淌於血脈的象徵生命的血液，還是送我們去來世的象徵死亡的黃泉，這所有都是原型「水」的展現，這所有形式的水都不斷流動、湧動不止。「道」的不斷流動和變化，反映了流動和變化的世界觀念，同時也賦予流動和變化宇宙內涵。如卡普拉先生所說，「和《吠陀》的先知們一樣，中國的聖賢們從流動和變化的方面來看世界，從而賦予宇宙常則的概念基本上是動態的內涵。」（卡普拉，1999）[176]

「道」的創生是動態的和持續的過程。「道」的不斷湧動和變化就是中國傳統中最核心、最本質的能量，即《易》所謂「生生之大德」也。《老子》一書也即是「爲了生」，講「如何生」的藝術。「生生不息」的道的創生是「生成論」的最大特點，與「構成論」相互區別，這也是中國哲學與西方哲學中生命理解的最大區別所在。〔註30〕儘管我們可以想到某個「源頭活水」，但我們卻從不分析水的能量來自它之外的哪裏，它的能量毫無疑問就來自它自身的不斷湧動和變化。中國哲人的「水」就是「永動」的，以「水」爲原型的「道」就是一臺「永動機」，它的能量、它滋養萬物都是持續不斷的過程，如同水一般創造生命、滋養生命，在萬物生命之中流淌（血脈），最終又送萬物回歸於水（黃泉）。「道」之如水奔流，「周行而不殆」。

「道」如水流淌，恰如時間的推移。水的流逝本身是時間的流逝，更是

〔註30〕宮哲兵評述道：「道就是生生不息的創生與發展。生是《老子》書中使用很多也很重要的概念。生成論是中國哲學突破時的特點，它與西方哲學突破時的特點——構成論，形成了鮮明的對比。」（宮哲兵，2004）[18]

生命的流逝，從生走向死亡。「道」的生命性貫穿於「道」的時間性當中。「『道』含括了水，它從甘泉流出，也許被用來討論我們所考慮的時間推移（逝）的問題。水也是無形無象的，《莊子》通過這個意象擴展了『道』的概念，用以揭示頗似於西方所謂『time』這個抽象概念的東西。」（艾蘭，2002）[165]「道是過程，不斷流逝，但當人與道合一之時，他便不會有差別的意識觀念，並不會被死亡所困擾。」（艾蘭，2002）[167] 莊子齊是非，齊生死，無非如此。

中國傳統中對水之道集中關注於其「生」，而西方對時光如水流逝的理解則更偏向於「死」。而這也將會引導對生命的不同情緒的認識。中國傳統的理解是平靜的，也可能有淡淡的傷感，如「子在川上曰：『逝者如斯夫！』」（《論語》）而西方式樣的理解卻是悲劇色彩濃重的。

在西方哲學家、詩人對如水般流逝的命運的理解中，總帶有悲觀主義的情緒，「死亡」和「苦難」是常常出現的語彙，如：「人在自身的深處具有流水的命運。……它每分鐘都在死去，它的實體中某種東西在流逝。……水不斷地在流淌著，水往下流著，它總在水平的死亡中消亡。我們在無數的實例中會看到，對於物質化的想像來說，水的死亡比土的死亡更令人沉思：水的苦難是無止境的。」（巴什拉，2005b）[7]「消亡在深水中，或消失在遙遠的天邊，同深度同無限相結合，這便是人的命運，這命運在水的命運中取代了自己的形象。」（巴什拉，2005b）[14] 這就是關於我們最後旅途和最終結局的思想，我們從最深最遠的無限中來，最終消亡在這個最深最遠的無限當中，在這個意義上，水就是那個無限的根源和歸宿，或者說，我們根本就在命運之河中漂流，從不曾逃脫。「在赫拉克利特看來，此時死亡便是水本身。『對於靈魂而言，死就是變成水』。（《赫拉克利特》片段68）」（巴什拉，2005b）[63]「靜觀水，就是流逝，就是消融，就是死亡。」（巴什拉，2005b）[53]

不管是緩慢的、柔和的、靜悄悄的水，還是熱烈的、激越的、衝動的火，一旦論及生命，在西方的意識之中都成為一種悲劇性的比喻。加斯東研究評述埃德加‧坡的作品，認為其中有辯證法的範例，並且「埃德加‧坡的元詩學的原初的水……象徵一種如油一般緩慢的、柔和的和靜悄悄的赫拉克利特學說。此時的水感受到一種速度的喪失，它是一種生命的消亡；水成為生與死之間的一種柔順的中介。」（巴什拉，2005b）[7] 赫拉克利特的生命感是熱情似火的卻也是悲劇式的。生命之「火」的燃燒固然激烈，卻總有燃盡的一天，絢爛璀璨的生命終歸要走向平靜的死水（死亡）。在生命感這個意義上，埃德

加・坡的水雖然與火相比是安靜的、柔和的，但同樣展現了生命流淌、不斷流逝的過程，故而被視為生死的中介。

從形象到感受，再從感受到形象，這個不斷更新、不斷強化的過程中，中西文化中的「水」原型給人的生死形象和生死感受也愈加強烈。中國式的生命的平靜正劇與西方式的生命的熱烈悲劇對比是如此鮮明，勢如水火之別。中國更重視「生」，而西方更強調「死」。或者可以說，中國哲學在「向生而死」，而西方哲學似乎選擇「向死而生」。

2. 「道」的被動性：無為而無不為

「道」的創生是被動的、無目的的作為，即所謂的「無為而無不為」。

大道若海，能納百川，利萬物不爭。以「水」為原型的「道」強調無欲無求，強調不爭與順應，也可以說「道」的創生是被動的、無目的的過程。「被動」乃是因為內在清淨，欲望消解，不爭不搶，沒有內在的衝動。「無目的」乃是「道」自生、自動、自為，一切由著本性而動，反而能夠自生自長、自我成就，同時沒有隔閡，無限包容。

> 上善若水。水善利萬物而不爭，處眾人之所惡，故幾於道。居善地，心善淵，與善仁，言善信，政善治，事善能，動善時。夫唯不爭，故無憂。（《老子》第八章）

> 大道泛兮，其可左右。萬物恃之以生而不辭，功成而不有。衣養萬物而不為主，可名於小；萬物歸焉而不為主，可名為大。以其終不自為大，故能成其大。（《老子》第三十四章）

> 譬道之在天下，猶川谷之於江海。（《老子》第三十二章）

> 江海之所以能為百谷王者，以其善下之，故能為百谷王。……以其不爭，故天下莫能與之爭。（《老子》第六十六章）

「『無為』係水之所為。水無意識、無意志，它從無『行為』。然而，它有運動，從泉源處汨汨湧出，向低處流淌。水總是屈從忍讓，但又能克服任何堅強之物。當其靜止時，則沉澱雜質，自然澄明，完美地映現外物。它無為，但又滋養萬物。如若水的意象確是『無為』概念所依存的根基，那麼，『無為』的意思將顯而易見。而且，我們認識到，作為水之所為的『無為』，是『道』的最完美的表達，『道』亦是以水為模型建構而成的。」（艾蘭，2002）[93]

「道」「生而不有，為而不恃，長而不宰。」（《老子》第五十一章）它不

妄爲，「道生萬物」是自然的化生，沒有意欲、不具目的、不期回報，總的來說是「無爲」的。萬物可以「化」「育」，這不是道的目的、道的規劃。道「自然而然」就能生養萬物。「無爲」是老子的基本主張，在老子看來，無爲是對有爲的否定。有爲不僅不能有所成，反而會走向自己的對立面。因此只有無爲才能無不爲。「無爲」並不是不要任何作爲，而是順任自然不妄爲。因而，「無爲」的結果恰恰是「無不爲」。

> 天下神器，不可爲也，不可執也。爲者敗之，執者失之。是以聖人
> 無爲，故無敗；無執，故無失。（《老子》第二十九章）

《莊子》說：「無爲也，則用天下而有餘；有爲也，則爲天下用而不足。……上必無爲而用下，下必有爲爲天下用。……天不產而萬物化，地不長而萬物育，帝王無爲而天下功。……」（《莊子·天道》）老子也談「無爲」的政治，他雖然沒有「無爲而治」這一術語，但他卻是中國歷史上最早最系統從哲學意義上論述「無爲而治」思想的人。〔註 31〕老子認爲，有爲政治只能造成矛盾和混亂，「民之難治，以其上之有爲，是以難治」（《老子》第七十五章）。而「爲無爲，則無不治」（《老子》第三章）。

> 道常無爲而無不爲。〔註32〕侯王若能守之，萬物將自化。化而欲作，
> 吾將鎮之以無名之樸。鎮之以無名之樸，夫將不欲。不欲以靜，天
> 下將自正。（《老子》第三十七章）

老子對「無爲」與「無不爲」之間的辯證關係有一個形象生動的比喻：

> 治大國，若烹小鮮。（《老子》第六十章）

治理國家就好比煎小魚，不能多撥動，否則魚就會爛，這就是「無爲」。不過魚還是要烹的，國還是要治的，並且還要烹得好，治得好，這又是「爲」。按照「無爲」的原則，任其自成其功，就可以把魚烹好，把國治好，「彷徨乎塵垢之外，逍遙乎無爲之業」（《莊子·大宗師》），這就是「無爲而無不爲」。

總的來說，道具有生殖序列上的先在性，道生萬物就好像父母的生養一般，「父母生養不是一種能動性的表現，這種生存論不具有眞正的能動性，不具有眞正的創造性。你創造來創造去，人還是人，並沒有創造出什麼新的東西」（鄧曉芒，2008）[108] 而相比較而言，古希臘人的生命衝動是一種自由

〔註31〕「無爲而治」語出《論語·衛靈公》：「子曰：無爲而治者其舜也與！夫何爲哉？恭己正南面而已矣。」孔子認爲只有任人唯賢，君主才能無爲而治。但孔子的「無爲而治」還沒有上昇到哲學的涵義的高度。

〔註32〕馬王堆帛書爲「常無名」，王弼本是「無爲而無不爲」。

意志的衝動，生命要某個東西通過自由意志去「策劃一個東西、去創造一個東西來滿足自己。」（鄧曉芒，2008）[108] 於是乎，「道」的「這個生存論不具有古希臘生存論的那種自由的能動性和生命衝動的特點。」（鄧曉芒，2008）[108] 老子的道對這種自我成就的衝動是不以爲然的，他會認爲這個不自然，即便有生命的衝動，也應當是一種無意識的無目的的狀態，就猶如嬰兒。所以相比較而言，「水」之「就下」恰如平靜順應的「道」，火之「炎上」恰如積極熱烈的邏各斯。被動的「道」與主動的「邏各斯」正好相互區別，相互對比。老子的道因爲以「水」爲原型，於是如深泉靜水般虛靜無爲，而邏各斯以「火」爲原型，則有一種抵抗不了宇宙生生不息的無奈的生命悲劇意識。希臘人是「在永恒的悲哀來體現出人的一種生命意志的崇高」（鄧曉芒，2008）[108]，而中國人是一種「哀樂不能入」的淡然、坦然、自然而然。〔註33〕

　　另外，從「道」的應用層面上來說，聖王治國當不以統治者自我的意欲和目的肆意妄爲，「無爲而無不爲」，使民自然而歸順之。而「邏各斯」推崇的是英雄的鬥爭與創造，對自我價值的實現等，與「道」的價值論提倡「無欲」相比，反而是不斷強化個體性和主觀欲望價值的。

　　以「水」爲原型的「道」的被動性與以「火」爲原型的「邏各斯」的主動性在某種意義上其實是一個悖論。正因爲水遇圓則圓，遇方則方，不定其形，可以隨時改變，故而「水」與之萬物而言反而獲得了一種主動性；相對的，「火」自我燃燒，自己定形，卻與萬物而言充滿了掙扎感，反而容易陷入被動。其實這和古希臘英雄的史實傳說中總是和命運抗爭卻無力改變命運的悲劇形象——比如俄狄浦斯王的悲劇宿命是相互吻合的。

（三）「道」的整體性與消解性

　　「道」既涵泳萬物，又溶解於萬物。這就是「道不離物，物不離道」的道理。「道」的整體性與「道」的消解性是相互統一的。「道」的主體消解與無限包容就展現於其原型「水」的特徵之中。通過中西哲學思路以及核心觀念原型的比較，從而加深對「道」及其原型「水」的理解。

〔註33〕說喜悅、喜感可能還有些過了，中國人推崇的更多是一種寵辱不驚、喜樂不動的淡然。

1.「道」的整體性：大、和、同

老子的道論體系中，道是唯一的、最高的範疇，並且老子的道不局限於人道、地道、君子之道等某個層面，是最具有涵蓋性的「常道」。老子給「道」取名就為「大」，「道」只是「字」。〔註34〕老子又說「天下皆謂我道大，似不肖。夫唯大，故似不肖。」（《老子》六十七章）「道大，天大，地大，人亦大。」（《老子》二十五章）「道」在宇宙四大之中是最大，所以道不僅是大，而且是大中之大。中國古代哲學的思維方式「具有整體性、求合（和）性、尚變性的特點」（宮哲兵，2004）150，在老子「道」的哲學中這三點都有體現。其中「整體」即是所謂「道大」，涵泳一切，「求和」即是「和其光，同其塵」（《老子》第五十六章），也是「萬物負陰而抱陽，沖氣以為和」（《老子》第四十二章）。

「道」是東方人特有的最大的原則，「道」不是西方人認可的「科學」的因果性原則，而是具有某種所謂的「共時性」（synchronicity）〔註35〕。「萬物並作，吾以觀復。夫物蕓蕓，各復歸其根。」（《老子》第十六章）萬物由「道」而生，協調自在「道」中，最後回覆於道。萬物都在道中，就如魚在水中游，「相忘於江湖」（《莊子・大宗師》）。

哲學都是要「歸根結蒂」，但就中西哲學而言，其「根蒂」亦有區別。西方的「根蒂」更像是為人之父母，和子女而言已經是不同的個體，從父母到子女像是一個有前因後果的序列。而中國哲學中的「根蒂」更像是人之血脈，充滿在人的身體之中，伴隨人之生命的始終，血脈相連，骨肉不分，是同時同地的。簡言之，西方哲學的根蒂似與主體已有分殊，而中國哲學中的根蒂與可以被稱謂的「主體」是「統一的」「整體的」「共時的」。就紛繁複雜的「萬物」〔註36〕而言，「道」是它們的集合體，是一個全然的整體，這種思維與西

〔註34〕「吾不知其名，強字之曰道，強為之名曰大。」（《老子》第二十五章）

〔註35〕榮格提出並敘述了這種「共時性」，他說：「英國人類學學會的一位前主席曾問我：『你能理解何以像中國人這樣高智力的民族沒有科學嗎？』我答道：『他們有科學，但你不理解它。這種科學不是建立在因果性原則之上的。因果性原則並不是唯一的原則；它只是一種相對的東西。』……東方人的思維與他們對事實的評價是建立在另一種原則之上的。對於這種原則，我們甚至還沒有相應的稱謂。東方人當然有表示它的詞，可我們並不懂得這個詞。東方的這個詞就是『道』。……你終於明白：『道』可以是任何東西。我用另外一個詞去指稱它，但仍嫌這個詞不夠味。我把『道』叫做『共時性』（synchronicity）。」（榮格，1991）72～73

〔註36〕「物」字有一表意字元「牛」，在甲骨文中它是表示顏色的術語，有點像英語

方思維將事物分解爲很多實體和微小部分的思路是完全不同的。〔註 37〕

　　以「原型」理論而著名的瑞士心理學家榮格也是「道」的癡迷者，他認爲「道」在整體性上與原型有相似之處。〔註 38〕正如榮格所說：「這是事物的原始狀態，同時也是最理想的狀態，因爲它是永恒對立元素的統一。衝突已銷聲匿迹，萬物平靜，再一次回到最早的無差別的和諧之中。在中國古代哲學裏，我們可以看到同樣的思想。理想的狀態被稱作道，它就是天地之間的完美和諧。」（榮格，1991）129

　　「道」其內蘊含著天人、主客、存在與價值的同一，是天人、主客、存在與價值的協調。如方同義所說：「『道』……是整體性的天與人、客體與主體、存在與價值的同一。……人與天、主體與客體都來自於大道之本始。人與天、主體與客體不是一種空間性的對待（對象）性關係，而是『自古及今，其名不去，以閱眾甫』的時間的追溯性關係，人、主體已經內在於大道的演化本身了。」（方同義，2003）122「大道泛兮」，萬物皆在其中，於是「整體和諧」。

　　劉笑敢曾將老子的自然理論概括出四個命題〔註 39〕，並將「總體的和諧性」看做是關於自然的總命題。在老子看來，宇宙就是一個和諧的、平衡的整體。這種和諧、平衡的狀態，是通過構成這個宇宙的萬事萬物自身不受外界強力干擾的存在與發展而達成和維持的。也就是說，萬事萬物在不受外界

　　中「brindled」（有斑紋的）或「mottled」（雜色的），指用作犧牲的雜色動物。（汪濤《中國商代後期的象徵符號》（Colour Symbolism in Late Shang China），倫敦大學亞非學院（SOAS）博士論文，1933 年，第 89～97 頁；汪濤《商代甲骨文中的色彩術語》（Colour Terms in Shang Oracle Bone Inscriptions），《倫敦大學亞非學院通報》（Bulletin of the School of Oriental and African Studies），LIX，1996 年，63～101 頁。）西周文獻中，「物」有「雜」的意思（見阿克賽爾·許斯勒（Axel Schuessler）《西周漢語詞典》（A Dictionary of Early Zhou Chinese），夏威夷大學出版社，1987 年，第 650 頁。），艾蘭先生在參考以上研究結果，認爲可能由於其用來指稱芸芸萬物的這一用法使然。「物」本就有「萬物」的意思。見（艾蘭，2002）97，137 注釋 2、3

〔註 37〕「當東方人察看由很多事實組成的集合體時，他們是將其作爲一個整體來接受的，而西方人的思維卻將其分解爲很多實體與微小的部分。」（榮格，1991）73

〔註 38〕我們可以說「原型」包含人類的一切心理經驗，卻不能說它是具體的哪一個形象。「原型」的整體觀念實際上所描繪的是蘊含一切的原初狀態。道也是類似的。

〔註 39〕包括動因的內在性；外力的輔助性；發展軌跡的平穩性；質變的漸進性。參見（劉笑敢，2009）384

強力干擾的情況下，通常都能展現最純真質樸的本性，發揮出最佳狀態，並與周圍的其他事物不干涉，保持著良好的關係，整個宇宙就在萬物的最佳狀態和良好關係中達到了和諧與平衡，發揮出最大的功能。這就是老子所謂的「自然」，這就是多層次的、內在協調的、無限包容的、最具有涵攝力的「道」。

2. 「道」的消解性：虛靜、柔弱、不爭

一方面，「道」涵泳萬物，包含萬物於其中；另一方面，「道」如之「水」，溶解於萬物之中成為萬物的規則，不作為卻生養萬物；而最終，萬物亦將復歸於道，消解於「道」的大化洪流之中。

道具有永恒性，先在性，它是一種邏輯實存，按照它走就是合乎本性的。

老子認為，理想的生存狀態應該是「合道」的，如水一般「就下不爭」。水乃柔弱之最，卻具有最本真的生命力，能夠以弱勝剛強，於是也體現了「上善」的最高道德境界。所謂「清靜者，德之至也；而柔弱者，道之要也。」（《淮南子·原道訓》）

老子又說，「上德若谷」（《老子》第四十一章），「道」「曠兮其若谷」（《老子》第十五章）。他用山谷來形容「德」與「道」，因為真正的道德並不顯露於外，而是像山谷一樣。「虛懷若谷」，真正的胸懷能夠無限容納而不被充滿。山谷和深淵水澗又是類似的，都具有深邃、內斂、沖虛、含藏的特點，都是「有容而不盈」的，而這又是原型「水」「隨形」的內涵特徵之一。而「有容而不盈」乃是因為「虛靜」。

「道」的最大特點是虛靜無為，「道」是無知、無欲、無為的。「它所導致的一切成果都是自然的」（鄧曉芒，2008）[107]，它沒有內在的衝動。「道」的自生、自動、自為，也就是自然而生、自然而動、無為而為。「水」自身具有生養的動力，但這和強調事物自身的「內在能動性」的「火」是完全兩樣的。「道法自然」，但自然本身並非是一個有為的主體，而是一個即成的事實，也就是說宇宙萬物的存有並沒有生命外部的動力，也不是出於事物內在的某種特殊傾向或者特殊追求，不是人為，絕非造作。

甚至「道」的虛靜無為可以被認為是消極的、被動的，沒有主體意識或者消解主體意識的，這與邏各斯對主體的強調正好相互映照。「道」的辯證法如「水」，是以柔弱、順應、涵泳、虛靜、無為為立足點的。而「邏各斯」的辯證法如「火」，體現了「一種自我否定、一種衝動、一種個體的能動性，就是不管周外環境如何，反正我要那樣、不願意這樣的一種衝動。而在中國辯

證法裏面看不出這樣一種衝動，相反的，處處要把這樣一種衝動，化解和壓抑下去，這就是它們的根本區別。」（鄧曉芒，2008）[129]

　　也正是在是否具有生存動力的意義上，有學者認爲：「中國古代辯證法缺乏個體生存論的動力，這是中國辯證法跟西方辯證法的一個最根本的區別。」[註40]（鄧曉芒，2008）[129]

　　火雖有生命力，但勃發生命的同時也是躁動不安的，[註41]這和崇尚清淨的中國人的生存狀態不同，所以中國人決不會選擇「火」作爲本原、本根之類。其實也正是在中西比較的意義上，我們說中國人選擇了「水」作爲根本觀念「道」的原型。「水」與「火」的比較，不止是形態上的區別，而且是在根本情感和生存境界上「水」與「火」的不同。

〔註40〕鄧曉芒認爲，因爲老子的生存論給中國古代辯證法留下了太深的印象，中國的道論一直都沒有超越老子的那個基本模式，故而中國哲學始終也沒有突破與此相關的一個無定形的階段，沒有上昇到明確的規定性，上昇到語言邏各斯的階段。於是這成爲中國哲學反語言學傾向的一個論據，中國反語言學傾向的根子要追溯到這裡。詳見（鄧曉芒，2008）110但筆者認爲，雖然中國哲學沒有特別明確的規定性，沒有語言的邏各斯，但是它的語言的辯證法具有相當強大的能力。道的辯證邏輯可以讓他逾越規定性和非規定性的鴻溝，輕而易舉地就可以從無規定性過度到某種意義上的規定性。「道可道，非常道」，這既是一種規定，又是對規定的否定（無規定）。不可說，卻要說，說「不可說」。中國的辯證邏輯在西方傳統中是悖論甚至是謬論，但是在中國傳統這裡卻是自然而然，是眞正的智慧所在。

〔註41〕我們常用的有關於「火」的一些詞匯，比如「欲火」、「肝火」、「無明業火」之類，不少源於佛教，都是貶義詞。人的内心的火在中國人這裡是必須熄滅的。

第六章　由水及道：
上古哲學核心觀念的生成

　　前文考察了神話、意象和意念這三種不同思維方式下原型「水」的不同
樣態和演變歷程。「水」作爲貫穿始終的線索，在中國哲學觀念漫長的歷史演
變中，一直發生著深刻的影響。「由水及道」，正可作爲一個凝練的上古哲學
觀念史。通過「由水及道」這個特例，我們得以窺探這個具有普適性意義的
觀念史本身。另外，在哲學層面上來理解，觀念和觀念史具有同一性，觀念
史的過程實際上就是觀念的結構。所以，三種基本的哲學思維方式，即神話
思維、意象思維與意念思維，不僅是中國上古哲學觀念的三個發展階段，同
時也是成熟的核心觀念的三個不同層次——因爲觀念史的結構不僅是歷史的
也是邏輯的。神話、意象及意念，是觀念層次上的「層累」，也是觀念史階段
上的「層累」，成熟的觀念和觀念史本身都是「層累」結構的。

　　通過對原型「水」演變中代表的展現形式的分析，筆者驚異地發現，有
一篇古典文獻《太一生水》居然同時包含了這三個思維形式或階段中原型「水」
的所有代表性的展現形式。「由水及道」是觀念模型的案例，《太一生水》卻
是「由水及道」的案例，上古觀念的歷史變遷就在這短短的一文中得以隱晦
而又明晰地表達。在接下來的這一章裏，筆者將以《太一生水》篇爲例，總
結和完整呈現觀念的模型——亦可說是觀念史的結構。這一章主要分成兩個
部分：前段總結和歸納觀念模型，後段對《太一生水》篇進行微觀分析。

　　第一部分「『水』何以成爲中國哲學觀念之原型」，乃是明確本文主旨的
哲學追問，是對原型「水」特質本根性的確認。而在第二部分「觀念雛形的

變革：以『由水及道』爲例」中，筆者將回顧第一章中觀念前史的回溯歷程，以前文論述的原型「水」「由水及道」的演化歷程爲案例，總結觀念雛形得以變革的表徵、內因和成果。而在本章的第三部分「《太一生水》篇：一個凝練的上古哲學觀念史」中，將圍繞重點範疇——譬如「太一」「水」「陰陽」「道」等的意義以及重點範疇之間的關係，從神話思維、意象思維和意念思維的角度來重新解讀《太一生水》篇。通過《太一生水》篇這些哲學史重點範疇的同時出現和生有關係，再度給「層累的觀念史」一說提供例證。

一、「水」何以成爲中國哲學觀念之原型

切實到「由水及道」的這個中國哲學觀念演變的範例之上，問：「水」何以成爲中國哲學觀念的原型？這看似也許不是個問題，或者我們只用談談「水」如何成爲中國哲學觀念的原型？其實「何以」和「如何」這兩個問題不盡相同：「如何」是一個論證過程、結構分析的問題，需要廣泛的文獻材料梳理和分析歸類而得到解答；而「何以」才是眞正意義或意圖所在，是奠基性的哲學追問，這是僅僅文獻材料而不能解決的問題。從哲學追問開始，由哲學追問引發，進而展開論述，這是理所應當。以哲學之追問爲核心，此乃本文之要旨。而追問這個哲學追問就是「何以有此追問、由此追問」的問題，海德格爾所言的「問之所問」（Gefragtes），乃至「問之何所以問」（Erfragtes）（海德格爾，1999）6～7 就是這個道理。「原型」的觀念，或者說「水」作爲原型，實際上就是爲了設想和解釋觀念在眞實歷史和理論邏輯上的起源問題。當我們追問「水」何以成爲中國哲學觀念的原型時，實際上就不僅僅是對起源的追問，更是對先天條件的潛於內在的深層結構的探究。

水之所以可以成爲中國哲學觀念之原型，簡單來說，理由有三：萬物生於水，萬物皆有水，萬物復歸於水。先民生活於水的世界之中，而人身處的環境爲人的行爲思想提供素材、思考空間及思維方向。具體到「水」作爲原型，在觀念前史中的孕育變化，我們還是可以從生活世界再到觀念領悟最後到觀念的這樣一個序列來進行理解。首先，生活世界的不同層次，對應不同的水。在理論的生活世界中，水原初能夠作爲觀念萌生發展的基點，也即論文中要證明的「水是上古中國哲學觀念的原型」。另外，生活世界中的水，前於對水觀念進行的領悟，而水觀念的領悟又先於水觀念。進入觀念史的步驟，也就是觀念前史的層次大致如此。

在這個前哲學的生活世界裏，從歷史和邏輯兩個維度上，都可以很容易獲得水原初能夠作爲觀念萌生發展基點的證據。原型「水」以單一而及之普遍，以純底色而提供支撐的力量，其本身就是一種認識力量，對思想觀念的形成起一種引導性的作用，激發了不少觀念甚至於核心觀念的產生，一定程度上也決定了文化的樣態或特質，這從理論和現實中都能夠得到驗證。美國著名漢學家艾蘭對中國早期哲學水之本喻的解讀也是類似的道理。〔註1〕人在人與自然之間尋找一切的答案，人之思想觀念的形成過程與自然和社會生活必要有聯繫乃至對應。而最具有涵攝力和簡明性的原型「水」是一個不可忽略的思想資源。水這個原型的本根性、形象性，使「水」觀念能夠融合歷史與邏輯、現實與理論，實現觀念史的整體一致。

二、觀念雛形的變革：以「由水及道」爲例

（一）觀念雛形的變革

「由水及道」之表徵是從神話思維到意象思維到意念思維的層累過程中，皆以水爲原型的基本觀念雛形的相應變遷。文章的主體部分，已經針對三種不同的思維方式、三個不同的思維階段，圍繞洪水的「水」，陰陽、五行、八卦的「水」，以及道的「水」，這三個中心媒介展開了論述。此三者就是作爲觀念原型的「水」在不同思維階段上的不同表徵。而三者背後不曾改變過的是觀念原型「水」。三者只是作爲原型的不同樣態，並且「水」這個原型樣態還在不斷調整、變化。

（二）哲學追問的變革

「由水及道」之表徵是以「水」爲原型的觀念雛形的變革，「由水及道」內因在於變化的哲學追問，而外因則主要見諸於不同階段上的不同危機，以

〔註1〕 艾蘭對成書於西元前 5 世紀至前 3 世紀「中國哲學的黃金時代」的《論語》《孟子》《老子》《莊子》《荀子》等哲學文本進行了研究，「既是對中國早期哲學觀念的解讀，又是對語言與思想之關係的考察」。她認爲，「由於中國早期哲人認定在自然界與人類社會有著不同的原則，所以，中國早期哲學思想的最有意義的概念都以源於自然界的本喻（root metaphor）爲模型。」「『道』這個概念儘管抽象，但它也是以水的隱喻爲原型的。」參考（艾蘭，2002）中文版序。

及面對危機的應對。所以，觀念變革與哲學追問的變革皆是內在於觀念雛形的危機應對過程之中的。「由水及道」之「層累」的過程是一個連續與斷裂相互交替的過程。舊的觀念在遇到危機之後會試圖抵制新觀念的異軍突起，而對自我進行了不斷的調整。

以水與土的競爭為例。《管子‧水地》篇看起來是水為源頭，卻也有土為源的涵義在其內。實際上，水土的競爭從洪水傳說的時代就開始了。神話思維階段，先民的思維世界裏，全都是水，水就是背景，他們安身立命之所，他們恐懼彷徨之處，他們希冀永恒的歸宿。在天上、地下的水組成的這整個世界中，與水對立的有兩樣東西：一樣是山，一樣是土。其實寬泛一點來看，並不用做太多的解釋，讀者們也可以理解到這其實就是一樣東西，山也是土，土也是山。前面已經解釋過，堯的本意就是高大的土堆，堯的功績就在於在上古的遭受洪水襲擊的人們無法求生之時，帶領幸存的人們逃到了高處的土堆之上，於是堯也因此成名，故而堯是高山，是高大的土堆，同時堯的結構性意義就是「洪水的對手」。四嶽首領是舉薦治水勇士的參謀，他們同樣站在「洪水」的對立面上。甚至包括鯀所使用的工具——從天神那裡偷來的可以不斷自我生長的土「息壤」，洪水長高一寸，息壤也長高一寸，同樣是對付洪水的超級殺傷性武器。息壤也就是神土，同樣是相對於水而生的，也可以視為水的競爭對手。意象思維階段，不僅陰陽的相互區別，八卦、五行的分殊都似乎將除了水之外的其他更多基質納入關聯體系，水從表面上來說面對了更多的對手。意念思維階段，氣的不定型似乎比流動的水更具有涵攝力，抽象性的道更是替代了水，將水直接「降」為了它的本喻。儘管水作為原型一直存在於這些觀念雛形的競爭和演變過程中，但這些危機的存在也是不可忽略的，正是危機與對危機的應對構成了觀念演進的動力。

（三）宇宙圖示的變革

「由水及道」的成果主要反映在變化的宇宙論模型的建立和宇宙圖示也即世界觀的變遷之上。宏觀的宇宙圖示影響並對應觀念原型的變化。

神話思維階段，先民關注宇宙和人的由來，於是宇宙論模型以宇宙創生論為代表，更形成崇拜有靈之萬物和崇拜祖先相互交織的宇宙圖示，是天人不分的混沌狀態。意象思維階段，人類開始思考宇宙的構成、相關物事之狀態和類別等問題，通過數、循環、向度構造起以思考樣態的宇宙構成論為主

題的宇宙論模型，最終完成關聯的宇宙圖示。意念思維階段，似乎有人之意
識的覺醒，開始聚焦於「人在宇宙中」，追問人的位置、人與宇宙的關係、人
的生存等問題，這一方面可以理解爲一個道德意義上的問題，於是導向天人
合一（人和宇宙融合）的世界圖示，同時也提示了一個宇宙運行不殆的本根
性的動力，生生不息的宇宙生成論替代了構成模式的思考。

表 6.1　不同思維階段的哲學觀念雛形

思維方式	神話思維	意象思維	意念思維
修辭方式	隱喻的	提喻的	換喻的
基本觀念雛形	洪水的「水」	陰陽、五行的「水」	道的「水」
哲學追問	宇宙與人的起源「哪裏來」	宇宙如何構成「什麼樣」	人與宇宙的關係「當如何」
宇宙論模型	宇宙創生論（由來）	宇宙構成論（樣態）	宇宙生成論（動力）
宇宙圖示（世界觀）	天人不分	關聯（類分又互滲）	天人合一

三、《太一生水》篇：一個凝練的上古哲學觀念史

應該說，可能任何一部古典文獻都可以做觀念史的考古，因爲任何一部
古典文獻都有其豐富內涵，層累了很多類型的思想精華才成文——那些被認
爲非一人一時所作的更是如此。也可以說，任何一個觀念都可以做觀念史的
考古，因爲一個觀念的形成也必然累積了多個層次的精神內涵。但顯然，也
並非每一部古典文獻或者任何一個觀念都是觀念史考古的典型案例。典型案
例必須要具有完整性，必須相對成熟。

1993 年，郭店出土竹簡《太一生水》篇，學者們驚歎於一個新的宇宙生
成論的發現，並圍繞「太一」「水」等問題展開了熱烈的討論。筆者赫然發現，
也許完全是無意的巧合抑或眞的是先哲「別有用心」，《太一生水》篇居然是
上古哲學觀念演化發展變遷的一個總結。此篇作爲「由水及道」的案例，隱
晦而又明晰地表達了上古觀念的歷史變遷，包含了「由水及道」，三個思維形
式或階段中原型「水」的所有代表性的展現形式，並指明了其發展脈絡，甚
至就可以視爲一個凝練的上古哲學觀念史。

下文部分中，筆者將以《太一生水》篇爲例，總結和完整呈現觀念的模
型——亦可說是觀念史的結構。論述的重點是以《太一生水》與《老子》的

關聯爲鋪墊，對重點範疇——譬如「太一」「水」「陰陽」「道」等的意義以及範疇之間的關係，從原型，從神話、意象和意念的不同思維方式的角度來重新解讀《太一生水》篇。通過《太一生水》中這些哲學史重點範疇的同時出現和生有關係，再度給「層累的觀念史」一說提供例證。相對於前面部分對觀念模型的總結和歸納，這一段可視爲一種微觀分析。

（一）「太一」的層累也即「道」的層累

基於《太一生水》與《老子》的緊密關聯〔註2〕，大多數學者都對「太一」這個「道」的「別名」並無異議，但對其來源或涵義卻還是衆說紛紜。《太一生水》篇是宗教神話論還是自然哲學說，關鍵就在於如何理解「太一」。而它與傳世《老子》的關聯重點是在「太一」或者「道」與「水」關係上的一致。而筆者認爲，正是在原型「水」的意義上，《太一生水》與《老子》具有了整體性的哲學觀念內涵。

〔註2〕 楚簡《太一生水》出自荊門市沙洋縣郭店一號楚墓，同時出土的還有楚簡《老子》、楚簡《儒書》等，李學勤先生認爲一號墓的下葬年代「不會晚於西元前300年，作爲西元前4世紀末的墓是妥當的。竹簡的製作抄寫時間，自然還會更早些，至於簡文的著作年代，可能就還要早了。」（李學勤，2002）7～8 郭沂先生也認爲：「郭店一號墓的下葬年代在戰國中期偏晚，不遲於西元前300年，其隨葬書籍的抄寫時間自應再早一些，至於著作年代那就更前了。就儒家來說，這是孔門七十弟子及其再傳的時期，位於孔孟之間；就道家來說，相當於老子後學弟子的時期，位於老莊之間。」（郭沂，2001）1 丁四新先生開始把《太一生水》看成一個整體，於是傾向於認爲，《太一生水》是楚國學人的道家作品，時間約在西元前4世紀中期（丁四新，2000）118，後來他主張把《太一生水》分成不相關的兩篇或兩部分：第一部分或第一篇包括前8支簡，仍然名爲《太一生水》，是由多種思想和文化相融合而產生的成果，但衡量諸種因素把它判定爲陰陽家的作品乃最爲可能，而屬於道家著作的可能性尚在其次（丁四新，2002）246；而第二部分或第二篇包括後6支簡，可命名爲《天地名字》，毫無疑問屬於道家著作。（丁四新，2002）235 韓東育先生認爲，《莊子》所說的「建之以常無有」就是人們司空見慣的傳世本和郭店《老子》篇的大部分內容，而「主之以太一」則剛好是後人無緣得見的《老子》佚文——《太一生水》篇。兩者合一才是《老子》思想之全部。（韓東育，1999）這一觀點爲《太一生水》和傳世本及郭店本《老子》在哲學內涵上的緊密聯繫性提供了注腳。譚寶剛主張《太一生水》爲老聃所作。他一方面從郭店楚簡道家著作的竹簡形制、語法句式、內在關聯性來論證《太一生水》是竹簡《老子》不可分割的組成部分（譚寶剛，2003）；另一方面，又從「太一」發展的源流、天象生成的內容與史官的關係、郭店楚簡道家著作內部的緊密關聯性等幾個方面推知《太一生水》是道家始祖老聃的遺著。（譚寶剛，2004）

1. 問題：「太一」是什麼由來

　　一類爲宗教神話說，認爲「太一」是日月星辰甚至原始渾沌。李澤厚先生主張《太一生水》爲宗教神話論。他懷疑「太一」源於上古先民的原始巫術儀典（李澤厚，1999）。邢文（邢文，2000）、王博（王博，1999）都認同了李澤厚先生的觀點。葉舒憲先生從太陽祭祀儀式的角度論證了「無限神秘的太一神只不過是原始太陽神的抽象化、觀念化」。（葉舒憲，1992）[11] 郭沂先生認爲「太一」爲宇宙終極創生者，根據「周而又始」「一缺一盈」的描述指出「太一」的原型是月亮（郭沂，2002）。錢寶琮《太一考》說，所謂「帝星」或「太一常居」，指的是北極附近最爲明亮的 β Ursa Minor（小熊座第二星）（錢寶琮，1982）。俞偉超、李家浩、李學勤、孫常敘（孫常敘，1981）、周文康（周文康，1981）、蘇雪林（蘇雪林，1964）[173] 都曾論及「太一」兼爲「太歲」，即歲星之神。蕭兵先生則綜合了幾種宗教神話說的觀點，認爲「太一生水」是以神話或民間本體文化之背景或「基礎」的，「太一」相當於道或太極，它的母型是「混沌」、太陽或北極星。「太一」作爲「天地母」，通過「生」水生成天地萬物，這是以「水生萬物」的「水源論」宇宙觀爲基礎。另外他解釋說：上古神話中，神職互兼，非常普遍；太陽神的兼司、職掌，更是多得令人眼花繚亂。前引《史記・天官書》說：「歲星一日攝提，曰重華，曰應星，曰紀星。」重華是太陽神，兼爲歲星。（蕭兵，2003）羅熾先生認爲，「太一」是元氣的某種符號，是一種無形狀的類如水氣之屬的東西，故亦名「混沌」。它並非精神性的本體，而是一種客觀實有。（羅熾，2004）

　　二類爲陰陽術數說，認爲「太一」與屬水之北有關。李學勤先生認爲，「太一生水」深受數術家的影響，同天文數術有直接密切的關係。他引《易緯乾鑿度》中的陰陽數術，以太一爲北辰之神，這樣，「太一藏於水，行於時」就被解釋爲太一常居北極，從五行屬水的北方始，而周行四時。（李學勤，1999）。艾蘭亦同意此說。（艾蘭，2000）[524～532] 蕭漢明對此進行了解釋和總結，太一，一名而三義：其一，主氣之神，即鄭玄所說的北辰之神。其二，星名，位於中宮三垣之紫微垣，其一明者，即爲北極星。其三，宇宙原初之名。以上三義之間有一定的聯繫。（蕭漢明，2001）劉大鈞先生認爲，《太一生水》是敘述的歲之主」的元陽之氣在一歲中成終成始的運行過程。篇中「天地」「神明」「陰陽」「四時」等相輔相成的說法，應該屬於先秦時代以卦氣說事的文字。（劉大鈞，2001）

　　三類為糅合說，認為「太一」的信仰有一個發展變化的過程。周鳳五先生認為，「《太一生水》明確反映了儒家學者借用楚國原始的『太一』信仰，糅合稷下學派的道家與陰陽數術之學對《老子》一書的改造。」（周鳳五，1999）學者譚寶剛提出，「太一」之名首先來自於素樸的哲學概念，而星名和神名「太一」以及宗教禮儀「太一」源於道家思想中的這個哲學的「太一」。「太一」即宇宙未分的「渾沌」狀態，或謂之為「道」。它是道家創始人老聃基於素樸的生活經驗而抽象出來的哲學概念。此外，戰國後期，道家後學和雜家甚至包括一些儒家如荀子大都吸取了老聃的思想，視「太一」或「一」為宇宙之起源萬物之開端。（譚寶剛，2004）

　　從巫術說，到月亮、太陽、北極（天帝）、歲星說，到陰陽五行的術數說，到卦氣說、元氣說，最後還有雜糅說等等，我們可以看到各種說法其實也呈現了一種序列。這個序列中的要素一方面都呈現與「水」的相關性，比如將太一解釋為太陽便蘊含太陽東升西落的背景海洋，又比如將太一解釋為北極，那是北方水之凝結的帝王之星⋯⋯；另一方面這一序列還具有演變的過程性。蕭兵說，「『太一生水』是『水生萬物』的思辨化，玄理化，哲學化。」（蕭兵，2003）趙東栓說，「太一生水」圖式中的「太一」借用並揚棄了楚國宗教文化中久存的神格的「太一」，即將神格的「太一」轉化為哲學化、義理化的「太一」。「從文化發生和意識演進的角度來看，『太一』的概念及『太一生水』的宇宙圖式應當經歷了原始宗教的孕育到哲學建構的歷程。」哲學突破總要經歷文化底蘊和哲學不斷積纍的歷程。「民間信仰的宗教文化傳統和早期的哲學宇宙生成論之間是存在著一定的文化精神上的溝通與聯繫的，圖式是以理性的自覺揚棄宗教文化而對宇宙論思考的結果。『太一』、『神明』（鬼神）概念的蛻變及圖式背後所涵蘊的宗教文化底蘊，展示了由宗教到哲學突破的一環，這一先秦諸子中最早的突破本身即顯示了哲學宇宙論的奠基價值。」（張東栓，2001）

2.「太一」是觀念的層纍

　　綜合學者們的說法，「太一」概念應是從宗教神格的「太一」轉化而抽象出來的，其宇宙生化模式亦是在宗教神學的宇宙觀的基礎上而構建起來的，也就是說「太一」一方面承襲了上帝至高無上的地位和造物者的功能，另一方面也從巫術宗教文化中走出，成為宇宙的邏輯起點及構築宇宙生化圖式的基礎。

　　首先，「太一」確有其神話、宗教、祭祀內涵，並且從古至今在傳承中不斷演變。太一作爲天神祭祀當最早見於屈原的《九歌・東皇太一》：「穆將愉兮上皇」，東皇太一亦可稱上皇，正合其「天神之尊貴者」的身份。詩中記錄了對太一的祭祀過程。王逸注爲：「太一，星名，天之尊神，祠在楚東，以配東帝，故曰東皇。」（朱熹，1979）宋玉《高唐賦》云：「進純樓，禱璿室，醮諸神，禮太一。」劉良注云：「諸神，百神也。太一，天神也。天神尊，敬禮也。」（陳宏天，1987）[10,25]《鶡冠子・泰鴻》有「泰一者，執大同之制，調泰鴻之氣，正神明之位也」；又曰「中央者，太一之位，百神仰制焉」。「東皇太一」的原型很可能來自東夷族的祖先神伏羲，伏羲又稱太皇或泰帝。在漢武帝時期太一神的地位得到提升，被奉爲最尊神。《史記・封禪書》言：「天神貴者太一，太一佐曰五帝。古者天子以春秋祭太一東南郊，用太牢，七日，爲壇開八通之鬼道。」《正義》曰：「泰一，天帝之別名也。劉伯莊云：泰一，天神之最尊者也。」《淮南子・精神訓》言：「登太皇，馮太一，玩天地於掌握之中。」這裡「太皇」即「泰皇」，也就是「泰一」。1973 年長沙馬王堆漢墓出土的《神祇圖》書有「太一將行」，亦是表現祭祀「太一」的場面。（何介鈞，2004）[67]〔註3〕

　　其次，「太一」很顯然也是作爲宇宙本原，或者宇宙圖示起點的特殊觀念。龐樸先生認爲，所謂「太一」，就是開始的開始，或最最開始的意思，別無奧秘（龐樸，1999）。他在另一篇文章中又強調這個意思。他說，宇宙發生之原，在此取名爲太一。「一」者數之始，體之全；「大」者大於大，最於最。則「太一」在時間上指最早最早的時候，空間上指最遠最遠的地方。（龐樸，2000）蕭漢明先生說，從各種宇宙論邏輯層次上看，「太一」與《老子》的「常道」、《易・繫辭》的「太極」，大致都在相同的層次。（蕭漢明，2001）王弼注《老子》第 39 章時說：「昔始也，一，數之始而物之極也。」從最抽象的「極」的觀點來看「太一」的確展現了「太一」的哲學層面意味。

　　　　帝者體太一，王者法陰陽，霸者用四時，君者用六律。體太一者，
　　　　明於天地之情，通於道德之論，聰明照於日月，精神通於萬物，動
　　　　靜調於陰陽，喜怒和於四時。（《文子・道原》）

〔註3〕依據太一主要功能的不同這幅畫的名稱有爭議，周世榮先生稱爲《神祈圖》，李零、李家浩兩位先生認爲是《太一鬥兵圖》，饒宗頤先生認爲是《太一將行圖》。

天氣爲魂，地氣爲魄，反之玄妙，各處其宅，守之勿失，上通太一，太一之精，通合於天。（《文子·自然》）

泰一者，執大同之制，調泰鴻之氣，正神明之位也。」又曰：「天也者，神明之所根，醇化四時，陶埏無形，刻鏤未萌，離文將然者也。（《鶡冠子·泰鴻》）

太一出兩儀，兩儀出陰陽。陰陽變化，一上一下，合而成章。渾渾沌沌，離則復合，合則復離，是謂天常……四時代興，或寒或暑……萬物所出，造於太一，化於陰陽。（《呂氏春秋·大樂》）〔註4〕

《莊子》《文子》《鶡冠子》《呂氏春秋》《淮南子》這些道家或具有道家色彩的著作，其中都使用了「太一」一詞，或以其爲宇宙的本源，或襲取圖式的要素與結構、機制，皆當源於老子「主之以太一」（《莊子·天下》）。《莊子·天下》總結天下學術，所言老子「建之以常無有，主之以太一」〔註5〕由此而見，確有淵源。《太一生水》中的「太一」對道家乃至整個先秦學術的宇宙發生論，都產生了重大的影響。作爲宇宙本原或宇宙圖示起點的「太一」當然就具有濃厚的哲學意味，猶如「道」。

儒家文獻《禮記·禮運》的圖式：「是故夫禮，必本於太一，分而爲天地，轉而爲陰陽，變而爲四時，列而爲鬼神。」也可能受其影響。《荀子·禮論》：「凡禮，始乎梲，成乎文，終乎悅校。故至備，情文俱盡；其次，情文代勝；其下，復情以歸太一也。天地以合，日月以明；四時以序，星辰以行；江河以流，萬物以昌；好惡以節，喜怒以當；以爲下則順，以爲上則明；萬物變而不亂，貳之則喪也。」可見不僅道家，儒家也贊同「太一」是天地、陰陽、萬物的本源，由太一分天地，而日月，而四時，而爲鬼神，鬼神是世間變化的一個方面，因此禮的製定也要遵循「太一」這萬物的本源。

另外，《列子·天瑞》中說：「有太易，有太初，有泰始，有太素。太易者，未見氣也；太初者，氣之始也；泰始者，形之始也；太素者，質之始也。」「太易」「太初」「泰始」「太素」的宇宙起源論也可看成是在「太一」本源論基礎上的一種發展。

〔註4〕 《呂氏春秋·大樂》的宇宙圖式的結構和要素基本與「太一生水」的宇宙化生圖式相似，應是受到它的影響。

〔註5〕 「常無有」是對《老子》「常道」的解讀，而「太一」無疑便是關尹之學的主體建構。

　　總的來說，「太一」的觀念是從神話、宗教、祭祀中慢慢脫胎而來的，經歷了一個觀念的「層累」的過程。即是說，儘管「太一」是從神話宗教內涵到自然哲學內涵的深化、發展，但同時「太一」的觀念中也內涵了屬於神話宗教和自然哲學的全部內容。按照本文的理論架構來說，「太一」不僅經歷了從神話到意象到意念的「歷時性」過程，而且還是內涵了神話、意象、意念的一個「共時性」的觀念整體。在這個整體之中，巫術意味的、術數意味的「太一」都不在話下，不管是月亮、太陽還是北極及其象徵的天地，又或者歲星都包含其內，用卦氣或者元氣來解釋也都沒有任何問題，因為這些都是整體的「太一」的內有之義。

（二）「水」是「太一」的原型

　　「太一生水」的宇宙圖式與先秦其他的宇宙圖式比較最特別的地方就在於出現了一個「水」，它格外強調了「水」與「太一」的密切關係和「水」在宇宙化生中的特殊地位和作用。一方面「太一生水」，另一方面「太一藏於水」。「太一」是始終存在的層累的觀念雛形，而「水」則是始終孕育「太一」的原型場域。

1. 問題：「太一」與「水」誰為主導

　　在《太一生水》的宇宙生成過程中，「水」有何地位？又起了什麼作用？這是學者們探討的核心問題之一。「水」的地位問題，其核心就是「水和太一何者為主導，何者為根本」的問題。學界大概有三種意見：其一是太一主導說，其二是水主導說，其三還有道、太一、水三者等同說，這其中還包含介於太一主導說和等同說之間的「化生說」。

　　第一類意見主張太一是主導，水只是生成過程的中間環節，起到輔助作用。如魏啟鵬先生認為，在《太一生水》的宇宙生成過程中起主導作用的只能是太一，而水、天地……都只能居於輔助地位。《太一生水》中，「水」是「道」「太一」在生成天地、萬物的預備期中產生的一種過渡形態。簡文中「水」乃太虛之水，天地之包幕，太一之津液，為由無而有的過渡準備了環境和條件。（魏啟鵬，2000）韓東育先生指出，老聃「尚水」說具有次根源的意義。《太一生水》之「水」，是「太一」在生成天地的過程中，離不開一個重要的、出自其自身包藏其自身的中間環節，是「太一」藉以展開的最初的和最根本的物質形式。（韓東育，1999）郭沂先生認為，從「太一生水」和「太一藏於

水」來看，水不具有創生功能，它的創生功能被處於同一層面的太一代替了。也就是說，在宇宙創生過程中，水只是起了輔助的作用，實際創生者仍爲太一。（郭沂，2002）蕭漢明先生認爲，「太一生水而後藏於水，水在這裡成了太一的存在環境與條件，它只在生成天的過程中通過『反輔太一』發揮過一次輔助作用，而在地的生成過程中它卻既不能起主導作用，也不能起輔助作用，故有『天反輔太一，是以成地』之說。因此，水在這個以太一爲原初的生成序列中，並不發揮主導性的生成作用。但太一有了水這個環境與條件，便能成爲萬物的創造者。」（蕭漢明，2001）總的來說，認爲「水」是「太一」生成萬物的輔助，它爲萬物之母——太一提供藏身之居所，這是主流觀點。

當然也有一些學者意見相反，認爲水才是主導。陳松長先生從文本的語法分析得出結論：水才是宇宙生成過程中的實際創生者。他指出，「太一生水」一句屬於先秦漢語中經常出現的省略介詞「於」的現象，「太一生水」應該理解爲「太一生於水」。也就是說，「太一」乃是由具象的「水」化生的抽象的概念，從而與下文的「太一藏於水」相對應。（陳松長，1999）這一觀點非常新穎，也遭到了一些學者的質疑。〔註6〕

還有一些學者另闢蹊徑，提出太一與水甚至道三者是等同的。比如羅熾先生認爲，「水」當是「道」的本喻，宜訓爲「水氣」。他據《文子·道原》說，水作爲道的體現在生成萬物的功能上是無所不能的，故宜其以之喻道。太一生水，即是「太一」之道外化爲「水」（氣），如同「道生一」。道、太一、水之關係實際是三而一、一而三的關係。太一（道）就藏於氣（水）中，以氣之運化爲其存在方式。（羅熾，2004）

龐樸先生的「化生說」很有特色，當介於太一主導說和等同說之間。龐樸先生認爲，《太一生水》中「太一」和「水」的關係，不是形影關係，而是母子關係；但又不是簡單的母子關係，而是具有反輔功能的母子關係。就是說，「水」在宇宙生成中，佔有一個特殊的地位。太一生水的「生」，不是派生，而是化生，即太一化形爲水，絕對物化爲相對，抽象固化爲具象。所以太一生出水來以後，水既非外在於太一，太一亦不外在於水，太一就藏在水中，水就是活生生的太一。此時，從太一生水來說，水是所生者，是受動者；從水藏於太一來說，太一則成了所藏者和受動者，這就叫「水反輔太一」，水

〔註6〕 蕭漢明通過簡文前後文的思路直接指出，將「太一生水」解讀爲「太一生於水」的解讀法不能成立。參見（蕭漢明，2001）

對太一的反作用。也可以說，太一是絕對的，是普遍的，水是相對的，是個別的，絕對寓於相對之中。（龐樸，2000）

2.「水」為「太一」的原型

《靈樞經》言：「太一者，水之尊號也。先天地之母，後萬物之源。」〔註7〕「太一」就是「水」。「太一生水，水反輔太一」，之後天地、神明、陰陽、四時、滄熱、濕燥，成歲而止。」後「故歲者，濕燥之所生也。濕燥者，滄熱之所生也。滄熱者。四時者，陰陽之所生。陰陽者，神明之所生也。神明者，天地之所生也。天地者大一之所生也。」這後一段把其上諸者都提了一個遍，反過來又說了一次，可是直接由天地就回到了太一，就是沒有提到「水」，爲什麼？因爲「太一生水」和「生天、生地」的問題並不是一個類型的問題。「太一」與「水」絕非一物，然而「太一」又的確即是「水」也。原因爲何？因爲，「水」即是「太一」的原型。

其實關於「太一」和「水」到底什麼關係的問題，學術界一直存在分歧，實際的爭論圍繞「太一」與「水」孰先孰後的問題以及如何理解「生」等問題而展開。

第一種方案是將水與太一通過北極聯繫起來。因爲若太一即是北極，而五行由屬水的北方開始，「太一生水「就好理解了。李學勤（李學勤，1999）、彭浩（彭浩，2000）、艾蘭（艾蘭，2000）524～532、蕭漢明（蕭漢明，2001）等先生都有相關的論述，此處不贅。但貌似這種解釋用「太一生於水」比「太一生水」更順暢。於是有陳松長先生引用馬王堆帛書《刑德》乙篇證明，「太一生水」一句屬於先秦漢語中經常出現的省略介詞「於」的現象，「太一生水」應該理解爲「太一生於水」。也就是說，「太一」乃是由具象的「水」化生的抽象的概念，從而與下文的「太一藏於水」相對應。陳松長先生於是從文本的語法分析得出結論：水才是宇宙生成過程中的實際創生者。（陳松長，1999）這一觀點相當新穎，也很有解釋力，但遭到了一些學者的質疑。

比如，蕭漢明指出，如果「太一生水」果真省了一個「於」字，那麼接下來的「水反輔太一，是以成天」句，便當爲「太一反輔水」或「水反輔於太一」，以合於「水－太一－天」之序。再接下來，「天反輔太一，是以成地」，依例當爲「太一反輔天」或「天反輔於太一」，宇宙演化的次序便成了「水－

〔註7〕　萬民英稱《靈樞經》有言此句，然今本《靈樞》並無此句。參見（萬英明，1966）（拙言，1992）1

天－太一－地」，往下的「天地復相輔」句雖不存在是否省「於」的問題，然天地之間橫隔著一個太一，如何實現「復相輔」則成了一個更難解決的問題。接下來的逆敘中省略了「反輔」「相輔」之類的連環套語，而且還省略了「水者，太一之所生也」，或者按照省「於」論的說法，省略了「太一者，水之所生也」。於是，蕭漢明做出結論，認為這裡什麼也沒有省略，太一雖然生成了水，但水卻並不因此而進入往下的生成次序。將「太一生水」解讀為「太一生於水」的解讀法不能成立。（蕭漢明，2001）

另外，龐樸先生主張，「太一生水」的「生」，不是派生，而是化生。不是雞生蛋，太一生出一個水來；而是蛋生雞，太一自己變化成了水。（龐樸，1999a）他更懷疑這個宇宙論其中有一個歷史演化的痕跡，「可能脫胎於此前的水生論；而『太一』這個絕對物，則是後來加上去的。」（龐樸，1999b）也就是說，水生出天地，而太一生出水是後來加上去的。這一點頗有啟示性，太一與水，為什麼提到了「生」就一定是一個為母一個為子的關係呢？何況有更大的論據「太一藏於水」在後文。既然太一藏於水中，水中本藏有太一，那麼看起來不是「水」又變成了邏輯先？

其實，這看似是一個「雞生蛋還是蛋生雞」的問題，但實際上卻也並非一個「雞生蛋還是蛋生雞」的問題。因為「雞生蛋還是蛋生雞」的問題至少還可以明確：倘若 A 雞生 B 蛋，B 蛋生 C 雞，B 蛋絕對生不出 A 雞。但「太一生水」卻不存在 A 太一 B 水 C 太一的問題。另一方面，雞和蛋也是畢竟還是有區別的，雞乃成型之物，而蛋乃孕育中的雛形。從成型或者不成形的區別上，也無法將太一和水隨意對應。

在《太一生水》篇的「太一」和「水」的關係中包涵著兩個方面的意思：

（1）太一生水

（2）太一生於水，也即太一藏於水

從形式上看，「太一＝水」，當然我們也可以具體來說：

（1）一方面，「太一」觀念是對原型「水」的展現。「太一」是一個本原觀念，具有生養萬物的功能，故而又由其生養萬物的過程來展現原型「水」，同時也是以原型「水」為載體的循「水」用「水」的過程，故而「太一生萬物」也有「水」生萬物之意。〔註8〕

〔註8〕 黃釗先生這與《管子·水地》所講的「水為萬物之本源」的說法可能同源，並由此為據認為，《太一生水》就是稷下道家的遺著。見（黃釗，2000）

（2）另一方面，「太一」是以「水」爲原型的觀念，原型「水」乃是「太
一」這個觀念的孕育之母體，同時也是「太一」觀念不斷層累和發
展的原型場域，「太一」觀念正是在原型「水」中孕育和發展，故
而太一生於水，也可以說太一藏於水。

筆者認爲，「太一生水」因爲有「水反輔太一」句在其後，故而確有可能
讀爲「太一生於水」。但是否讀爲「太一生於水」並非緊要所在，即便是讀爲
「太一生水」也並不意味著其中不包含有「太一生於水」的意思。其實「太
一生於水」就是「太一藏於水」。不論讀作「太一生水」還是「太一生於水」，
「太一生於水」都是內含於其中的邏輯。而對「太一生水」的各種解讀其中
最大的誤區就在於，都把「水」理解爲了具體形象之物，而按照慣常的邏輯
來考察是否爲始基，乃是無形或無定形的抽象之物而非具象之物，故而水不
可能爲更本原的東西。而實際上，若將「水」作爲原型，則一方面可以有具
體形象，另一方面又不是必然有具體形象，甚至「水」本身就是一種抽象。
其實，「太一生水」的宇宙生成序列中出現的其他名詞，譬如陰陽、天地、四
時之類都非具象之物，又何必非要獨將「水」拉向具體之物的序列中呢？

從原型的角度來說，「水」可以不是其他，就是「太一」本身，可以呈現爲
太一、天地、神明、陰陽、四時、滄熱、濕燥、歲，甚至於道。艾蘭教授在其
文中將「道」作爲以水爲原型的抽象概念被名作太一，（艾蘭，2000）524～532
〔註9〕筆者深以爲意。「太一」的原型就是「水」，所以「太一」可以是「水」，
可以是這個原型的呈現。不僅「太一」與「水」，「太一」與「道」，從其下一
個相同的不易的原型「水」來看都是同一的。把《太一生水》整篇看做「觀
念史」，同樣的道理，也可以把《太一生水》整篇看做「觀念」。因爲層累的
觀念史和層累的觀念是同一的。

（三）《太一生水》的觀念發展歷程

因爲前文已經論證了太一即水，水就是太一的原型，故而「由水及道」

〔註9〕 艾蘭利用西方學界關於「喻象學」（metaphorlogy）的最新理論，對中國早期
思想中的喻象思維和隱喻應用作出分析，認爲在《太一生水》的宇宙論中，
太一是北極星與北極星之神，是一個作爲水之來源的宇宙現象，而水則是此
後萬物的本源。《太一生水》篇之「太一」乃是「道」的別名，是作爲宇宙中
心的北極，是宇宙之水的不竭源泉；道的哲學概念即植根於從自然之源中源
源不斷流出的水的隱喻。

的過程，在《太一生水》篇中便是「由太一（水）及道」的過程。從太一那天人不分的渾沌之狀，到太一生成萬物的分類而又互滲的關聯性結構，最後落實爲「太一」的別名「道」，並周行而不殆，以之作爲中國上古哲學觀念史從「神話」到「意象」到「意念」的發展歷程作注，相當之契合。

1. 神話思維中的「太一」（水）：天人不分的渾沌

「太一」與「道」在宇宙發生論上與先秦宇宙論中的「混沌」有莫大的關聯。魏啓鵬引用《文子・道原》、馬王堆帛書《道原》、《淮南子・精神訓》等篇文字指出，「道家」在描述世界的本原和始基「道」，敘述未有天地之前宇宙生成的過程時，都涉及到水的狀態和運動。（魏啓鵬，2000）這個水即是渾沌，如王充《論衡・談天》言：「元氣未分，渾沌爲一。」《白虎通》中「混沌相連，視之不見，聽之不聞……」（班固《白虎通・天地》）而這個渾沌的原型又當然是「水」。

張善文說，「太一」（太極）「實屬作《易》者對遠古洪荒時期宇宙狀態的一種擬測，是古人關於天地萬物開闢之前世界景象的猜想。」（張善文，2003）325 從其初創本質來講它代表的應是一種受原始神話思維影響的實體存在但非具象化的實物，即「無形、無名、空虛、靜止、黑暗、無邊無際、先於宇宙而存在、具有潛在的強大生命力」（蕭兵，1994）135 的混沌狀態。《老子》中說「視之不見」「聽之不聞」「搏之不得」的「無狀之狀，無物之象」（《老子》第十四章），「有物混成，先天地生」（《老子》第二十五章），被稱爲「恍惚」。又「道之爲物，惟恍惟惚。惚兮恍兮，其中有象；恍兮惚兮，其中有物。窈兮冥兮，其中有精；其精甚眞，其中有信。」（《老子》第二十一章）可見這「渾然」之物，「恍惚」之象就是「道」。《莊子》說「夫昭昭生於冥冥，有倫生於無形」（《莊子・知北遊》）；《文子》中「天地未形，窈窈冥冥，渾而爲一，寂然清澄」（《文子・九守》）；「天地未形，馮馮翼翼，洞洞灟灟，故曰太昭」（《淮南子・天文訓》）；1942 年長沙子彈庫帛書描寫太古宇宙未分之際「夢夢墨墨，亡章弼弼」；長沙馬王堆《經法》中寫到「恒無之初，迵（混）同太虛。虛同爲一，恒一而止。濕濕夢夢，未有明晦……古（故）無有刑（形），大迵無名」（馬王堆，1976a）等，都是類似的狀態。而《淮南子》中更是明確提到：「洞同天地，渾沌爲樸。未造而爲物，謂之太一。」（《淮南子・詮言》）

原始混沌派生漫無涯際的大水，同時水霧彌漫又孕育了這一狀態的形

成，這個渾沌大水的「太一」還具有生養萬物的功能。《老子》推崇水是大家熟知的。王弼注本《老子》第六章：「谷神不死，是謂玄牝。玄牝之門，是謂天地根。綿綿若存，用之不勤。」除了王弼本和尊奉王本者將「谷神」寫作「谷神」外，其他諸如河上公本、帛書甲、乙本等，則均將「谷神」寫作「浴神」，老子的「道」「綿綿若存，用之不勤」，是「具有生殖功能的水」（韓東育，1999）道具有生殖序列上的原始性（也是邏輯意義上的），[註10] 它是萬物的始祖，因為她，天地始生，萬物興起。《老子》第四章云：「道沖而用之或不盈。淵兮似萬物之宗……湛兮似或存。吾不知誰之子，象帝之先。」「淵」「湛」皆取水深之義，說的就是「道」為萬物之源，深藏於水之中，正是「道藏於水」的思想。《老子》之「道」義同於《太一生水》之「太一」，在「生水」和「藏於水」兩方面都是一致的。

　　《太一生水》篇末的第12、13、14號簡同樣提示了與宇宙創生有關的洪水傳說：

> 天地名字並立，故訛其方，不思相〔當：天不足〕於西北，其下高以強。地不足於東南，其上〔□以□。不足於上〕者，有餘於下。不足於下者，有餘於上。……

此段字意顯然很容易聯想到《淮南子·天文訓》中相似的描述：

> 昔者共工與顓頊爭為帝，怒而觸不周之山，天柱折，地維絕。天傾西北，故日月星辰移焉；地不滿東南，故水潦塵埃歸焉。

洪水暴發、天傾地覆、四極不平的神話，在《淮南子》與《太一生水》的兩段文字中以全然不同的方式展現，卻是內容意義一致的情節。從表面上看這似乎象徵著宇宙原始的渾沌秩序被破壞，實際上東南與西北的大變動解釋了天地如何進一步演化。《太一生水》後篇的這段文字也正是「太一」神話的或者哲學含義的渾沌的一個驗證。「太一」正展現了神話思維中天人不分的渾沌意識，「太一」其實正是以「水」為原型的「渾沌」。

2. 意象思維中的「太一」（水）：關聯的萬物諸象

　　一個精彩的宇宙生存論的文獻不可能缺失那些展現豐富宇宙中分殊和關聯的要素。陰陽、五行等意象思維中最典型的關聯意象在短短的《太一生水》中都有豐富的展現，並且還包含了天地、神明、陰陽、四時、滄熱、濕燥、

〔註10〕作為萬物始祖，這種宗室承繼的觀念是中國傳統中一直存在和延續的。也因為這種生殖序列上的原始性和始祖性，（道）的無限崇高。

歲的諸般之「易」象。「太一生水」的宇宙化生圖式具有如此清晰的結構、多種要素、明確的運行機制，可說是迄今所能見到的諸子中完備的哲學化宇宙圖式：

> 太一生水，水反輔太一，是以成天。天反輔太一，是以成地。天（地復相輔）也，是以成神明。神明復相輔也，是以成陰陽。陰陽復相輔也，是以成四時。四時復（相）輔也，是以成滄熱。滄熱復相輔也，是以成濕燥。濕燥復相輔也，成歲而止。

整理一至四號簡的簡文（荊門，1998），我們可以得出「太一」的宇宙生成層級和途徑簡要如下：

> 太一→水→天地→神明→陽陰→四時→滄熱→濕燥→歲

除了這個順向生成，還有逆向生成。

> 故歲者，濕燥之所生也。濕燥者，滄熱之所生也。滄熱者，（四時之所生也）。四時者，陰陽之所生也。陰陽者，神明之所生也。神明者，天地之所生也。天地者，太一之所生也。

「前者易於認識，後者在比較宗教學的視野可以見得更清楚。通過對逆向生成的比較考察，可以看出道家的認識方式並不完全是邏輯的、單一的、線性的，而在大多數情況下是感悟的、多維的、立體的。」（張思齊，2001）另外還包含反輔、相輔、復輔、復相輔等複雜的關係和情況。〔註11〕

不少學者已經對《太一生水》的宇宙生成圖式進行了描繪。李零的宇宙生成的演化圖式直觀而又具體：太一生成了水，再由水生成天和地。以下從天到燥和從地到濕就形成了兩條單線生成的路線：一條是天生神，神生陽，陽生春夏，春夏生熱，熱生燥；另一條是地生明，明生陰，陰生秋冬，秋冬生寒，寒生濕。最後由燥和濕一起生成了歲，從而完成了宇宙生成的過程。（李零，1999）該圖式也有不足之處，誠如邢文先生所言：「圖式不僅沒有反映出

〔註11〕張思齊分別分析了「輔」的四種情況：反輔、相輔、復輔、復相輔。（1）反輔。用於生成途徑中上下兩個層級之間，即由生成物反作用於施生物。這實際上是一種逆向生成。施生物與生成物的關係頗類似與父母與孩子的關係。（2）相輔。用於生成途徑中同一層級的對偶兩極之間。對偶的兩極，比如天地、陽陰、春夏與秋冬、熱滄、燥濕等等，顯然體現出道家認知模式中的陰陽兩極的對立關係。相，就是互相之意。這其中道家尚陰，對陰性物事有偏好。（3）丙、復輔和復相輔。在同一層級中進行，矛盾雙方分別對對立面產生作用。在這裡，話語的重心在於一個「復」字，其含義是指事物的生成運動需要在不斷的交互運動中才能充分地實現。（張思齊，2001）

水、天『反輔太一』的過程，而且容易引起天、神、陽、春／夏、熱、燥之間，以及地、明、陰、秋／冬、滄、濕之間單線化生的誤會。」（邢文，1999）

邢文先生的圖式解決了水、天「反輔」太一和自天地到濕燥成對因素「復相輔」的問題，明確顯示了文本中所述水、天、地三者都爲太一所生，太一爲水、天、地三者的直接本源這一話題。（邢文，1999）但「太一藏於水，行於時」和宇宙生成的逆向追述被遺忘了，而且如有的學者所言，該圖沒有劃分陰陽二極序列。（趙東栓，2001）

郭沂的圖式顯然有了很大的改進。（郭沂，2002）該圖向我們展示了水、天、地三者的產生過程及其在宇宙起源中的作用，以及它們和太一相互之間的關係，「反輔」和「復相輔」的問題以及劃分陰陽二極序列等也都顯示出來，它還清楚地向我們表達了太一既「生水」又「藏於水」這一哲學內涵。但相對忽視了宇宙生成的逆向追述方式，以及太一「行於時」和「一缺一盈」的運行狀態。

趙東栓圖式是筆者認爲相對綜合而全面的。他以「太一」爲起點，以「歲」爲終點，以「反輔」和「相輔」兩個層次構成了整個化生過程。「反輔」層次存在著要素主次關係的規定，並強調「水」、「天」、「地」三種要素在宇宙化生中的突出地位與作用。「相輔」層次則應是劃分了兩列相輔相成、交合互滲的要素，並形成相繼化生的諸環節。無論是「反輔」，還是「相輔」，其內在的運行機制都是兩種要素的交合互滲而引起下一環節，這是一個既有類分又有交合的圖式（趙東栓，2001）（見圖 6.1）：

圖 6.1　趙東栓《太一生水》的宇宙生成圖示

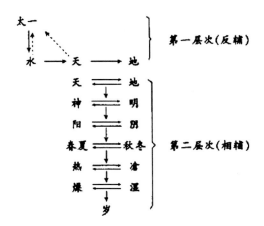

　　水、天對太一的「反輔」、每一組成對天象之間的「相輔」，以及陰陽二極序列的劃分都很清楚。「太一」是整個世界的源泉，萬物萌發其中，再派生「陰」與「陽」萬物。「太一生水」的圖式顯然受到《周易》和陰陽五行世界觀的影響，與陰陽家注重的「四時之大順」的思想亦相合。〔註12〕「太一生水」的宇宙生化圖式自「天地」至「濕燥」以類比的方式將宇宙化生的諸要素劃分為對立統一的兩個序列：天、神、陽、春秋、熱、燥的陽序列，以及地、明、秋冬、冶、濕的陰序列。兩個序列的要素之間相輔相成、互滲交合，構成了內在的化生機制和整個的運動過程。簡而言之，「類比造成了結構，互滲形成了化生機制。」（趙東栓，2001）而這種類比的結構，互滲的化生機制，正是意象以關聯性思維方式呈現的最佳範例。「太一生萬物」的過程中分類又互滲的關聯，正是意象思維的突出表現。

3. 意念思維中的「太一」（水）：周行而不殆之道

　　「天道貴弱，削成者以益生者，伐於強，責於□；□□□□□。」柔弱而有「生」之特色的「天道」與《老子》中直接對應，就是「水」的原型特徵。「道亦其字也，青昏其名。以道從事者，必託其名，故事成而身長。聖人之從事也，亦託其名，故功成而身不傷。」意念階段，是託水之名的「道」的集大成。道就是後來的「太一」，「道」完全可以代表「太一」，但「道」的成熟顯然在歷史和邏輯上都較「太一」為後，故說「由太一（水）及道」。

　　錢寶瓊提出「太一」乃北極附近最為明亮的 β Ursa Minor（小熊座第二星）。（錢寶瓊，1982）李學勤先生引《易緯乾鑿度》中的陰陽數術，以太一為北辰之神，將「太一藏於水，行於時」解釋為太一常居北極，從五行屬水的北方始，而周行四時。（李學勤，1999）這是將「太一」北極說與五行生成之序的合一。按五行生成之序，天一生水，而後始及火木金土。水兼具方位及實體義。但是《太一生水》文中在「太一生水」之後並未提到五行其餘四項，而且「水」在宇宙生成的過程中是如此特別，單單用五行其一是無法涵攝的，最多只能說吸納了五行說的零星內容。《晉書‧天文志》稱之為北辰第

〔註12〕蕭漢明先生提出，《太一生水》描述的宇宙生成圖式，所云陰陽相輔成四時，四時相輔成滄熱，滄熱相輔成濕燥，濕燥相輔成歲而止，與陰陽家注重的「四時之大順」的思想相合。但他認為《太一生水》只言諸種要素的形成次序，並不強調萬物的生成，與老莊以及稷下道家明顯不同，故而當歸屬於陰陽家，此論還有待商榷。畢竟不強調萬物生成但還是包含了萬物生成。（蕭漢明，2001）

二星，它「主日，帝王也，亦太乙之坐，謂最赤明者也」，可見它也是掌管太陽運動的星。上古神話中，神職互兼，非常普遍。《史記‧天官書》說：「歲星一日攝提，曰重華，曰應星，曰紀星。」重華是太陽神，兼爲歲星。蕭兵（蕭兵，2003）、孫常敍（孫常敍，1981）、周文康（周文康，1981）、蘇雪林（蘇雪林，1964）[173] 等當代學者都曾對「太一」爲歲星作過注釋。另外，郭沂先生「太一」「周而又始」、「一缺一盈」判斷其原型蓋爲月亮。（郭沂，2002）不管是北極還是太陽、月亮，更不要說歲星，都提示了「太一」進行循環的運動，它的循環模式又和「道」是類似的。

　　大多數學者都認同《太一生水》中「太一」爲道家「道」之別名。如王博先生說，「太一」是用來代替「道」的一個概念。太一的提出，是道家關於道的思想演變的結果，譬如之前已把「道」稱爲「一」「大」等。（王博，1999）又如羅熾先生通過翔實的考辨指出，「太一」在戰國中後期被賦予了「道」的含義，即宇宙萬物的總根源。所謂「太一」「道」，均是爲了便於表述而「強爲之名」。《太一生水》中之「太一」，正是指「道」。（羅熾，2004）既然「太一」就是「道」，那麼，「太一」的原型就是「道」的原型，「太一」這個觀念的層累實際上就是「道」的層累，太一的運行過程，也正是道的運行過程。

　　《老子》說：「有物混成，先天地生。寂兮寥兮，獨立而不改，周行而不殆，可以爲天地母。吾不知其名，強字之曰道，強爲之名曰大。大曰逝，逝曰遠，遠曰反。」（《老子》第二十五章）「周行而不殆」是「道」的要義。所謂「周行」就是的運動軌道相似一個封閉的圓圈，於是遲早要回歸起點。「道」運動的就是返本復初的循環運動。「返」和「復」「歸」，與「周行」同義，都有循環的意思。「道」的循環運動永不停息。

　　而《太一生水》中明確寫道：

　　　　是故太一藏於水，行於時，周而或（始，以己爲）萬物母。一缺一
　　　　盈，以紀（己）爲萬物經。此天之所不能殺，地之所不能釜，陰陽
　　　　之所不能成。

「太一」不僅僅是宇宙的本源——「萬物母」，而且作爲宇宙的原動力貫穿於整個化生過程的始終——「萬物經」——猶如「道紀」。李零認爲：「『周而又始，以己爲萬物母』，是說通過春夏秋冬的循環往復，太一把自己當作萬物的源泉。『一缺一盈，以己爲萬物經』，是說通過寒熱濕燥的盈虧消長，太一把自己當作萬物的秩序。」（李零，2007）[265] 可見「太一」的運行和「道紀」類

似，都是循環往復的。

《太一生水》中有「反輔」「復輔」「復相輔」等說法，正是對這種循環往復運動的描述。「復」「反」等都是對環中、圓、周思想的體現，這和《周易》復卦的精神也是相通的。《周易》復卦：「復，亨。出入無疾，朋來無咎。反覆其道，七日來復。利有牧往。」復卦描述了事物正氣回覆、生機勃發的情狀。生命剝落不盡，一陽終將來復。復卦象徵回覆和亨通。這其中居然提到了「七日」，恰是一「周」。太一周行，最後又「復」「反」太一。

太一生水，生天地，生神明，生陽陰，生春夏秋冬，生熱滄，生燥濕，最後「成歲而止」。顯然，「歲」是「太一」「周行而不殆」的一個參考點，到了一歲便完成了一個周期。「太一生水」，也就是「太一」生「歲」。張思齊在其《論道家「太一生水」的生成途徑》一文中明確提出，「年」或「歲」是「太一」運作的大周期。七天或「周」是「太一」運作的小周期。（張思齊，2001）蕭兵也說，「如果大一確實曾經兼爲歲星，那就是回歸它自身，生成並且確定了「年歲」，才算完成神聖職責，再開始其新的循環——這就是神話裏或『元語言』（Mater Language）中最常見的『永恒回歸』圖式（the Pattern of Eternal Return）。」（蕭兵，2003）

（四）《太一生水》的觀念生成論證

學者們都幾乎認同《太一生水》篇乃是一個完整的宇宙生成論，但實際上，宇宙論本身就是古人世界觀的最終成果，是哲學思想的反映，此篇幾乎所有的文字都在爲一個上古核心觀念的生成做論證。首先看《太一生水》篇的前兩段，就可被視作一個完整的觀念生成論（見表6.2）：

表6.2　《太一生水》的觀念生成論證

文　獻　論　證	說　明
太一生水，水反輔太一，是以成天。天反輔太一，是以成地。天（地復相輔）也，是以成神明。神明復相輔也，是以成陰陽。陰陽復相輔也，是以成四時。四時復（相）輔也，是以成滄熱。滄熱復相輔也，是以成濕燥。濕燥復相輔也，成歲而止。	宇宙生成論也即觀念生成論 正序：原型基礎上觀念的生成
故歲者，濕燥之所生也。濕燥者，滄熱之所生也。滄熱者，（四時之所生也）。四時者，陰陽之所生也。陰陽者，神明之所生也。神明者，天地之所生也。天地者，太一之所生也。	逆序：觀念的現象學還原（作爲觀念原型的「水」沒出現）

從生成的圖式來看，一方面正序「太一→水→天地→神明→陰陽→四時→滄熱→濕燥→歲」的生成過程可以視爲原型基礎上觀念的生成過程，另一方面還有逆序「歲→濕燥→滄熱→四時→陰陽→神明→天地→太一」的生成可以視爲觀念的現象學還原。另外在逆序中唯獨沒有出現「水」引起了學者的廣泛爭論，而作爲觀念原型的「水」隱藏在這個觀念生成的線索之下顯然也是順理成章的。後文「天道貴弱，削成者以益生者，伐於強，責於□；□□□□□□。」「貴弱」，正是《老子》中原型「水」的基本特徵。《老子》中的「道」以「水」爲原型，其宇宙或者說觀念生成論可以與《太一生水》篇相較：

> 道生一，一生二，二生三，三生萬物。（《老子》第四十二章）

> 天下萬物生於有，有生於無。（《老子》四十章）

我們可以比照《太一生水》第一部分與《老子》中這兩段內容，整理出二者類似的宇宙生成層次，我們也可由此發現太一生水的宇宙圖示展現過程也正是觀念生成的過程論證（見表6.3）：

表6.3 《太一生水》與《老子》觀念生成圖示比對

水	太一	天地	神明	陰陽－四時－滄熱－濕燥	歲
道（無）	一（有）	二（秩序）	變化	從二到萬物	周行
從渾沌到秩序（神話）			秩序與變化規則（意象）		

老子的「道」既是「有」也是「無」：作爲「無」的「道」乃是根源性的原型，作爲「有」的「道」乃是呈現而出的萬物之中的秩序或規律。「道生一，一生二」其實就是作爲「無」的「道」呈現爲「有」的過程。首先是原初的「一」，然後是愈見複雜的秩序和變化轉變的規則。故而，「太一」可以對應老子宇宙生成論中的「一」，這個「世界一」是從宇宙渾沌的「水」中分殊出來的原始秩序。另一方面，「太一」也是「有」，相對於「道」的「無」。「水」可相當於「無」。「有生於無」，「太一」生於作爲其原型的「水」。太一一旦生出了天地，秩序便也隨之確立了，也即是「一生二」的過程。「神明」是對「變化」的擬人化說法，正是變化的規則促成了這一切。另外，更有「歲」與「周行」的對應等。整體上而言，從《太一生水》的生成圖示中，從水到天地的變化正反映了神話思維階段從渾沌到秩序的演化過程，而從天地之後則可以對應意象思維階段中的秩序及變化規則的作用。其中「神明」一詞顯然與神

話思維有關，卻被置入意象思維之中，乃是意象思維中神話思維的遺存——這正反映了根植於不變原型之上觀念雛形呈現過程中的「層累」演變。在「從二到萬物」，或者「從天地到陰陽－四時－滄熱－濕燥」的轉化過程中，最神妙之處就是變化，而由於意象思維正在形成之中，並未完成，故用前一思維階段——神話思維中的語詞形式來描述和說明意象思維中的變化，這也是順理成章的。

　　簡單來說，不論是正序還是逆序，都反映了觀念雛形從不變的原型中生發、呈現的過程。一方面，原型呈現為不同的觀念雛形；另一方面不同的觀念雛形又都暗含著不變的原型——這就類似於一方面樹是種子長成的，而另一方面樹又在種子之中——又或者套用西方哲學中一個類似的說法：存在在存在者之中，存在者又要通過存在來呈現。

> 是故太一藏於水，行於時，周而或（始，以己為）萬物母。一缺一盈，以紀（己）為萬物經。此天之所不能殺，地之所不能釜，陰陽之所不能成。

這一段中「水」再度出現，因為此段恰是要揭示不變的原型「水」所支撐起的核心觀念的兩方面特徵：始基性和規律性。這一段以「水」為原型的「太一」正展現了「道」作為萬物始基及循環運動規律的相互關涉的兩方面內涵，「萬物母」「萬物經」正是二者的集中展現。一方面，「太一」同於「道」，乃是萬物的始基，這從「萬物母」的說法中就可以明確。天地陰陽都不及這個原型重要，都要依靠這個原型生成、發展，故而說「不能殺」「不能釜」「不能成」，這同時也反映了「太一」或者「道」的背後那個原型「水」的恒常性或普遍性。另一方面，「時」「周」「一缺一盈」等語詞的出現也暗示了「太一」同於「道」，乃是萬物的周期性循環的規律和運動變化的軌迹，「萬物經」正是對此的說明。（見表 6.4）從根源生發而出的規律性和運行變化的軌迹，統一於以「水」為原型的「太一」。

表6.4　原型「水」所支撐起的核心觀念的兩方面特徵

始基性	萬物母	「不能殺」「不能釜」「不能成」	生養萬物
規律性	萬物經	「時」「周」「一缺一盈」	變化循環

　　其上是對學者們沒有爭議的宇宙生成論的文字闡釋，另外頗有爭議《太一生水》後段文字或與這個宇宙生成論並無直接關涉，但其中對「名」「字」

的說法同樣可以作爲對一個觀念生成過程的注釋：

> 道亦其字也，青昏其名。以道從事者，必托其名，故事成而身長。
> 聖人之從事也，亦托其名，故功成而身不傷。

這一段很容易叫人聯想到《老子》中的這一段：

> 有物混成，先天地生。寂兮寥兮，獨立而不改，周行而不殆，可以
> 爲天地母。吾不知其名，強字之日道，強爲之名日大。（《老子》第
> 二十五章）

我們可以比對這兩段文字（如表 6.5）：

表 6.5　《太一生水》與《老子》中「字」與「名」之比對

篇　　目	字	名	說　　　　法
《太一生水》	道	青昏	托：必托其名……亦托其名
《老子》	道	有物混成（大）	強：強字之日道，強爲之名日大

　　兩段文字顯然有相當的淵源，都稱「道」爲「字」，而對應的「名」也應當是同一物，也就是說，「青昏」即那個最根本的、無法定義的「混成」之物。只不過《太一生水》中的「道」就是其字，而《老子》中的「道」乃強之日其字——可以理解爲《太一生水》此處的「道」乃是廣義的「道」，而《老子》中此處的「道」乃是對應「混成」之物的狹義的「道」，「可道」之「道」。另外，「託名」一說也是頗有深意的。「托」可釋爲「依託」，對照《老子》文中的「強字之日道，強爲之名日大」，可以猜想「必托其名」「亦托其名」也是類似的道理：作爲本原的此物無法說出來，於是要借助於某個「名」，這個作爲本原的物要依託於這個「名」而呈現。落實到《太一生水》的此段文字中，也就是廣義的「道」需要依託某種具有特徵呈現的「名」來實現，或者核心觀念「道」需要依託甚至符合某種「名」及其特徵，而這也正是對觀念要依託於原型及其特徵來呈現的隱晦說明。最原初最根本之物本就是不能言說的，而哲學正是「說不可說之說」，通過借助某個「名」「字」的觀念說法來呈現那背後的不可言說之根本。

　　總的來說，《太一生水》篇可以作爲一個凝練的上古哲學觀念史。在《太一生水》的宇宙生成論或是說觀念生成論中，我們能夠看到神話思維中渾沌甚至洪水的遺存，也能夠看到意象思維中陰陽、五行的觀念雛形，更內在蓄存了意念思維中「道」這個核心觀念。更可貴的是，這個宇宙生成論的基點

「太一」既能夠「生水」又「藏於水」，乃是以「水」為原型演化發展的。本具有神性的太一，行於作為軌道參照的「時」，天地、陰陽等諸般之「易」象，最後終於達成了「君子知此之謂」的道。這正是「太一生水」又「太一藏於水」的循環過程，這是「由太一（水）及道」的觀念層累，是以「水」為原型的「道」的「永恆回歸」。

第七章 「水」觀念與中國的元哲學精神

「道」「周行而不殆」，根植於原型的觀念之層累亦是如此。從渾沌和洪水神話，到陰陽、五行的關聯宇宙，再到涵攝一起的「道」的演變和轉化過程，都在一個精神涵義豐富的成熟觀念的內在結構中蓄存。這種轉化和蓄存又是「周行而不殆」，永不止歇的。「由水及道」作爲觀念史一條路徑，我們可以回顧其過去，更可以展望其未來——展望也是一種回顧。「水」觀念所具有的原型力量使其在文化中具有超強的生命力，它集中呈現了中國哲學內在精神的諸多方面，「水」就是中國的元哲學精神。

一、「水」觀念之餘緒

觀念史的變革過程本身也是轉化過程。從洪水的面具到陰陽、五行、八卦的身體再到內在之「道」的展現，這本身就是「水」觀念轉化的過程。轉化是不會停止的，無論遠古抑或現代。當形象性的「水」原型展現爲作爲中國哲學核心觀念的意念「道」之後，直觀上說原型「水」好像被替代了，水文化的發展漸漸偏離了哲學的路徑——儘管在民俗、文學、藝術等其他方面「水」的現身頻率仍舊非常之高。論文這部分要涉及的是由《淮南子》《春秋繁露》所展現的漢初觀念邏輯的定型，以及保留於其他文化形式中的水，這皆是自《老子》以「水」爲原型的「道」確立之後「水」觀念的餘緒。

（一）漢初根本觀念「道」的邏輯定型

「過程哲學」和「有機哲學」異名而同義，而且在懷特海看來，「有機體」

與「過程」必然結合。〔註1〕漢初的《淮南子》及《春秋繁露》，分別闡述和表達了各自的核心根本觀念偏自然性的「道」與偏倫理性的「天」。並且圍繞其各自的根本觀念，展現了由「道」或者「天」所引領的宇宙的流動「過程」，並著力呈現了一個包含豐富內容的、整體的、統一的、關聯的世界圖示。突出流動的「過程哲學」及著力整體的「有機哲學」的《淮南子》和《春秋繁露》為根本觀念邏輯的定型做出了突出貢獻。道家的原則「道」與儒家的原則「天」也由此展開了分殊及結合的不同路徑。

1. 過程與有機：懷特海的理論借鑒

如果說《老子》是創造性地提出了可以作為本原和規律的「道」的觀念，並對其作出了豐富的、既抽象又形象的暗喻——特別是用「水」為喻，以「水」為原型，那麼漢初的《淮南子》與《春秋繁露》這兩本大著便是進一步鞏固這個根本觀念，將「道」（包含「天」）的核心地位坐實，並融入百家，賦予它至高的地位和體系化的內涵。可以說，漢初就是根本觀念邏輯的定型時期。

《淮南子》與《春秋繁露》成書時期大致相同〔註2〕，然而二書的意趣指向和歷史意義卻迥然不同。前者一向被視為先秦以來黃老道家的理論總結，而後者則標誌了「罷黜百家，獨尊儒術」的統一新時代的到來。然則《淮南子》與《春秋繁露》二者並非全然的對立，《淮南子》不但為《春秋繁露》中新儒學體系的確立提供了大量的思想材料，並且還包含了類似的觀念、思維方式、以及哲學機理。無論是道家還是儒家，都包含對宇宙的領悟和個體生存和價值實現的關懷。它們都具有某種一以貫之的整合性、協調性。也可以說，它們都依據根本觀念而對自身體系進行了整合和協調。二書中類似的貫通的宇宙圖示不僅包含神話的埋藏，也是關聯意象的無限豐富，更是核心意念的強化。

懷特海「過程哲學」〔註3〕概念的提出，給了中國的儒道二家一個協調的、

〔註1〕「有機體」概念以雙重方式與「過程」概念相結合：首先，有機體是由種種現實事物構成的共同體，是不穩定的，出於產生過程之中未完成的聯結。其次，每一種實際存在物本身，只能被描述為一種有機過程，是微觀世界與宏觀世界相連並存的平行宇宙，是一種狀態到另一種狀態的過程與實在基礎。（懷特海，2006）

〔註2〕《淮南子》在漢武帝即位的第二年（西元前139年）由淮南王劉安進獻。而《春秋繁露》的成書大概在董仲舒著名的「天人對策」（西元前134年）後。《淮南子》略早於《春秋繁露》。

〔註3〕「過程哲學」是「一種主張世界是流動的演變過程的哲學學說」（大辭海，

一以貫之的哲學原則和內在機理，也是整體的、宏大的、關聯的宇宙體系的一個理論支持。儘管對懷特海的「過程哲學」還有不少學者存在非議，但還是有大批學者都同意「過程哲學」不僅關涉中國哲學的根本問題，而且還將引領世界哲學的未來走向。〔註4〕對「過程哲學」的理解，乃是中西彙通的一等途徑。

懷特海的「永恆客體」是「作爲潛在可能性而存在的，但又能表明現實統一性特徵的確定性形式的客體。」懷特海把現實客體作爲自然界中不流動的永恆因素，如果脫離現實則只是一種抽象，一種「可能的世界」，經由上帝的挑選而進入時空之後便「顯象」成爲實在的具體的世界。(大辭海，2003) 465 (懷特海，2006) 第十章「過程」而哈茨霍恩繼承和發展了懷特海「萬物皆流」「事物流變」的觀點，強調感覺的「連續性」，即感覺之流，有「萬物有靈」的神秘主義的主觀傾向，認爲有意識的上帝無所不知，並且能包攝萬物。以哈特肖恩的理論來說，「有機」乃是一個連續感覺的過程。這與中國哲學中「道」的內涵有驚人相似。「道」可以是一種純粹的抽象，是那個「可能的世界」，但同時它也進入萬物的大化流行之中，顯示爲具體的世界。另外，「大道泛兮」，「周行而不殆」，乃是一個連續的、甚至環狀的流動過程。

懷特海還從發生學角度論述了世界的有機整體性。認爲構成宇宙的終極存在物是「事件」，世界由一層層大大小小的事件相互攝入而生成。每個事件都不是靜止、孤立的存在，都與其他事件保持確定性的內在的廣泛聯繫，每個事件都是關係的產物，於是構成有機整體。機體有自己的個性、結構和自我創造能力，機體的根本特徵是活動，活動表現爲過程。過程就是機體各個因素之間有內在聯繫的、持續的創造活動。而這種活動的結構是進化的，所以自然界是活生生的、有生機的。於是過程哲學也被稱爲「有機哲學」。「道」在《老子》或《莊子》那裡，可能還是一個偏向於抽象的至大之物，但發展到漢初，特別是董仲舒《春秋繁露》中之後，便是能夠統攝具體的萬事萬物的最大的整體了。

2003）465，要求以機體概念取代物質概念的唯心主義哲學學說，也稱「有機哲學」。因爲討論的是有關宇宙整體的根本問題，又被稱爲宇宙形而上學或哲學的宇宙論。代表人物有創始人英國數學家、邏輯學家懷特海，以及其繼承者哈茨霍恩。

〔註4〕安樂哲教授曾在中國社會科學院歷史所思想史研究室做過題爲「過程哲學——世界哲學的未來走向」的演講。(2004 年 6 月 8 日)
參見 http://www.confucius2000.com/scholar/mgalzjsyjgczxsjzxdwlzx.htm

2. 《淮南子》與道家「過程哲學」

《淮南子》的道論以其開篇《原道訓》爲思想之概要。《原道訓》中引用了大量老莊的文論，並且本身也是對先秦道家思想主題之拓展，總體上說，比老莊的思想更具有實踐性。另外，《淮南子》文末的《要略》對《原道訓》的內容進行了重述和概括：

> 《原道》者，盧牟六合，混沌萬物，象太一之容，測窈冥之深，以翔虛無之軫，托小以苞大，守約以治廣，使人知先後之禍富，動靜之利害。誠通其志，浩然可以大觀矣。欲一言而寤，則尊天而保眞；欲再言而通，則賤物而貴身；欲參言而究，則外物而反情。執其大指，以内治五藏，灜澮肌膚，被服法則，而與之終身，所以應待萬方，鑒耦百變也。若轉丸掌中，足以自樂也。

《原道》的內容，囊括了天地六合，混沌萬物，擬象元氣的樣貌，探測大道的幽冥深遠，翺翔於虛無之域。雖寄託於小處卻包容探廣，持守簡約但卻能治理廣大，使人們懂得禍福發生的先後次序，也可以瞭解行、止的利害關係。果眞能夠通達它的旨意，對廣博紛繁的事物便可以得到透徹的瞭解了。要想用一句話來說明其中的道理，那就是尊重天道而保持純眞本性；再要講第二句話來通曉其中的道理，那就是輕視外物而重視自身；要想用第三句話來探究其中的奧秘，那就是抛去外物而返回眞情。掌握了其中的要領，則可以對內潤澤五臟六腑，對外浸漬肌肉皮膚。親身體驗到這個法則，與它伴隨終身，於是可以應對萬方，攬合百變。就像弄丸掌中，自己也完全可以得到其中的樂趣。

《原道訓》中用了大篇文字來論說老子的水與道的關係：

> 聖人守清道而抱雌節，因循應變，常後而不先，柔弱以靜，舒安以定……天下之物，莫柔於水，然而大不可極，深不可測……上天則爲雨露，下地則爲潤澤。萬物弗得不生，百事不得不成……故老耼之言曰：「天下至柔，馳騁天下之至堅，出於無有，入於無間。吾是以知無爲之有益。」

> 有象之類，莫尊於水。

《淮南子》對老子的宇宙論與水的關係的理解，仍是對道家哲學精神的繼承。簡單來說，《原道訓》講的就是以「水」爲原型的「道」統領萬事萬物的道理。其實從「原道」的這個題名中，我們也可以知道此篇大意。「原道」

從字面上理解就是「追溯道」，以「道」為源。故而開篇即言：

> 夫道者，覆天載地，廓四方，柝八極；高不可際，深不可測；包裹
> 天地，稟授無形；原流泉浡，沖而徐盈；混混滑滑，濁而徐清。……

所謂的「道」，覆蓋天承載地，拓展至四面八方，高到不可觸頂，深至無法測底，包裹著天地，無形中萌育萬物。像泉水從源頭處渤湧出來，開始時虛緩，慢慢地盈滿，滾滾奔流，逐漸由濁變清。「道」就是一汪泉流，由源頭奔湧而出，漫延開來，滋潤萬物，融入萬物。

「原」是一種持續不斷的「來源」或者「源泉」，從「道」的這個「原」那裡，萬物得以發生，也是從那裡萬物得到它們所需要的養分。在經典的道家文獻中，「原」和其他一些具有創造意義的辭彙表達常常混用，比如「宗」「母」「始」「門」「帝之先」「玄牝之門」「雌」「天地根」「天」等，具有祖先和宗譜的意義。（安樂哲，2006）69 「原道」就是源流於道，就是以「道」為始的「道」的展開，可以看做是「由一到多」。

同時，《原道訓》還有一個重要的主題，乃是「融合」。「融合併不意味著被動或軟弱，而是最大的力量與影響力的源泉。正是融合帶來了適時有效的一切。在細微之物顯示其排他性之處，融合顯示了包容性，使得個人得以擴展自我。」（安樂哲，2006）112 在這個融合的意義上，「原道」也意味著萬物集中歸於「道」這個源頭，可以視為「由多到一」。

道家的過程哲學就是「道」由一到多，也由多到一的發展過程。《淮南子》也正是以此為宗旨、原則的過程哲學。《淮南子》中對天地萬物形成過程的描述是：虛霩（道）→宇宙→氣→天地→陰陽→四時→萬物，這一宇宙萬物生成系統的間架結構成為以後整個中國封建時代宇宙論的傳統格式和基本框架。

3.《春秋繁露》與儒家「有機哲學」

西漢中期，適應大一統的中央集權的需要，董仲舒以儒家宗法思想為中心，雜以陰陽五行說，提出了天人感應、三綱五常等重要儒家理論。他的哲學思想主要反映在《春秋繁露》中。因此書為闡釋儒家經典《春秋》而作，且聯綴萬象，〔註5〕故名「春秋繁露」。

《春秋繁露》全面論證了「天不變道亦不變」的形而上學思想。它與《淮

〔註5〕《中興館閣書目》謂「繁露」冕之所垂，有聯貫之象；《春秋》比事屬辭，立名或取諸此，亦以意為說也。

南子》的最大區別在於以「天」而非「道」爲宇宙的最高根據。先秦儒墨的最高範疇就是「天」或者「天命」。崇尚「天」「天命」的傳統一般被認爲是周代的創造，認爲倫理化的「天命」是比殷商的血緣性的「上帝」更抽象化的一個對象，也是從宗教到哲學過渡的一個展現。「天」並非具體的神，和血脈相連的祖先沒有直接的關係，而是「監下民，厥典義」、無親無常的抽象主宰。董仲舒學說是對此的一脈相承。在董仲舒的學說中，「天」是最高的哲學概念，主要指神靈之天，是有意志、知覺，能主宰人世命運的人格神。董仲舒把道德屬性賦予天，使其神秘化、倫理化。

同時，董仲舒吸收陰陽五行思想，提出「天人感應」說作爲其哲學基礎，建立了他「天人合一」大一統的宇宙圖式。「天亦有喜怒之氣，哀樂之心。人與相副。以類合之，天人一也。」（《春秋繁露・陰陽義》）他的「天人相與」「天人同類」「天人相副」說認爲，天和人是相通的，天是有意志的，是最高的人格神，天按自己的面貌創造了人。人是宇宙的縮影，是天的副本。如成人有骨 366 節，與一年之天數相副；裏內有五臟，與五行相副；外有四肢，與四季相副（《春秋繁露・人副天數》）如此等等。又例如，天有日月，人有眼睛；天有山川河流，人有骨骼血管之類。「人之德行化天理而義，人之好惡化天之暖清，人之喜怒化天之寒暑。」（《春秋繁露・爲人者天》）天有暖、暑、清、寒四種氣候，與之相對應，人間有慶、賞、刑、罰四種政令。此外，人的性情稟受於天，天和人有相同的氣質和情感，他們之間可以相互感應，於是有他的先驗主義的人性論、性三品說。〔註6〕董仲舒的陰陽說〔註7〕和三綱〔註8〕五常〔註9〕論也是相當著名。此外，董仲舒還繼承了戰國末年陰陽家鄒

〔註6〕董仲舒繼承了孔子關於人性「唯上智與下愚不移」的觀點，把人性分爲三個品級：聖人之性，中民之性，斗筲之性。聖人之性爲純粹的仁和善，聖人不用教化，是可以教化萬民的。斗筲之性是只有貪和惡的廣大勞動人民，這些人即使經過聖人的教化也不會成爲性善者，對他們只能加以嚴格防範。中民之性具有善的素質，經過君主的教化便可以達到善。

〔註7〕董仲舒吸取陰陽家學說，並加以牽強附會，臆造了所謂陽尊陰卑論。董仲舒說，天有陰陽二氣，而功能各異。陽主生，陰主殺；陽主德，陰主刑；陽主光陰，陰主黑暗；陽主溫暖，陰主寒冷；陽主賜與，陰主奪取；陽主歡喜，陰主憂鬱；陽主寬厚，陰主威猛；等等。他由此判定，天好生不好殺，好德不好刑，尊陽而卑陰。他說：「君臣、夫子、夫婦之義，皆取陰陽之道：君爲陽，臣爲陰；父爲陽，子爲陰，夫爲陽，妻爲陰。」（《春秋繁露・五行之義》）

〔註8〕春秋時期，孔子便提出了「君君、臣臣、父父、子子」（《論語・顏淵》）的思想，後來韓非發展了這一思想，並爲「三綱」劃出了一個明晰的輪廓：「臣事

衍的「五德始終說」，提出了「三統三正」說，〔註10〕也就是他的歷史循環理論。

《春秋繁露》中的儒家哲學吸納了百家之說，以「天人合一」「天人感應」爲綱，呈現了一個包含豐富內容的、整體的、統一的、關聯的「有機」宇宙。

（二）保留在其他文化形式中的「水」

艾蘭先生說，「任何略曉中國後期哲學或美學的人，都將意識到」，水的觀念與文化的「意象與概念層持續地滲透於中國後來的思想觀念之中。這滲透不僅表現於哲學本身，也表現於文學、藝術與美學的所有領域。別的系統與我所描述的這個體系相互纏繞並相互影響。由印度輸入的佛教的思想與意象，與中國本土的概念糾結在一起，使其益發複雜。然而，我所描述的概念體系，展現的不獨是古代而且是歷代中國思想的本喻。」（艾蘭，2002）[168]在除哲學之外的其他的文化形式中，水同樣展現了它作爲「原型」的生命力。

1. 詩歌、繪畫、音樂藝術中的「水」

在詩歌、繪畫、音樂等各種藝術形式之中，除了講求「氣韻生動」〔註11〕

君，子事父，妻事夫，三者順則天下治，三者逆則天下亂，此天下之常道也。」（《韓非子·忠孝》）董仲舒對此加以繼承和神化，第一次提出：「王道之三綱，可求於天。」（《春秋繁露·基義》）他說：「天爲君而覆露之，地爲臣而持載之，陽爲夫而生之，陰爲婦而助之，春爲父而生之，夏爲子而養之。」（《春秋繁露·基義》）雖然尚未提出「君爲臣綱，父爲子綱，夫爲妻綱」的正式條文，但其意思已很明確了，待西漢末成書的《禮緯》才把「三綱」的條文具體化。

〔註 9〕 把「仁、義、禮、智、信」五種封建道德倫理規範，與金、木、水、火、土之五行相比附，則爲「五常」。「仁者，愛人之名也。」（《春秋繁露·仁義法》）「立義以明尊卑之分。」（《春秋繁露·盟會要》）「禮者，……序尊卑貴賤大小之位，而差內外、遠近、新舊之級者也。」（《春秋繁露·奉本》）「不智而辨慧狷給，則迷而乘良馬也。」（《春秋繁露·必仁且智》）「竭愚寫情，不飾其過，所以爲信也。」（《春秋繁露·天地之行》）

〔註10〕 「三統」說，就是每個新王朝改服制，循環採用黑、白、赤三種顏色。「三正」說，是每個新王朝開始，都輪流採用夏曆、丑、子三個月爲一年的開始。如夏朝是黑統，以月（農曆正月）爲正月；商朝是白統，以丑月（農曆十二月）爲正月；周朝是赤統，以子月（農曆十一月）爲正月。到了漢朝，又回到黑統，以月（農曆正月）爲正月。如此循環不已。

〔註11〕 南朝·齊畫家謝赫在其所著的《古畫品錄》中，提出繪畫「六法」，作爲人物繪畫創作和品評的準則。而「氣韻生動」是第一條款和最高標準。「畫有六法，……一氣韻生動是也，二骨法用筆是也，三應物象形是也，四隨類賦彩是也，五經營位置是也，六傳移橫寫是也。」（謝赫《古畫品錄》）。」「氣韻

的這個精神本就源自水的流動特徵，另外水也是最常見的，也是「原型」題材之一。在大量的藝術作品中，水象徵美好的道德，象徵流逝的時間，象徵隱逸於江湖等各種生命的感懷，我們都能夠從中看到「水」作爲根本觀念原型的那些特徵和內涵，並且在此基礎之上有更自由的發揮和更豐富類型的轉化。比如蘊涵天地之浩遠、山水之靈韻的「高山流水」〔註12〕比喻知音、知己，延續孔子「仁者樂山，智者樂水」（《論語‧雍也》）的傳統，〔註13〕更是典型的詩歌、繪畫體裁，也是最爲著名的樂曲之一〔註14〕。

　　另一個常見體裁乃是用水來比喻、暗示女性。水象徵唯美的女性形象，中國作品中最有代表性莫過於《詩經‧蒹葭》、曹植《洛神賦》以及宋玉的《高唐賦》《神女賦》〔註15〕等。《詩經‧蒹葭》云：「蒹葭蒼蒼，白露爲霜。所謂伊人，在水一方。溯洄從之，道阻且長；溯遊從之，宛在水中央……所謂伊人，在水之湄……所謂伊人，在水之涘。」《洛神賦》中大篇幅地歌詠洛神的美貌：「洛靈感焉，徙倚彷徨。神光離合，乍陰乍陽。竦輕軀以鶴立，若將飛而未翔。踐椒塗之鬱烈，步蘅薄而流芳。……體迅飛鳧，飄忽若神。凌波微

生動」是指繪畫的內在神氣和韻味，達到一種鮮活的生命之洋溢的狀態，是「六法」的靈魂。以生動的「氣韻」來表現人物內在的生命和精神，表現物態的內涵和神韻，一直是中國畫創作、批評和鑒賞所遵循的總圭臬。參《歷代名畫記‧論畫六法》。

〔註12〕「高山流水」語出《列子‧湯問》：「伯牙鼓琴，鍾子期聽之，放古琴而志在高山，鍾子期曰：『善哉乎鼓琴！巍巍乎若泰山。』少選之間，而志在流水，鍾子期曰：『善哉乎鼓琴！洋洋乎若江河。』鍾子期死，伯牙破琴絕弦，終身不復鼓琴，以爲世無足復爲鼓琴者。」《呂氏春秋‧本味》中也做了類似的記載。《荀子‧勸學》中提及伯牙琴藝：「昔者瓠巴鼓瑟，而沉魚出聽；伯牙鼓琴，而六馬仰秣」。之後，西漢的《韓詩外傳》、《淮南子》、《說苑》，東漢的《風俗通義》、《琴操》、《樂府解題》等等眾多古籍紛紛援引。馮夢龍《警世通言》開卷第一篇便是《俞伯牙摔琴謝知音》。

〔註13〕明代朱權的《神奇秘譜》言：「《高山》、《流水》二曲，本只一曲。初志在乎高山，言仁者樂山之意。後志在乎流水，言智者樂水之意。」參考《神奇秘譜樂詮》吳文光釋譜，上海：音樂出版社，2008。

〔註14〕傳爲伯牙所作，原作並無傳世。樂譜最早見於明代《神奇秘譜》（朱權成書於1425年），今有琴曲和箏曲等多種譜本。

〔註15〕宋玉的《神女賦》爲《高唐賦》的姐妹篇。懷王之子襄王也想學其父風流，與宋玉同遊於雲夢之浦，令宋玉賦高唐之事，日有所聞，夜有所夢，果然也與神女相會夢中，即記述此事。宋玉在此賦中極盡文字渲染之能事，描繪了一個盡善盡美、舉世無匹的美麗女神形象。後人對神女念念不忘，不少文人加以賦詠，如建安時期的陳琳、王粲、應瑒、楊脩等均有《神女賦》，實際上曹植的《洛神賦》也屬此類作品。

步，羅襪生塵。動無常則，若危若安。進止難期，若往若還。轉昡流精，光潤玉顏。含辭未吐，氣若幽蘭。華容婀娜，令我忘餐。」此中美人都與「水」相生相伴，或清水出芙蓉讓人無限嚮往，或根本就與水融爲一體，美得迷離。有學者說：「長期處在內陸且封閉的中國人，講究人與自然的有機和諧，把波光漣漪清澈如鏡的水都上昇到絕世的美女意象，顯示出人類最大的認同感和審美傾向。」（盧煒，2002）美人與水的結合乃是「水」作爲道家陰性文化特質的發展。

水由唯美的女性形象這個基點，轉而便有與女性特質有關的「柔情」的涵義，譬如我們常說「柔情似水」〔註16〕。女性千回百轉的柔情轉而使「水」又具有相思抑或別離之意。再進一步，「水」發展而用來代指有關男女私情，典型的例子便是「雲雨」一詞。古詩中以「雲雨」言男女歡合，其始作俑者是楚辭大家宋玉，他在《高唐賦》中記述楚懷王遊高唐時怠而晝寢，夢見神女自薦枕席：「妾在巫山之陽，高丘之阻，旦爲朝雲，暮爲行雨，朝朝暮暮，陽臺之下」。從此「巫山」「雲雨」「高唐」「陽臺」「朝雲」〔註17〕「暮雨」「楚夢」「神女」等詞就都語涉曖昧，爲詩人們言及男女歡愛之事提供了方便含蓄的說法。〔註18〕另外，古人視雨爲陰陽二氣交合之產物，故而雲雨也暗示陰陽相交，男女交合，〔註19〕這是另一條線索。

除了「雲雨」之外，「魚」和「水」的結合也常常用來暗示男女之間的情感，如「魚水之歡」〔註20〕。在詩詞特別是民歌之中，以「魚」的隱語來代替「匹偶」或「情侶」的例子很多，而「打魚」「釣魚」則是求偶的隱語，而更以烹魚或吃魚來喻合歡或結配。究其原因，聞一多認爲，「在原始人類的觀

〔註16〕 秦觀《鵲橋仙》：「纖雲弄巧，飛星傳恨，銀漢迢迢暗度。金風玉露一相逢，便勝卻人間無數。　柔情似水，佳期如夢，忍顧鵲橋歸路。兩情若是久長時，又豈在朝朝暮暮？」

〔註17〕 「朝雲」之後也常指代美女，或做女名，著名的比如蘇軾小妾王朝雲。

〔註18〕 李商隱《有感》：「非關宋玉有微辭，卻是襄王夢覺遲。一自高唐賦成後，楚天雲雨盡堪疑。」

〔註19〕 《大戴禮記》：「天地之氣和即雨。」

〔註20〕 「魚水之歡」本用來形容兩人之間的關係，好比魚在水裏一般的融洽、自然和舒服。晉・陳壽著的《三國志・蜀書・諸葛亮傳》蜀主劉備爲了表明自己對諸葛亮的信任及情深意重，他堅決地對關羽、張飛說：「孤之有孔明，猶魚之有水也，願諸君勿復言」。後指男女歡愛，如元・王實甫《西廂記》第二本第二折：「小生到得臥房內，和姐姐解帶脫衣，顛鸞倒鳳，同諧魚水之歡，共效於飛之願。」

念裏，婚姻是人生第一大事，而傳種是婚姻的唯一目的」，既然「魚」也代表了繁殖的生命力，那麼它常常出現於歌詠的民歌之中也是很好理解的了。（聞一多，2005b）[98~116] 其實還有另一個更深層的原因，那就是魚所賴以生存的「水」具有無限的生命力，「魚」乃水中之物，也是「水」之「靈」，也承繼和展現著這種能力。「魚」也是原型「水」的一種引申意象。魚紋、水紋、雲紋、龍紋的裝飾常常寓意吉祥寓意也是類似的道理。

2. 民俗材料、口頭流傳中的「水」

廣泛的民俗材料和口頭流傳中，水文化的內容也是十分豐富的。歲時民俗中元宵節舞龍燈、春社祭竈神祈雨、龍擡頭節接龍祈豐年、三月三水濱洗浴、端午節龍舟競渡、七夕沐浴汲聖水等習俗都和水崇拜有直接的關係。〔註21〕

民間傳統中自古就通過祭祀水神來祈雨或者止雨以求豐年。人民祭祀河川，有名的江河湖海皆有其神靈。著名的如黃河水神河伯、洛神、湘江水神瀟湘二妃、洞庭水神柳毅與龍女夫婦、濟水水神、長江諸水神、淮河水神無之祁、江西水神蕭公等等，另外還有運河水神，四海海神，能司雨水的山神、石神等。風、雨、雷、電等各種天氣氣象因為與降雨之間相關，也有其神，比如雨師、雲中君、龍王、虹神、風伯、雷公、電母等。魚、蛇、豬、蛙、牛等各種動物形態，以及黃帝、蚩尤、共工、女媧、大禹等神話傳說之中的人物也成為民間祭祀的水神面孔。

水也象徵繁殖，民間乞子風俗正是通過洗浴和飲水把水的生殖力量傳到婦女身上或注入她的體內，使其受孕、生育，猶如以水澆灌植物，促其生長、結實。民間「回魚箸」的婚姻禮儀之中送水或者送酒，婚俗中潑水、噴床、喝子茶等也含有祝願生子之意。洗浴嬰兒祈求生長，葬禮中浴屍、洗骨求死者轉世再生，甚至包括民間畫水來趨吉避凶的巫術，都和水的生命力直接關聯。

先民祈雨祈求豐收與乞子以求繁衍的這兩種人類社會的生產是相互交融、相互滲透、難分彼此的。對水的崇拜正好表現了先民對兩種生產豐收的渴望和做出的努力。原型「水」之生命力的內涵充分展現於其中。

風水文化也是民間水崇拜的一種展現形式。〔註22〕晉人郭璞《葬經》解

〔註21〕本小節內容參考（向柏松，1999）

〔註22〕中國風水學或者叫堪輿學（許慎《說文》解釋：堪，天道；輿，地道。），現稱居住環境學，起源於原始、雛形於堯舜、成熟於漢唐，鼎盛於明清。

釋風水:「氣乘風則散,界水則止,古人聚之使不散,行之使有止,故謂之風水」。風水崇尚氣,宗旨是「聚氣」,生氣結聚的地方就是風水寶地,其實爲崇水。《藏書》曰:「風水之法,得水爲上」,上乘的風水必須要有水。

另外,不僅「水」對道家意義重大,是核心觀念「道」的原型,而且對水的信仰和崇拜也對中國的道教產生了重要的影響。道教的理論、神仙譜系、法術儀式等莫不與水相關。道教水氣生人、生天地萬物的宇宙觀,「長生不死」的永恒追求,道教來源於各種水神的各路神仙,符水禁咒之法、獨特的祈雨形式等等都值得關注。道家是土生土長的原始自然宗教發展而來,深植於中國的本土文化土壤之中,與中國的歷史、社會有著千絲萬縷的聯繫。道教與水的密切關聯,也從側面驗證了「水」作爲觀念原型、文化本原的範例性。

二、「水」思維與中國的元哲學精神

「水,有著多重樣態與激發意象的偉力,爲宇宙普遍原則的概念化提供了原形,這一原則既適用於自然的變化又適用於人類的行爲。」(艾蘭,2002)[6] 當我們眞正對中國上古哲學觀念進行反思,「由水及道」的過程一經發掘,原型的生命力就不會繼續被埋沒。語言、觀念、思想、精神不可分,「水」是元素、緣起、源頭、原本,也是中國的元哲學精神。

(一) 原型、本源、及元哲學

在無限的「共時性」的視角下,「水」是「原型」「本原」及「元哲學」三者的統一,三位一體。「水」就是宇宙萬物的「本原」,就是核心觀念的「原型」,就是中國的「元哲學」精神。

1. 「道」的共時性

「道」的無限包容力和巨大的滲透力不僅深深地影響了中國人的思維,也震撼了西方。

你能理解何以像中國人這樣高智力的民族沒有科學嗎?

——他們有科學,但你不理解它。這種科學不是建立在因果性原則之上的。因果性原則並不是唯一的原則;它只是一種相對的東西。……

——東方人的思維與他們對事實的評價是建立在另一種原則之上

的。對於這種原則，我們甚至還沒有相應的稱謂。東方人當然
有表示它的詞，可我們並不懂得這個詞。東方的這個詞就是
「道」。……

──「道」可以是任何東西。我用另外一個詞去指稱它，但仍嫌這
個詞不夠味。我把「道」叫做「共時性」（synchronicity）。當東
方人察看由很多事實組成的集合體時，他們是將其作為一個整
體來接受的，而西方人的思維卻將其分解為很多實體與微小的
部分。」（榮格，1991）72～73

這是榮格與英國人類學學會的一位前主席之間的對話，讓我們瞭解到西方人
對「道」的著迷。我們說「道」是本原、道是規律，其實「道」的最偉大之
處乃在於其「包容力」和「溶解力」。

「道」是至大之「道」，如海納百川，有容而不盈；同時，「道」也是至
小之「道」，能彌漫、浸蝕而入微毫。「道」的「共時」，是大小、高下、前後、
生死、難易、進退、古今、始終、正反、長短、智愚、巧拙、美惡、正奇、
敝新、善妖、強弱、剛柔、興廢、與奪、勝敗、有無、損益、利害、陰陽、
盈虛、靜躁、張歙、華實、曲全、枉直、雌雄、貴賤、榮辱、吉凶、禍福等
相對立範疇之間的「共時」，這些對立範疇因為「道」而能夠轉化，因為「道」
而達致同一，所以「共時」也是「道」與萬物的「共時」。

「道」的「共時」也是「已在」與「應在」的「共時」。就好像《易》的
占卜，一方面用其象徵性的語言告知占卜者現在所處的真實狀態，另一方面
也通過思維的推導告知占卜者應該採取的措施和預期達致的效果。比如，乾
卦初爻爻辭「潛龍勿用」，「潛龍」乃是對「已在」狀態的判斷，而「勿用」
則是對「應在」狀態的建議，同時也是對達致效果的預期。從這個意義上說，
「道」包容了由「過去」而延續到的「現在」，也包容了由「現在」延續到的
「未來」。「道」溶解了「已在」的「事實」與「應在」的「價值」二者，以
及它們之間的界限。

「原型」與包含「原型」的中國樣式的核心整體性觀念的確有相似之處。
或者具體來說，就是原型「水」與包含原型「水」的觀念「道」在整體性上
的確有相似之處。這二者都包含人類的一切心理經驗，都蘊含了一切的原初
狀態，同時也蘊含了一切人類心理經驗的結果，蘊含了最理想的狀態。原初
的和諧相當於「已在」，它與相當於「應在」的發展最終最理想的和諧是同一

的。正如榮格所說：「這是事物的原始狀態，同時也是最理想的狀態，因爲它是永恒對立元素的統一。衝突已銷聲匿迹，萬物平靜，再一次回到最早的無差別的和諧之中。在中國古代哲學裏，我們可以看到同樣的思想。理想的狀態被稱作道，它就是天地之間的完美和諧。」（榮格，1991）[129]

2. 本源與元哲學

在西方，哲學的字源性意義是愛智慧（philo-sophia），而形而上學的字源性意義是元科學（Meta-physics），前者表達了人類精神活動的動力和方向，後者則是世界的客觀性本質，從中國人思想的角度看來，兩者是一致的。再說到「元哲學」。「元哲學」（metaphilosophy）[註23]一詞，從詞源上看，字首（meta-）通常是指「在……之後」「次一層的」或「超越」，從而包含「開端」和「起源」的意思[註24]。漢語中的「元」則有「本原」的意義。「元哲學」乃是「元元科學」（在 metaphysics 前又加一字首），由此可知其具有導引性、基礎性、通用性、超越性以及本原性等特點。綜合來說，元哲學即把哲學的作爲一門研究對象的學問，元哲學是哲學研究的立足點，也可以被視爲哲學學。[註25]（大辭海，2003）[90～91]

本原性是對哲學的「元性質」的基礎性追問，是「元哲學」最重要的特徵。中國對此問題的思考不僅由來已久，而且也是極其深刻的：

> 以本爲精，以物爲粗。（《莊子・天下》）
>
> 一也者萬物之本也，無敵之道也。（《淮南子・詮言訓》）
>
> 惛然若望而存，油然不形而神，萬物蓄而不知，此之謂本根。（《莊子・知北遊》）

〔註23〕 正式形成於 20 世紀 60 年代西方分析哲學興起之後，主要研究哲學本質、哲學對象、哲學分類、哲學功能和意義以及各門哲學分支簡介等論題。

〔註24〕 雅斯貝爾斯在研究哲學的起源問題時，首先對「開端」和「起源」進行了區分。前者是時間性概念，是一勞永逸地形成的：後者是生存性概念，是一個不斷的過程。

〔註25〕 哲學學還有另一種理解，即哲學史。哲學史意義上的哲學學與元哲學涵義不同。「眞正哲學性質的哲學是元哲學，正是在這個意義上，哲學永遠是它自己的元學，哲學即元哲學；這樣，所有一般意義的哲學都是哲學學，即它們都是元哲學的某種歷史性的結果，在適當的綜合上就是哲學史。」「所有在最本質意義上對哲學的探求在開始時總是元學性質的，但在以後的研究中，如果不是無功而返，或者是半途而廢，而能有幸達得到一塊後人可以憑弔的立足之地，但這就已成爲某種哲學學了。」見（周劍銘，2004）

> 元猶原也……故元者爲萬物之本，而人之元在焉。安在乎？乃在乎
> 天地之前。(《春繁秋路・玉英》)
>
> 萬物有乎生，而莫見其根；有乎出，而莫見其門。(《莊子・則陽》)
>
> 唯聖人能屬萬物於一而繫之元也。(《春秋繁露・重政》)

「元」與「本」「本根」的意義是相同的。張岱年先生曾經對「本根」範疇的
內涵進行了梳理，他認爲「本根」包含三項意謂：始義、所待義、以及統攝
義。第一是始義，應該具有某種先在性，是歷史的先在也是邏輯的先在。第
二是究竟所待義，就是萬物之所憑藉、依賴。「萬物亦然，有待也而死，有待
也而生。」(《莊子・田子方》)其三是統攝義，也就是能夠統轄萬物，爲萬物
主、爲萬物君。「此三項意謂雖各不同，其實只是一。統攝萬有者，必即是萬
有之究竟所待，而亦必即世界之最原始者。究竟歸一、不容爲二，三義其實
是相通的。」(張岱年，1982)[9] 作爲「本根」的哲學觀念是有關整個哲學體
系中觀念集合的，更是集中內涵和展現哲學精神的載體。「元哲學」之「元」
與「原型」之「原」，「本源」之「源」，中國傳統中不僅是這三個字的同義，
而且是其哲學內涵的同一。可以說。根本的哲學觀念就是本原、本源，就是
元哲學。

以「道」爲例。「道」可以相當於西方最根本觀念的「邏各斯」或者「存
在」。柏拉圖那裡是「理念」，亞里士多德那裡是形而上學的「實體」，康德那
裡是不可知的「自在之物」，胡塞爾把其引入「直觀」，而海德格爾那裡則是
「存在」，存在「在」一切之中，「有」一切，「是」一切，但唯獨沒有自己，
因此存在就是在它自己的不存在，道即是無，無即是道，中國思想自身的超
越性甚至超越了海德格爾的語言 [註 26] 呈現了這個意境，達到了「闡釋，認
識與元哲學的一致」(周劍銘，2004)。

世界本原這個哲學問題在西方最初由古希臘米利都學派首先提出，經歷
了從泰勒斯的水，到阿拉克西曼德的「無定形」，再經過阿那克西莫尼的「氣」，
畢達哥拉斯學派的「數」，愛利亞學派的「存在」，最後上昇到赫拉克利特哲
學「火」的本原的漫長歷程。而中國的本原性問題也同樣經歷了類似於「由
水及道」的發展歷程，這個過程既是歷史的更是邏輯的。「道」既生萬物，是
宇宙的本根、本質；同時萬物循道而行，「道」也是終極意義上的動力和方向。

[註26] 學者周劍銘撰文闡述「在語言的話語本質上，中國語言體現了中國思想的眞
正的元哲學性質」。但中國哲學早已通過語言超越語言來展現了其元學特質。

也可以說，「道」既是萬物的質料又是萬物的形式，這都解答了希臘哲學有關本根問題線索上的問題。故而，對中國哲學「元性質」的基礎性追問，對中國哲學本原性問題的解答，其答案便是「道」。以「水」為原型的「道」是中國哲學的本源，是中國的元哲學的核心，當然也可以代表中國的元哲學精神。

（二）「水」與中國的元哲學精神

《易》有「三易」：不易、變易、簡易。天地自然的萬事萬物以及人事，雖然隨時隨地都在錯綜複雜、互為因果的變化之中，但所變化者是其現象。而能變化的，卻本自不易，至為簡易。《易》的三個原則，也是水思維與中國元哲學精神的內在聯繫，是「水」原型展現觀念雛形的另一運算式。「水」作為觀念史一條路徑的回顧與展望，是最質樸簡易的觀念史的累層之基也是根本觀念不斷演變的發展線索，更是不變的根本觀念和觀念原型。

1.「水」作為觀念史的累層之基：簡易之易

作為中國哲學觀念原型的「水」，首先是作為觀念史的累層之基，反映了中國哲學「簡易之易」的規則。這個水思維的核心要義在於「一」。統一、同一，都是對元哲學的奠基，同時也是不同形態的觀念雛形不斷呈現的生長點。

簡易，就是簡單、平易的意思。所謂簡易，一方面是說，天地自然的法則，本來就是簡樸而平易的。道是「無名樸」，宇宙間看起來紛繁複雜的萬事萬物的奧妙，其最高的原則，其實是平凡而又簡單的，不過是符合事物本性的自然而然，不過是不加人工修飾的至純質樸。

所謂簡易，另一方面是說，我們可以將複雜的事物和道理變簡單。哲學本身就是要從普遍性出發去關照特殊性，從具體的、錯綜複雜的特殊的事和物之中，總結出最普遍、最一般的原則，並將之作為思維的方式方法，並依此去關照世界。有了簡易的原理、原則以後，我們去理解事物就簡單了。

所謂最簡易的，就是最根本的主導性原則。因為最簡易，所以能夠成為最根本，因為簡易，能夠應用萬物而成為主導性原則滲透於萬事萬物之中，也滲透於觀念思維之中，促成「萬有」的組裝、結合、更迭……也因為簡易，能夠牽一髮而動全身，「無為而無不為」，促成連貫的聯繫和層次網路。當我們使得萬物都貫徹上「道」——那個最簡易的、相同的原則，最樸素的哲學也將孕育發展出自己的體系，展現出思想的完整性和一致性。

「水」具有樸、淡的氣質，而這種氣質也影響著「水思維」，使其將「素

樸」的價值標準貫穿哲學和觀念的思維之中。「上善若水」，「水」是至善的代表，是道德的典範。中國哲學重本眞、求素樸的價值取向不僅僅是道家的精神選擇，同時也是儒家主流的價值趨向。由「利萬物而不爭」到「虛靜」最終推演到「無」的精神修養路線也是中國哲學固有的、內在的最簡易的原則。還有什麼比「無」更簡單、平易的規則嗎？質樸之善水，乃是「道」的原初精神之所在。

2. 「水」作為觀念史的發展線索：變易之易

作為中國哲學觀念原型的「水」，其次是作為根本觀念的發展線索，「由水及道」的演化過程，反映了中國哲學「變易之易」的規則。這個水思維的核心要義在於「變」。作為「變易之易」要義的「變」，一方面對應「簡易之易」的「一」，乃是「多」；另一方面，也對應「不易之易」的「合」，乃是「分」。「多」和「分」，都是「變」這一根本規則的呈現方式。演化、運動，因為打破了有限的束縛，展開了無限的空間，所以是活的哲學精神的動力。

所謂變易，就是說世界上的事，世界上的人，乃至宇宙萬物，沒有一樣東西是不變的。在時、空當中，沒有一事、沒有一物、沒有一情況、沒有一思想是不變的，不可能不變，不變是相對的，變才是絕對的。赫拉克利特說「我們不可能兩次踏入同一條河流」，我們甚至也都不可能一次踏入同一條河流。時間不同，環境不同，情感、精神亦不同，萬事萬物，隨時隨地，都在變中。《易經》是講原則的，但第一原則就是變，宇宙中的萬事萬物，沒有不變的，非變不可，「變易之易」，這是原則，同時也是生命形態的轉化和豐富。

「水」或者說其變型「氣」都是流體，流體具有固體所不可能具有的特性，其一就是流動不固定。「水」的流體氣質影響著「水思維」，使其將「萬物皆流」的變化思維貫穿於哲學和觀念的思維之中。中國哲學的根本精神之一就是「尚變」，因變化而由「一」推衍出豐富的萬事萬物。「變易之易」，是「易」的表現形態。

天地自然的萬事萬物，以及人事，隨時在交互變化之中，永無休止。「逝者如斯夫」（《論語‧子罕》），物、人、事的變化如流水而逝，擋不住，追不回。但是這種變化的法則，卻有其必然的準則可循，大道循環若水之流動，

總不會偏離其特定的軌道，不會亂變。就「由水及道」這個的觀念史發展的一般案例而言，這個變化就是從神話到意象到意念的觀念層累過程，就是從生活世界到觀念領悟最後到觀念的演進過程。

3. 「水」作為根本核心觀念原型：不易之易

作為中國哲學觀念原型的「水」，還作為根本觀念孕育的母體，以「道」之原型的身份而不斷層累呈現為不同的觀念雛形，不變的原型「水」本身就反映了中國哲學「不易之易」的規則。作為中國哲學觀念原型的「水」，由合水之性，延展為「合道」，這個水思維的核心要義在於「合」。

哲學的內在衝動之一就是從事物的現象中尋找其內在的本質。我們生活其中的大千世界千姿百態、變化多端，而哲學就是要通過一定的方式去把握它們，就是要透過多變的外在，揭示事物內在的、相對穩定的本質和規律。

萬物是水，水成為萬物綜合的內在本體。如果是萬物有靈，那麼那個「靈」就是「水」，「水」賦予萬物靈動的生命。萬物也呈現出「水」的「靈」。「水」作為根本觀念「道」原型，豐富和完滿「道」，使之成為中國哲學的總體性範疇、總體性觀念，進而能夠引申出其他命題，分支出其他觀念，最終形成自給自足的體系結構。以「水」為原型的「道」觀念的「層累」過程，也展示了體系性哲學的一般建構過程。這個可以引申其他一切的「道」（或者說「水」，因為作為原型的「水」和作為觀念的「道」是一致的、同一的），可以視為中國哲學觀念體系的「易」中之「不易」。

所謂「不易」，萬事萬物隨時隨地都在變的，可是卻有一個永遠不變的存在，這個存在是永恆的，這個存在雖是唯一卻能夠化為萬象。這個存在是萬物的統一，也同一於萬物，與萬物同在，雖有其有，卻亦有其無。這個不變的，能變萬有、萬物、萬事，而且唯有「它」是不變的。這個「不易」可視做最大的「一」。《老子》言：「天得一以清，地得一以寧，神得一以靈，谷得一以盈，萬物得一以生，侯王得一以天下貞。」（《老子》第三十九章）宇宙萬物生於一，陰陽兩氣動於一，五行運化變於一，數的生成起於一，夫子之道貫於一……這個「一」就是以「水」為原型的「道」。它如深澗幽泉，無限深邃，無限包容，同時蘊藏了無限的生命力。只有這一個「道」，也只有這一個「原型」，能夠以不變應萬變。此乃「理一萬殊」的「不易」之「理」，合於道，也就是「道」。「水之道」綜合了「簡易之易」和「變易之易」，是

對「易理」同時也是原型的最高抽象，成就生生不息的中國元哲學精神。

三、「水」觀念的生命力及其現代思想的回歸

（一）思維原型的內核：從文化的人到情感的生命

論及文化哲學及相關話題，卡西爾的觀點是可借鑒的。在卡西爾那裡，人並沒有什麼與生俱來的抽象本質，也沒有什麼一成不變的永恒人性：人的本質是永遠處在製作之中的，它只存在於人不斷創造文化的辛勤勞動之中。人性並非一種實體性的存在，而是自我塑造的一種過程。「人的突出的特徵，人的與眾不同的標誌，既不是他的形而上學本性，也不是他的物理本性，而是人的勞作。正是這種勞作，正是這種人類活動的體系，規定和劃定了『人性』的圓周。」哲學人類學是一個有機整體的人類文化哲學體系，展示了足夠深度和廣度的人性。「語言、神話、宗教、藝術、科學、歷史，都是這個圓的組成部分和各個扇面。因此，一種『人的哲學』一定是這樣一種哲學：它能使我們洞見這些人類活動各自的基本結構，同時又能使我們把這些活動理解為一個有機的整體。」（卡西爾，2004）第六章卡西爾所謂的「勞作」就是「符號活動」。人在這種「勞作」，在創造文化的活動中，才成為真正意義上的人，也只有在運用「符號」的文化活動中，人才能獲得真正的「自由」。

卡西爾用文化來定義人，文化是人的唯一本性。他的哲學的基本公式是：人——運用符號——創造文化。符號活動是把人與文化連接起來的中介物、媒介物。「正是『符號活動』在人與文化之間架起了橋梁：文化作為人的符號活動的『產品』成為人的所有物，而人本身作為他自身符號活動的『結果』則成為文化的主人。」（甘陽，2006）102「人——符號——文化」三位一體。「哲學人類學——符號形式的哲學——文化哲學」三者同一。「符號形式的哲學」是把他的「哲學人類學」與他的「文化哲學」聯結起來的紐帶。

「人——符號——文化」也可以被視為「生命——原型——情感」的一個暗喻。情感是活的生命的特性。生命運用原型來凝聚、存養和展現情感。原型乃是將生命與情感連接起來的中介物、媒介物。正是因為原型，生命得以保存和發展生命之中固有的內在的情感。情感因為原型這個中介而成為生命的質地，而生命也因為原型附著於觀念而成為情感的主人。觀念似乎是文

化的象徵物，卻也仍舊是人在「文化」的過程中的必然產物。觀念同時也是人具有真正意義上的「生命」的象徵，是原型存蓄本然內在情感並發展和表達這種情感的必然產物。人固然是文化的，人卻也同時擁有生命本身。生命的哲學和哲學的生命，本是中西對哲學形式的不同理解，在我們重新對思維原型的內核進行考察的過程中卻能夠得以融合。

「內在時間」是可以統一時空和邏輯，並對思維原型的內核進行標定的一個嶄新標度。海德格爾賦予了「時間」這個概念兩種不同的含義：一種是「內在的時間」，一種是「流俗的時間」。所謂「流俗的時間」應當比較明確，是有刻度的，可以計量的。在流俗的時間之中，人類不過海中泡沫、塵中微塵，人類歷史只是自然界發展的一個小階段、甚至一個瞬間，微不足道、不值一提。而「內在的時間」是以人為目的和標準的時間，是包含價值判斷的時間。但從內在時間、意義價值的層面來看，自然史不過是人類史的一個意義載體罷了。恩格斯說，有了人，我們就開始有了歷史。康德說人、人的精神、人的人格才是萬事萬物中最終的目的。有了人，整個宇宙才有了意義。而人又是什麼？人這個存在是具有生命體驗的〔註27〕、情感的、文化的動物，它是自由的，不斷自覺發展的。在中國傳統中，人的生命體驗是與自然、萬物合一的，物各有其性，人也有其「性」，但都法「自然」之道，「道」的價值也是人的價值、人的目的。只不過在這裡，萬物的價值與人的價值似乎在「道」的層面合一了。人這個標準意味著宇宙包含價值和目的，而這個目的、價值才是歷史的內核。歷史，特別是思維和觀念的歷史——歷史本身本質上來說就是思維和觀念的歷史——就是生命。歷史感就是生命感。〔註28〕

觀念中包含的「思維原型」的內核就是這種生命體驗。這種生命體驗不僅包含了文化的積澱，同時更為了展現情感的自然生命。「思維原型」是關於人的，它的氣質和基調在於人所構造和期待的價值和意義。「這個意義不是一

〔註27〕 鄧曉芒評述黑格爾辯證法，說「辯證法最深刻最內在的根據，它不是形式邏輯的那種形式的推理，而是對自己頭腦中形成的那些概念和概念關係的一種體驗，結合你的生命，結合你的日常生活，去進行體驗，它是靠這種體驗來把握客觀事物的本質。」

〔註28〕 「歷史感就是生命感。歷史就是生命，在生命中有一種感受，對歷史的體會，體會那些邏輯範疇低下的東西。也可以說世界歷史就是人的生命所造成的，對歷史的體驗、歷史感。現在很多理性的和非理性主義的思想家也有這樣的思想，強調對歷史的體驗，比如說現在的解釋學，狄爾泰、伽達默爾都訴之於生命體驗，存在主義的海德格爾、薩特也是這樣。」（鄧曉芒，2008）465

個一成不變的客體，而是永遠有待於人去重構的。」「意義」不是一個靜止的東西，「它是一個生命體，它永遠有待於人用自己的生命去重構、去創造。」（鄧曉芒，2008）[71] 以一個文化的人，以一個情感的生命向那個「理想世界」演進。

（二）觀念的成長：從傳統到現代到後現代

觀念史本身也是觀念，而觀念也能夠體現觀念史。第一種理解的方式是從大小觀念的集合聚散來看。數個觀念因爲源自同一個原型而具有相同的底色，反映相似的思維模式和情感訴求，於是這數個觀念可以被視爲一個更具有包容性的大觀念在不同思維模式下的不同形式。比如洪水的觀念、氣的觀念、道的觀念，就可以被分別視爲「水」這個大觀念在神話、意象、意念思維模式下的不同形式。洪水的觀念、氣的觀念、道的觀念等都源自於同一個原型——水，故而具有相同的底色，也反映了上古先民相似的思維和情感，故而完全可以統一在一個觀念之下，從華嚴、禪宗到朱子的「理一分殊」一樣的道理。另一方面，觀念的層累是在時空之中的不斷積澱，單個的觀念就是「層累」而來的，故而一個觀念本身就足夠豐富了。一個觀念中就包含了各個思維階段和各種思維模式下的觀念要素，我們通過考察一個觀念，將一個觀念一層層剖析清楚，也就能夠看到觀念的演進過程了。而這一個觀念的演進不僅是這個觀念的觀念史，同時也可以窺視其他觀念的演進過程。特別是當我們選取具有代表性的、具有原型意義的根本觀念來進行這樣的考察，尤其可以對觀念史本身提供借鑒。這是第二種理解方式，當然也是本文著力想要體現的觀念史模式。

不管是觀念或者觀念史，我們都需將其看做一個動態的過程，一個不斷成長中的生命體。在前文第一章中，我們已經反覆就「歷史和邏輯的一致」進行了論說。黑格爾有關哲學史的著名命題是個藥引子，那就是——「哲學史就是哲學」。鄧曉芒也評論說，歷史和邏輯在表層本來是對立的，但是在深層，「特別是一旦進入到哲學和哲學史這樣的層次，它們則是相通的，甚至於就是同一的」（鄧曉芒，2008）[21] 所謂的深層，就是要重新思索歷史和邏輯的本質，甚至把它們作爲本體來理解、去反思。觀念史也是相同的道理——更何況，哲學史在某種意義上說就可以被簡易地當做觀念史。觀念的運作，不僅反應人類的思維，同時也透視人類的情感。觀念的成長是生命的哲學，

也是哲學的生命。

　　我們回顧觀念的成長，建構觀念的「層累」模式，神話、意象、意念的結構只是一種建構，而建構只是給予一種思考的方法和方向。我們已經獲得了「層累」而出的核心觀念「道」，這是一個已經獲得的、已經存在的成果，那麼在那個軸心文明時代過去之後的將來呢？那麼在我們已經經歷了數千年文明之後，在我們的軸心文明時代已經成為過去之後的將來呢？在將來的將來，很顯然，生命會繼續，觀念會繼續「層累」，觀念史會繼續「層累」。

　　觀念的成長是一個從過去到現在再到未來的過程，同時也是過去、現在、未來三者的視域融合，是一個「共時性」的時間結構。〔註29〕「真的過去、真的現在，與真的未來實是同一不二的東西，它們都具有一種『超出自身』的性質，都具有一種『向著可能性去存在』的動態結構——正是在『可能世界』這個偉大的國度中，過去、現在、未來的視覺界限被完全打破了，它們不再各自固著於自己所處的地平線上，而是彼此交融、你我不分、形成為時間性之『地平線的交融會合』，亦即構成了一個巨大的共同的時間性地平線。」（甘陽，2006）⁵⁹~⁶⁰〔註30〕

　　觀念的成長也是一個從傳統到現代到後現代的過程，是哲學精神的不斷傳承與現代思想的回歸。當代解釋學大師伽達默爾說：「傳統並不只是我們繼承得來的一宗現成之物，而是我們自己把它生產出來的，因為我們理解著傳統的進展並且參與在傳統的進展之中，從而也就靠我們自己進一步地規定

〔註29〕「在自然秩序中，時間總是呈現為『歷時性』結構，亦即總是從過去流向現在流向未來；然而我們所說的時間性地平線上，時間卻呈現為『共時性』或說同時性的結構，亦即過去、現在、未來都『同時化』在未來這一維中，我們把時間的這樣一種『同時化』結構稱之為時間的真正『時間化』，亦即所有的時間瞬點都被『未來化』了，因而也就可以說時間似乎是從未來走向現在走向過去的。」於是「未來」成爲了「時間性」和「歷時性」的根基、本質、核心，從「未來」去理解「現在」與「過去」。於是按照這個邏輯，傳統、文化等等歷經時間積累的「過去」的東西，變成了「真正的過去」，同時也成為了「真正的現在」，甚至「真正的未來」，應當把他們看成「首先存在於『未來』之中的永遠有待完成的無窮大有機整體或有機系統」（甘陽，2006）60

〔註30〕甘陽關於過去、現在、未來的公式是：
　真正的過去＞過去已經存在的東西
　　　＝過去已經存在的東西＋過去不曾存在的東西
　真正的現在＞現在已經存在的東西
　　　＝現在已經存在的東西＋現在不曾存在的東西
　∴真的過去＝真的現在＝真的未來

了傳統。」（Gadamer，1982）261「傳統、文化、歷史都不是什麼超乎我們之外或之上的『非時間的』（atemporal）自然持存之物，而是與我們每一代人在每一特定事件中所作所爲內在相聯的，並且就是由我們每一代人在每一具體時間內對它們的理解、改造、創造所構成的，用當代解釋學的術語來說，它們都是『有效應的歷史』（Wirkungsgeschichte/effective-history）（Gadamer，1982）267，也就是說，每一代人都對傳統、文化、歷史起著特定的作用、產生著特定的結果、效用、效應，從而在這一特定歷史事件中有效地影響著、制約著、改變著傳統、文化、歷史。」（甘陽，2006）55

一方面，傳統的本質蘊涵於現代和後現代之中。傳統是要面向在現代和後現代的。甘陽說，「『傳統』是流動於過去、現在、未來這整個時間性中的一種『過程』，而不是在過去就已經凝結成型的一種『實體』，因此，傳統的真正落腳點恰是在『未來』。」傳統乃是「尚未被規定的東西」，它永遠處於製作之中，創造之中，永遠向『未來』敞開著無窮的可能性或說『可能世界』」，而「未來」是「在『過去』與『現在』的不斷遭遇、相撞、衝突、融合（新的同化舊的）之中所生發出來的種種『可能性』或說『可能世界』（possible world）」，「正因爲如此，『傳統』絕不可能只等於『過去已經存在的東西』，恰恰相反，傳統首先就意味著『未來可能出現的東西』——未來的人、未來的事、未來的思想、未來的精神、未來的心理、未來的意識、未來的文化、未來的一切。因此，『繼承發揚』傳統就絕不僅僅只是複製『過去已經存在的東西』，而恰恰是要發前人所未發、想前人所未想，創造出『過去從未存在過的東西』，從我們今日來說，就是要創造出過去的中國人不曾有過的新的現代的『民族文化心理結構』……」（甘陽，2006）53，57

另一方面，現代和後現代潛藏在傳統的結構之中，需要不斷地開發使之呈現。傳統是現代和後現代的落腳點。傳統「不再是一種僵死固定的現成之物，而是成了不可窮盡的可能性之巨大源泉……」「不斷地走向『未來』，恰恰正就是不斷地返回於最本眞的『過去』！」（甘陽，2006）58～59

「水」的觀念在現代語境和現代中國哲學中，仍舊有無限蒸騰的蓬勃生命力。「水」之觀念與思維，綿綿若存。「水」之原型，涵育宇宙的胸懷，超越民族和時代。而我們也將隨著「水之道」「周行而不殆」的圓滿軌迹，早晚返歸我們最本眞、最珍貴的「源頭活水」，並湧現出更多、更美的精神的浪花。

參考文獻

1. 阿達利，1999，智慧之路——論迷宮，邱海嬰譯，北京：商務印書館。

2. 埃里蓬，1997，今昔縱橫談——克勞德・列維・斯特勞斯傳，袁文強譯，北京：北京大學出版社。

3. 埃利亞德，1990，神秘主義、巫術與文化風尚，宋立道、魯奇譯，北京：光明日報出版社。

4. 艾蘭，汪濤，范毓周，1998，中國古代思維模式與陰陽五行説探源，南京：江蘇古籍出版社。

5. 艾蘭，1992，龜之謎——商代神話、祭祀、藝術與宇宙觀研究，汪濤譯，成都：四川人民出版社。

6. 艾蘭，1999，早期中國歷史、思想與文化，楊民等譯，瀋陽：遼寧教育出版社。

7. 艾蘭，2000，太一・水・郭店《老子》，郭店楚簡國際學術研討會論文集，武漢：湖北人民出版社。

8. 艾蘭，2002，水之道與德之端：中國早期哲學思想的本喻，張海晏譯，上海：上海人民出版社。

9. 愛伯哈德，1990，中國文化象徵詞典，陳建憲譯，長沙：湖南文藝出版社。

10. 安樂哲，2006，自我的圓成：中西互鏡下的古典儒學與道家，彭國祥 編譯，石家莊：河北人民出版社。

11. 巴什拉，2005a，火的精神分析，杜小真、顧嘉琛譯，長沙：嶽麓書社。

12. 巴什拉，2005b，水與夢——論物質的想像，顧嘉琛譯，長沙：嶽麓書社。

13. 白壽彝，1999，中國通史，上海：上海人民出版社。

14. 布寧，餘紀元，2001，西方哲學英漢對照辭典，北京：人民出版社。

15. 曹礎基，1982，莊子淺注，北京：中華書局。

16. 車萬育，1994，聲律啓蒙，太原：北嶽文藝出版社。

17. 陳恩林，2004，《太一生水》與《老子》及《易傳》的關係——《太一生水》不屬於道家學派，社會科學戰線，2004（6）。

18. 陳鼓應，1992，老莊新論，上海：上海古籍出版社。

19. 陳鼓應，2007，莊子今注今譯，北京：商務印書館。

20. 陳宏天，1987，昭明文選譯注，長春：吉林文史出版社。

21. 陳久金、張敬國，1989，含山出土玉片圖形試考，文物，1989（4）。

22. 陳立中，1996，陰陽五行與漢語言詞彙學，長沙：嶽麓書社。

23. 陳夢家，1988，殷虛卜辭綜述，北京：中華書局。

24. 陳啓雲，2001，中國古代思想文化的歷史論析，北京：北京大學出版社。

25. 陳秋祥 等，1991，中國文化源，上海：百家出版社。

26. 陳松長，1999，《太一生水》考論，武漢大學中國傳統文化研究中心編，郭店楚簡國際學術研討會論文彙編：第2冊。

27. 陳偉，1999，《太一生水》考釋，古文字與古文獻，1999（試刊號），臺北：楚文化研究會。

28. 成玄英，1974，道德經義疏，臺灣廣文書局。

29. 程平山，2005，夏商周歷史與考古，北京：人民出版社。

30. 崔仁義，1997，荊門楚墓出土的竹簡《老子》初探，荊門社會科學，1997（5）。

31. 大辭海編輯委員會，2003，大辭海（哲學卷），上海：上海辭書出版社。

32. 鄧啓耀，1992，中國神話的思維結構，重慶：重慶出版社。

33. 鄧曉芒，2008，哲學史方法論十四講，重慶：重慶大學出版社。

34. 丁山，1988，商周史料考證，北京：中華書局

35. 丁山，2005，古代神話與民族，北京：商務印書館。

36. 丁四新，2000，郭店楚墓竹簡思想研究，北京：東方出版社。

37. 丁四新，2002，楚簡《太一生水》研究——兼對當前《太一生水》研究的總體批評，丁四新，楚地出土簡帛文獻思想研究：（一）。武漢：湖北教育出版社。

38. 董光壁，1991，當代新道家，北京：華夏出版社。

39. 杜維明，2002，杜維明文集（第三卷）。武漢：武漢出版社。

40. 渡邊公三，2002，列維·斯特勞斯——結構，周維宏等譯，石家莊：河北教育出版社。

41. 方同義，2003，中國智慧的精神——從天人之際到道術之間，北京：人

民出版社。

42. 馮國超，2001，郭店楚墓竹簡研究述評：上，哲學研究，2001（3）。

43. 弗萊，1987，偉大的編碼：《聖經》與文學，葉舒憲 編，神話──原型批評，西安：陝西師範大學出版社。

44. 弗雷澤，2006，金枝，徐育新等譯，北京：新世界出版社。

45. 弗洛伊德，2005，圖騰與禁忌，趙立瑋譯，上海：上海人民出版社。

46. 福柯，2001，詞與物──人文科學考古學，莫偉民譯，上海：上海三聯書店。

47. 福柯，2007，知識考古學，謝強，馬月譯，北京：三聯書店。

48. 傅偉勳，1990，創造的詮釋學及其應用──中國哲學方法論建構試論之一，從創造的詮釋學到大乘佛學：哲學與宗教四集，臺北：東大圖書公司。

49. 傅偉勳，1994，學問的生命與生命的學問，臺北：東大圖書公司。

50. 甘陽，2006，古今中西之爭，北京：三聯書店。

51. 高亨，1954，老子注，北京：中華書局。

52. 高亨，1989，古字通假會典，董治安 編，濟南：齊魯書社。

53. 高明，1987，中國古文字學通論，北京：文物出版社。

54. 葛瑞漢，2003，論道者：中國古代哲學論辯，張海晏譯，北京：中國社會科學出版社。

55. 葛兆光，1995，古代中國還有多少奧秘，讀書，1995（11）。

56. 葛兆光，2006，古代中國文化講義，上海：復旦大學出版社。

57. 宮哲兵，2004，唯道論的創立，武漢：武漢出版社。

58. 龔鵬程，2006，中國傳統文化十五講，北京：北京大學出版社。

59. 龔鵬程，2009，文化符號學：中國社會的肌理與文化法則，上海：上海人民出版社。

60. 谷衍奎，2003，漢字源流字典，北京：華夏出版社。

61. 顧頡剛，2000a，古史辯自序（上），石家莊：河北教育出版社。

62. 顧頡剛，2000b，古史辯自序（下），石家莊：河北教育出版社。

63. 顧頡剛，2002，中國上古史研究講義，北京：中華書局。

64. 顧頡剛，2005a，古史辨，海口：海南出版社。

65. 顧頡剛，劉起釪，2005b，尚書校釋譯論，北京：中華書局。

66. 郭沫若，1965，殷契粹編，北京：科學出版社。

67. 郭齊勇，2007，儒家文化研究（第一輯）新出竹簡研究專號，北京：三聯書店

68. 郭沂，2002，郭店竹簡與先秦學術思想，上海：上海教育出版社。

69. 國學整理社。 1954，管子校正（諸子集成本）。北京：中華書局。

70. 過常寶，1997，楚辭與原始宗教，北京：東方出版社。

71. 海德格爾，1999，存在與時間，陳嘉映，王慶節譯，北京：三聯書店。

72. 海德格爾，1996，海德格爾選集，孫周興選編，上海：上海三聯書店。

73. 韓東育，1999，郭店楚墓竹簡《太一生水》與《老子》的幾個問題，社會科學，1999（2）。

74. 何介鈞，2004，馬王堆漢墓，北京：文物出版社。

75. 何新，1985，重論「五行說」的來源問題，學習與探索，1985（1）。

76. 何新，1986，諸神的起源，北京：三聯書店。

77. 鶡冠子，1985，鶡冠子，陸佃 解，北京：中華書局。

78. 黑格爾，1981，哲學史講演錄，賀麟，王太慶譯，北京：商務印書館。

79. 黑格爾，2009，美學（第2卷）。朱光潛譯，北京：商務印書館。

80. 侯外盧，1957，中國思想通史，北京：人民出版社。

81. 胡孚琛，呂錫琛，1999，道學通論，北京：社會科學文獻出版社。

82. 胡厚宣，1934，楚民族源於東方民族考，北京大學潛社：史學叢刊。

83. 胡塞爾，1986，現象學的觀念，倪梁康譯，上海：上海譯文出版社。

84. 胡塞爾，2005，現象學的方法，克勞斯·黑爾德 編，倪梁康譯，上海：上海譯文出版社。

85. 胡偉希，余佳，2011，「五」即「五行」——論原始「五」字包含的宗教文化與哲學意蘊，文史哲，2011（1）：38～46，

86. 湖北荊門市博物館，1997，荊門郭店一號楚墓，文物，1997（7）。

87. 懷特海，1999，思想方式，韓東暉，李紅譯，北京：華夏出版社。

88. 懷特海，2006，過程與實在（卷一、卷二），周邦憲譯，貴陽：貴州人民出版社。

89. 黃任軻，1991，從陰陽、五行兩種古曆的創制試論中國文化的兩個主要來源，陳秋祥等主編，中國文化源，上海：百家出版社。

90. 黃永唐，1995，國語全譯，貴陽：貴州人民出版社。

91. 黃釗，竹簡《老子》應為稷下道家傳本的摘抄本，中州學刊，2000（1）。

92. 江林昌，1998，楚辭與上古歷史文化研究——中國古代太陽循環文化揭秘，濟南：齊魯書社。

93. 金丹元，2000，傳統藝術思維與「意念」，文藝理論研究，2000（2）。

94. 金景芳，呂紹剛，1996，《尚書·虞夏書》新解，瀋陽：遼寧古籍出版社。

95. 金森修，2002，巴什拉——科學與詩，武青艷等譯，石家莊：河北教育出版社。

96. 金岳霖，1983，知識論，北京：商務印書館。

97. 金岳霖，2004，知識論，北京：商務印書館。

98. 金祖孟，1991，中國古宇宙論，上海：華東師範大學出版社。

99. 荊門市博物館，1998，郭店楚墓竹簡，北京：文物出版社。

100. 卡普拉，1999，物理學之道，北京：北京出版社。

101. 卡西爾，1988a，符號 神話 文化，李小兵譯，北京：東方出版社。

102. 卡西爾，1988b，語言與神話，於曉等譯，北京：三聯書店。

103. 卡西爾，1992，神話思維，黃龍保等譯，北京：中國社會科學出版社。

104. 卡西爾，2004，人論，甘陽譯，上海：譯文出版社。

105. 康德，2005，實用人類學，鄧曉芒譯，上海：上海世紀出版集團。

106. 孔安國，2007，尚書正義，孔穎達正義，黃懷信整理，上海：上海古籍出版社。

107. 孔穎達，1980，周易正義，北京：中華書局。

108. 庫恩，2003，科學革命的結構，金吾倫，胡新和譯，北京：北京大學出版社。

109. 李定生，徐慧君，1988，文子要詮彙，上海：復旦大學出版社。

110. 李二民，2001，讀《太一生水》箚記，謝桂華，簡帛研究：上冊，南寧：廣西師範大學出版社。

111. 李零，1999，讀郭店楚簡《太一生水》，陳鼓應，道家文化研究：第 17 輯，北京：三聯書店。

112. 李零，2001a，中國方術考，北京：東方出版社。

113. 李零，2001b，中國方術續考，北京：東方出版社。

114. 李零，2007，郭店楚簡校讀記，北京：中國人民大學出版社。

115. 李學勤，1998，荊門郭店楚簡所見關尹遺說，中國文物報，1998 年 4 月 29 日。

116. 李學勤，1999，《太一生水》的數術解釋，陳鼓應，道家文化研究：第 17 輯，北京：三聯書店。

117. 李學勤，2002，郭店楚墓文獻的性質與年代，北京：學苑出版社。

118. 李學勤，2006，周易溯源，成都：四川出版集團·巴蜀書社。

119. 李幼蒸，1993，理論符號學導論，北京：中國社會科學出版社。

120. 李約瑟，1990，中國科學技術史·科學思想史，北京：科學出版社。

121. 李雲峰，2001，水的哲學思想——中國古代自然哲學之精華，江漢論壇，

2001（3）。

122. 李雲鶴，1986，常用漢字詳解字典，福州：福建人民出版社。

123. 李澤厚，1999，初讀竹簡印象紀要，陳鼓應，道家文化研究：第 17 輯，北京：三聯書店。

124. 利科，2004，活的隱喻，汪家堂譯，上海：上海譯文出版社。

125. 列維‧布留爾，1981，原始思維，丁由譯，北京：商務印書館。

126. 列維‧斯特勞斯，1987，野性的思維，李幼蒸譯，北京：商務印書館。

127. 列維‧斯特勞斯，1989，結構人類學：巫術‧宗教‧藝術‧神話，陸曉禾等譯，北京：文化藝術出版社。

128. 列維‧斯特勞斯，2005，圖騰制度，渠東譯，上海：上海世紀出版集團。

129. 列維‧斯特勞斯，2006，野性的思維，李幼蒸譯，北京：中國人民大學出版社。

130. 列維‧斯特勞斯，2007，神話學：生食和熟食，周昌忠譯，北京：中國人民大學出版社。

131. 劉安，1954，淮南子，北京：中華書局。

132. 劉安，1969，淮南鴻烈集解（卷三）。劉文典集解，臺北：臺灣商務印書館。

133. 劉保才，2001，先秦文化散論，西安：陝西人民出版社。

134. 劉大鈞，2001，《太一生水》篇管窺，周易研究，2001（4）。

135. 劉起釪，1998，五行原始意義及其紛歧蛻變大要，艾蘭，汪濤，范毓周主編，中國古代思維模式與陰陽五行說探源，南京：江蘇古籍出版社。

136. 劉文英，2000，中國古代的時空觀念，天津：南開大學出版社。

137. 劉笑敢，2009，詮釋與定向——中國哲學研究方法之探究，北京：商務印書館。

138. 劉宗迪，2004，五行說考源，哲學研究，2004（4）。

139. 劉宗迪，2006，失落的天書——《山海經》與古代華夏世界觀，北京：商務印書館。

140. 盧燁，2002，水和海——中西詩學的意象比較，齊齊哈爾大學學報（哲學社會科學版），2002（3）。

141. 魯惟一，2009，漢代的信仰、神話和理性，王浩譯，北京：北京大學出版社。

142. 陸思賢，1995，神話考古，北京：文物出版社。

143. 呂振羽，2000，史前期中國社會研究（外一種）上、下，石家莊：河北教育出版社。

144. 羅熾，2004，《太一生水》辨，湖北大學學報（哲社版），2004（6）。

145. 羅振玉，2006，殷墟書契考釋三種，北京：中華書局。

146. 馬承源，2002，上海博物館藏戰國楚竹書（二），上海：上海古籍出版社：圖版 91～146；釋文 249～293.

147. 馬絳，1998，神話、宇宙觀與中國科學的起源，艾蘭，汪濤，范毓周主編，中國古代思維模式與陰陽五行說探源，南京：江蘇古籍出版社。

148. 馬王堆漢墓帛書整理小組，1976a，經法，北京：文物出版社。

149. 馬王堆漢墓帛書整理小組，1976b，馬王堆漢墓帛書：老子，北京：文物出版社。

150. 麥金泰爾，1995，德性之後，龔群、戴揚毅等譯，北京：中國社會科學出版社。

151. 茅盾，1981，神話研究，天津：百花文藝出版社。

152. 茅盾，1999，茅盾說神話，上海：上海古籍出版社。

153. 牟復禮，2009，中國思想之淵源，王立剛譯，北京：北京大學出版社。

154. 牟宗三，2005，中國哲學十九講，上海：上海古籍出版社。

155. 穆紀光，2007，敦煌藝術哲學，北京：商務印書館。

156. 倪梁康，2007，胡塞爾現象學概念通釋，北京：三聯書店。

157. 倪志雲，2006，美術考古與美術史研究文集，濟南：齊魯書社。

158. 諾伊曼，1998，大母神——原型分析，李以洪譯，北京：東方出版社。

159. 龐樸，1999a，宇宙生成新說，尋根，1999（2）。

160. 龐樸，1999b，一種有機的宇宙生成圖式——介紹楚簡《太一生水》，陳鼓應，道家文化研究：第 17 輯，北京：三聯書店。

161. 龐樸，2000，「太一生水」說，姜廣輝，郭店簡與儒學研究，瀋陽：遼寧教育出版社。

162. 彭浩，2000，一種新的宇宙生成論——讀《太一生水》，郭店楚簡國際學術研討會論文集，武漢：湖北人民出版社。

163. 皮亞傑，1997，發生認識論原理，胡世襄譯，北京：商務印書館。

164. 皮亞傑，2006，結構主義，倪連生，王琳譯，北京：商務印書館，

165. 錢寶琮，1982，錢寶琮科學史論文集，北京：科學出版社。

166. 裘錫圭，2000，《太一生水》「名字」章解釋——兼論《太一生水》的分章問題，古文字研究：第 22 輯，北京：中華書局。

167. 任法融，1990，道德經釋義，西安：三秦出版社。

168. 任繼愈，1966，中國哲學史（第一冊），北京：人民出版社。

169. 任繼愈，2005，中國哲學史通覽，上海：東方出版中心。

170. 榮格，1987，心理學與文學，馮川，蘇克譯，北京：三聯書店。

171. 榮格，1991，分析心理學的理論與實踐，成窮，王作虹譯，北京：三聯書店。

172. 榮格，1997，榮格文集，馮川，蘇克譯，北京：改革出版社。

173. 榮格，2000，東洋冥想的心理學——從易經到禪，楊儒賓譯，北京：社會科學文獻出版社。

174. 商務印書館編輯部，1999，辭源，北京：商務印書館。

175. 上海師範大學古籍整理組，1978，國語，上海：上海古籍出版社。

176. 施維，2005，周易八卦圖解，成都：四川出版集團・巴蜀書社。

177. 司馬遷，1982，史記，北京：中華書局。

178. 蘇雪林，1964，屈原與九歌，廣州：廣東出版社。

179. 孫常敘，1981，楚神話中的九歌性質作用和楚辭九歌，東北師範大學學報，1981（4）。

180. 孫淼，1987，夏商史稿，北京：文物出版社。

181. 孫詒讓，1987，周禮正義，王文錦，陳玉霞 點校，北京：中華書局。

182. 索緒爾，1980，普通語言學教程，高名凱譯，北京：商務印書館。

183. 索緒爾，2002，普通語言學教程，裴文譯，南京：江蘇教育出版社。

184. 譚寶剛，2003，《太一生水》乃老聃遺著，荊門郭店楚簡研究中心編，古墓新知，香港：國際炎黃文化出版社。

185. 譚寶剛，2004，再論《太一生水》乃老聃遺著，徐州師範大學學報（哲社版），2004（4）。

186. 譚宇權，1992，老子哲學評論，臺北：文津出版社。

187. 陶磊，2008，從巫術到術數——上古信仰的歷史嬗變，濟南：山東人民出版社。

188. 田中裕，2001，懷特海——有機哲學，包國光譯，石家莊：河北教育出版社。

189. 童書業，1934，四嶽考，顧頡剛，譚其驤主編，禹貢半月刊（第二卷第三期）：8。

190. 涂爾幹，莫斯，2005，原始分類，上海：上海世紀出版集團。

191. 萬英明，1966，三命通會（上冊）。臺灣：國民出版社。

192. 王博，1999，美國達慕思大學郭店《老子》國際學術討論會紀要，陳鼓應，道家文化研究：第17輯，北京：三聯書店。

193. 王立，2010，四嶽考，來源於 http://www.mondlango.com/kulturo/wl43.htm

194. 王樹人，2005，回歸原創之思——「象思維」視野下的中國智慧，南京：

江蘇人民出版社。

195. 王先謙，1954，莊子集解，北京：中華書局，

196. 王引之，1935，經義述聞‧春秋名字解詁下，上海：商務印書館。

197. 王玉哲，2000，中華遠古史，上海：上海人民出版社。

198. 韋伯，2005，韋伯作品集Ⅷ宗教社會學，康樂，簡惠美譯，桂林：廣西師範大學出版社。

199. 維科，1986，新科學，朱光潛譯，北京：人民文學出版社。

200. 魏光奇，2000，天人之際——中西文化觀念比較，北京：首都師範大學出版社。

201. 魏啓鵬，1980，《黃帝四經》思想探源，包遵信，中國哲學：第4輯，北京：三聯書店。

202. 魏啓鵬，2000，《太一生水》箚記，中國哲學史，2000（1）。

203. 衛禮賢，榮格，2011，金花的秘密，合肥：黃山書社。

204. 溫少峰，2005，周易八卦釋象，成都：四川出版集團‧巴蜀書社。

205. 聞一多，1982，聞一多全集（第一卷）。北京：三聯書店。

206. 聞一多，2006a，高唐神女傳說之分析，神話與詩，上海：上海人民出版社。

207. 聞一多，2006b，說魚，神話與詩，上海：上海人民出版社。

208. 聞一多，2006c，神話與詩，上海：上海人民出版社。

209. 向柏松，1999，中國水崇拜，上海：上海三聯書店。

210. 向柏松，2010，神話與民間信仰研究，北京：人民出版社。

211. 蕭兵，葉舒憲，1994，老子的文化解讀——性與神話之研究，武漢：湖北人民出版社。

212. 蕭兵，1987，楚辭與神話，南京：江蘇古籍出版社。

213. 蕭兵，1989，中國文化的精英：太陽英雄神話比較研究，上海：上海文藝出版社。

214. 蕭兵，1991，楚辭的文化破譯，武漢：湖北人民出版社。

215. 蕭兵，2003，「太一生水」的神話學研究，華中師範大學學報（人文社會科學版），2003（6）。

216. 蕭漢明，2001，《太一生水》的宇宙論與學派屬性，學術月刊，2001（12）。

217. 蕭統，1986，文選：第十九卷，上海：上海古籍出版社。

218. 小野澤精一 等，2007，氣的思想——中國自然觀與人的觀念的發展，李慶譯，上海：上海人民出版社。

219. 謝松齡，1989，天人象：陰陽五行學說史導論，濟南：山東文藝出版社。

220. 邢文，1999，論郭店《老子》與今本《老子》不屬一系——楚簡《太一生水》及其意義，姜廣輝，郭店楚簡研究：中國哲學第 20 輯，瀋陽：遼寧教育出版社。

221. 邢文，2000，《太一生水》與《淮南子》:《乾鑿度》再認識，姜廣輝，郭店簡與儒學研究：中國哲學第 21 輯，瀋陽：遼寧教育出版社。

222. 邢文，2005，郭店老子與太一生水，北京：學苑出版社。

223. 徐旭生，1960，中國古史的傳說時代，北京：科學出版社。

224. 徐旭生，2003，中國古史的傳說時代，南寧：廣西師範大學出版社。

225. 許慎，段玉裁，1988，說文解字注，上海：上海古籍出版社。

226. 許慎，1981，說文解字（影印本）。成都：成都古籍書店。

227. 許維遹，2009，呂氏春秋集釋，北京：中華書局，

228. 薛俊武，2005，漢字揆初（第一集），西安：三秦出版社。

229. 雅斯貝爾斯，1989，歷史的起源和目標，魏楚雄，俞新天譯，北京：華夏出版社。

230. 雅斯貝爾斯，2005，大哲學家，李雪濤等譯，北京：社會科學文獻出版社。

231. 亞里士多德，1962，詩學，羅念生譯，北京：人民文學出版社。

232. 顏世安，2001，從《太一生水》看先秦自然道論的分流，江蘇社會科學，2001（6）。

233. 楊麗娟，2004，世界神話與原始文化，上海：上海社會科學出版社。

234. 楊利慧，2009，神話與神話學，北京：北京師範大學出版社。

235. 楊儒賓，1996，道家的原始樂園思想，中國神話與傳說學術研討會論文集，民國 85 年 3 月。

236. 楊學政，1991，原始宗教論，昆明：雲南人民出版社。

237. 耶律亞德，2000，宇宙與歷史：永恒回歸的神話，楊儒賓譯，臺北：聯經出版事業公司。

238. 葉林生，1999，古帝傳說與華夏文明，哈爾濱：黑龍江教育出版社。

239. 葉舒憲，蕭兵，鄭在書，2004，山海經的文化尋蹤：「想像地理學」與東西文化碰觸，武漢：湖北人民出版社。

240. 葉舒憲，1992，中國神話哲學，北京：中國社會科學出版社。

241. 葉舒憲，2005a，高唐神女與維納斯，西安：陝西人民出版社。

242. 葉舒憲，2005b，老子與神話，西安：陝西人民出版社。

243. 葉舒憲，2005c，詩經的文化闡釋，西安：陝西人民出版社。

244. 葉舒憲，2005d，英雄與太陽，西安：陝西人民出版社。

245. 葉舒憲，2005e，中國神話學百年回眸，學術交流，2005（1）。

246. 葉舒憲，2005f，中國神話哲學，西安：陝西人民出版社。

247. 葉舒憲，2005g，莊子的文化解析，西安：陝西人民出版社。

248. 于茀，1998，中國文化中的水意象，北方論叢，1998（2）。

249. 于省吾，1961，歲時起源初考，歷史研究，1961（4）。

250. 余佳，2009，由水及道——中國上古哲學觀念的反思，社會科學，2009（10）：110〜118，

251. 余佳，2011，關聯性思維的最基本形式：陰陽對偶，華東師範大學學報（哲學社會科學版），2011（1）：9〜15，

252. 余英時，1998，中國思想傳統的現代詮釋，南京：江蘇人民出版社。

253. 俞建章，葉舒憲，1988，符號：語言與藝術，第四章第 1 節，上海：上海人民出版社。

254. 袁珂，1980，山海經校注，上海：上海古籍出版社。

255. 袁珂，1996，中國神話研究的範圍，中國神話與傳說學術研討會論文集，

256. 袁珂，2006，中國古代神話，北京：華夏出版社。

257. 張岱年，1982，中國哲學大綱，北京：社會化科學出版社。

258. 張岱年，1987，中國古典哲學概念範疇要論，北京：中國社會科學出版社。

259. 張光直，1999a，考古人類學隨筆，北京：三聯書店。

260. 張光直，1999b，商代文明　，毛小雨譯，北京：北京工藝美術出版社。

261. 張光直，1999c，中國考古學論文集，北京：三聯書店。

262. 張光直，2002a，美術、神話與祭祀，郭淨譯，瀋陽：遼寧教育出版社。

263. 張光直，2002b，商文明，瀋陽：遼寧教育出版社。

264. 張群，2006，先秦儒道諸子的水情結，學術交流，2006（8）。

265. 張善文，2003，潔靜精微之玄思：周易學說啟示錄，上海：上海遠東出版社。

266. 張思齊，2001，論道家「太一生水」的生成途徑，中國哲學史，2001（3）。

267. 張欲曉，2006，論艾蘭的先秦諸子哲學和古史傳說研究（華東師範大學碩士研究生學位論文）2006 年 4 月。

268. 趙東栓，2001，《太一生水》篇的宇宙圖式及其文化哲學闡釋，齊魯學刊，2001（4）。

269. 趙國華，1990，生殖崇拜文化論，北京：中國社會科學出版社。

270. 趙建偉，1999，郭店楚墓竹簡《太一生水》疏證，陳鼓應，道家文化研究：第 17 輯，北京：三聯書店。

271. 鄭玄，孔穎達，2008，禮記正義，上海：上海古籍出版社。

272. 周冰，1991，巫・舞・八卦，北京：新華出版社。

273. 周鳳五，1999，郭店竹簡的形式特徵及其分類意義，武漢大學中國傳統文化研究中心編，郭店楚簡國際學術研討會論文彙編：第 2 冊。

274. 周劍銘，2004，中國思想與元哲學，發佈於 2004 年 6 月 20 日，來源於 http://members.multimania.co.uk/chinaweekly/html/2152.htm

275. 周文康，1981，東皇太一──歲星神成湯大乙考，油印本，轉引自蕭兵，「太一生水」的神話學研究，華中師範大學學報（人文社會科學版），2003（6）。

276. 周延良，2004，夏商周原始文化要論，北京：學苑出版社。

277. 朱芳圃，1962，殷周文字釋叢，北京：中華書局。

278. 朱文鑫，1992，曆法通志（影印本），上海：上海書店。

279. 朱熹，1979，楚辭集注，上海：上海古籍出版社。

280. 朱熹，1983，四書章句集注，北京：中華書局。

281. 竺可楨，2004，天道與人文，北京：北京出版社。

282. 拙言 等，1992，三命通會──古代算命術注評，北京：北京師範大學出版社。

283. 左丘明，杜預，1977，春秋左傳集解，上海：上海人民出版社。

284. Edward L.Shaughnessy. 2000. 「The Harmony of Heaven and Earth」, in Shaughnessy, ed., *China: Empire and Civilization*, New York: Oxford University Press, p120.

285. Eliade Mircea. 1961. *Images and Symbols*, translated by Philip Mairet, Harvill Press.

286. Ferdinand de Saussure. 1999. *Course in General Linguistics*. Translated from the French by Wade Baskin. Beijing: China Social Sciences Publishing House.

287. Gadamer. Hans-Georg. 1982. *Truth and method*. Translation of: Wahrheit und Methode. New York : Crossroad, c1975.

288. Girardot N.J. 1983. *Myth and Meaning in Early Taoism: The Theme of Chaos（hun-tun）*, University of California Press.

289. Graham. A.C. 1985. *Reason and Spontaneity*, Curzon Press, London, and Barnes and Noble, New York.

290. Graham. A.C. 1986. *Yin-Yang and the Nature of Correlative Thinking*, Singapore: Institute of East Asian Philosophies.

291. Graham. A.C. 1989. *Disputers of the Tao: philosophical argument in ancient China*, La Salle, IL: Open Court, pp.313-358.

292. Graham. A.C. 1992. 「Poetic and Mythic Varieties of Correlative Thinking」,

Unreason within Reason: Essays on the outskirts of rationality, La Salle, IL: Open Court, pp.207-223.

293. Granet. Marcel. 1934. *La pensée chinoise*. Paris: Albin Michel.

294. Haun Saussy. 2000. 「Correlative Cosmology and its Histories」, Bulletin of the museum of far eastern antiquities, *Bulletin of the museum of far eastern antiquities*, No.72, Stockholm.pp.13-28.

295. Henderson. John B. 1984. *The Development and Decline of Chinese Cosmology*, New York: Columbia University Press.

296. Kuhn.Thomas S. 1999. *The Structure of Scientific Revolutions*. Beijing: China Social Sciences Publishing House.

297. Needham Joseph. 1954. *Science and Civilisation in China*, Cambridge University Press.

298. Putt. Michael J. 2001. *To Become a God: Cosmology, Sacrifice, and Self-Divinization in Early China*. Stanford: Stanford University Press.

299. Vandermeersch. Leon. 1977. *Wangdao ou la voie royale: Recherches sur l'esprit des institutions de la Chine archaique*. Paris: Ecole Francaise d'Extreme Orient, 1977:（Vol.1）;（Vol.2）.

300. William G. Boltz. 1981. 「Kung Kung and the flood: reverse euhemerism in the Yao Tien」, *T'oung pao*, 1981（67）3-5:150-153.

後　記

　　在閱讀雅斯貝爾斯《歷史的起源與目標》關於「軸心文明」的論證時，
我直覺上想起了《金花的秘密》（The Secret of the Golden Flower）一書中作者
榮格（Carl G.Jung）挑選的歐洲曼荼羅：「神聖之花『金花』位於曼荼羅的中
央，象徵著豐饒的魚從這裡向外發散」（衛禮賢，2011）78。另一個曼荼羅的
樣式更有深意：「中央的白光在蒼穹中閃耀，第一圈是原形質的生命種子，第
二圈包含四種最基本顏色的宇宙原則在旋轉，第三和第四圈是創造性的能量
向內外運轉。四方是陰性和陽性的靈魂，都被分隔為光芒和黑暗。」（衛禮賢，
2011）82 榮格認為這些圖案揭示了東方哲學與西方潛意識心理過程的一致。曼
荼羅這種特殊的圖樣，可以作為普遍抽象結構，有更廣泛的、開放性的表達。

　　本書中觀念結構，一方面可以從歷史與邏輯的一致來理解其坐標系；另
一方面，基於原型的「層累的觀念」所解說的本就是類似曼荼羅這樣由中心
向內深入同時又向外擴散的抽象結構模型。從後種理解來說，「層累」與「軸
心」亦有其內在的一致。「層累」的觀念雖則可視為觀念思想發展變化的歷程，
卻也是原型的不斷延續和拓殖歷程，或者可以說，具有生命力的原型這個核
心是一直不變的，是「軸心文明」的「軸心」，也是暗喻性的曼荼羅的中心。
「由水及道」，「道」也隨時隨地都在生命的羊水中。生命的種子一旦發芽，
那些原則，那些力量，那些觀念，甚至整個世界就這樣誕生了。這顆種子雖
然是世界的內核，但世界也包含在這顆種子之中。

　　正是這某個原型的力量，讓一個有道家情結的無政府主義者有原始的衝
動而從「道」回溯，希望探究那一切緣起背後的因緣，希望進入最本真的自
我。「由水及道」既是一個觀念的發展歷程，也是一個思想者拓展閱讀和生命

的歷程。在心悅美情、蕩漾不息的年紀，爲氣韻生動的情境熏染沉浸，讓「閱讀」有更爲寬泛的涵義，讓生命有更豐富的層次，實爲幸事！

感謝恩師胡偉希，亦父亦友，受教五載，受益一生。師母大人之關愛如春風宛在，溫柔似春水猶存。幸遇恩師艾蘭（Sarah Allan）、邢文大俠，小鎮漢諾威（Hanover）一年的滋養乃有拙筆生花，文思泉湧的奇迹。母校武漢大學、清華大學哲學系及達慕斯大學（Dartmouth College）東亞系眾師友的指教和關懷，在此並致謝忱。另外，感謝摯友甘鳳（Foong.J.Kam）、李楊等給此文的建議。感謝花木蘭文化出版社楊嘉樂女士的幫助和辛勞。

感謝遠方的父母和好友們，因你們，我知覺到生命和愛。最後將小書贈予我的愛人于樂，汝爲洛神，吾當作賦。

壬辰年暮夏
余佳記於水木清華